Franz Skutsch

Plautinisches und Romanisches

Studien zur Plautinischen Prosodie

Franz Skutsch

Plautinisches und Romanisches
Studien zur Plautinischen Prosodie

ISBN/EAN: 9783743338067

Hergestellt in Europa, USA, Kanada, Australien, Japan

Cover: Foto ©ninafisch / pixelio.de

Manufactured and distributed by brebook publishing software
(www.brebook.com)

Franz Skutsch

Plautinisches und Romanisches

PLAUTINISCHES UND ROMANISCHES.

STUDIEN

ZUR

PLAUTINISCHEN PROSODIE

VON

FRANZ SKUTSCH

DR. PHIL., PRIVATDOCENT DER KLASSISCHEN PHILOLOGIE AN DER UNIVERSITÄT BRESLAU.

LEIPZIG,

VERLAG VON B. G. TEUBNER.

1892.

Inhalts-Verzeichnis.

Lass den Anfang mit dem Ende
Sich in eins zusammenziehn.

Goethe

„Es ist Zeit, dass der übermässigen grammatischen, lexikalischen, metrischen Schätzung und Verwerthung des umbrischen, halbbarbarisirten P l a u t u s ein Ende gemacht werde, aus dessen oft nur vereinzelten Sonderbarkeiten man die tiefsinnigsten Schlüsse gezogen und dessen Zügellosigkeiten man immer von neuem vergebens in feste Regeln zu bringen versucht hat, denen man durch zahlreiche willkürliche Konjekturen erst selbst eine Stütze gab.“ Man darf annehmen, dass der geschätzte Sprachforscher, der dies grosse Wort vor kurzem gelassen ausgesprochen hat[1]), minder abfällig über den Dichter geurtheilt haben würde, wenn er sich zuvor mit dem heutigen Stande der Plautusforschung und — mit Plautus selber in genügender Weise bekannt gemacht hätte. Freilich kann ich selbst nicht läugnen, dass unter den Dingen, die man heute als Eigenthümlichkeiten der plautinischen Sprache oder — um das, was ich im Auge habe, genauer zu bezeichnen — der plautinischen Prosodie gelten lässt, wirklich noch einiges wenige sich findet, was ein streng grammatisch geschultes Auge missfällig bemerkt. Aber ich bin der festen Ueberzeugung, dass es sich in solchen Fällen eben bloss um Schwächen der E r - k l ä r u n g handelt, ja dass sich gerade an solchen Punkten, sobald man sie nur ins richtige Licht setzt, wieder zeigen lässt, dass

---

[1]) D e e c k e, Beiträge zur Auffassung der lat. Infinitiv-, Gerundial- und Supinum-Konstruktionen, Beilage zum Programm des Gymnasiums zu Mülhausen i. E. 1890 S. 3.

1

der Dichter durchaus Gesetzen gefolgt ist, die, wenn sie auch mit denen der Latinität Ciceros oder der augusteischen Dichter nicht immer vereinbar sind, doch im echtesten lateinischen Volksthum wurzeln und dass gerade auf diesem Wege unsere Kenntnis der Sprachschicht, welche die Mutter der romanischen Sprachen wurde, sich in höchst erfreulicher Weise bereichern lässt. Gewiss eine Rechtfertigung, wie sie sich der Dichter seinem Verkleinerer gegenüber schöner nicht wünschen kann.

In einem der, wie angedeutet, wenigen Punkte, wo diese Rechtfertigung für Kundige noch nöthig ist, versucht das Folgende dieselbe zu liefern. Möge es mir gelingen, nicht bloss die Beistimmung solcher zu erhalten, die wie ich mit dem unerschütterlichen Glauben an des Plautus bei den Römern unerreichte (wenigstens in Erzeugnissen solchen Umfangs unerreichte) Sprachmeisterschaft an dergleichen Aufgaben herangehen, sondern auch den Anhängern Deeckescher Anschauungen zu zeigen, dass der Forscher, wenn er nicht ganz an der Oberfläche haften bleibt, gerade im Plautus die besten und reichsten Quellen des wahrhaft lebendigen, nicht nach willkürlich gemachten, sondern nach immanirenden Gesetzen geregelten Lateins findet. Die Plautiner und die Grammatiker aber mögen mir verzeihen, wenn in Rücksicht auf diejenigen, die exklusiv das eine oder das andere sind, die Darlegung bisweilen etwas ausführlicher oder elementarer geworden ist, als für den Eingeweihten nöthig wäre.

Bevor ich beginne, habe ich noch ein Wort zur Rechtfertigung des Titels dieser Arbeit zu sagen. Ich bin kein Romanist und meine nicht, von romanischer Grammatik irgend erhebliches zu verstehen. So glaube ich denn zwar das behandelte Problem für das Lateinische im Wesentlichen gelöst zu haben; wo es aber in das Romanische hinübergreift, konnte ich zur Lösung nur die ersten Ansätze geben. Gleichwohl werden hoffentlich bei seiner Wichtigkeit gerade für das Romanische [1])

---

[1]) Siehe Gröber Wölffl. Arch. I 228: „In welchem Verhältnisse die Messung von *ille* und *iste* [in der alten Dichtersprache] zu den verkürzten enklitischen und proklitischen Formen von *ille* in den romanischen Sprachen steht —, wäre unstreitig interessant zu erfahren".

und bei der Unklarheit, die bisher auch über seiner lateinischen Seite geschwebt hat, selbst diese Ansätze dem Romanisten nicht ganz ohne Werth sein und eine verwendbare Grundlage für weitere Arbeit abgeben. In einigen einzelnen Fragen hatte ich mich übrigens des sachverständigen Rathes meines Kollegen Herrn Dr. Appel zu erfreuen.

§ 1.

Stellung des Problems.

Drei Perioden hat die Lehre von der plautinischen Prosodie seit der Erneuerung der Plautusstudien durch Friedrich
Ritschl durchlaufen. Die erste ward von Ritschl selbst inau-
gurirt[1]): es ist diejenige, in der man annahm, dass Plautus[2])
zweisilbige Wortformen wie *forum manus nauem boues bonus
pater senec soror quidem enim simul apud* infolge einer Vokalausstossung des öftern einsilbig und entsprechend *senectutem uolun-
tatem uenustatem ministrare* u. a. dreisilbig, *domicilium* u. a. vier-
silbig u. s. w. gebraucht habe und also in solchem Falle *q'dem
ap'd m'nistremus* u. s. w. (Ritschl a. a. O. S. CLII) zu sprechen
und ev. dies *q'dem* und drgl. vor Vokalen zu elidiren sei. Dass
diese Theorie, welche die Annahme monströser Konsonantengruppen und der Synkopirung betonter Vokale involvirt, dem
lateinischen Sprachcharakter schnurstracks zuwiderläuft, braucht
heute nicht erst gesagt zu werden. Auch A. Spengel,[3]) der
sie zu einer Zeit aufnahm, als Ritschl selbst von jenen Darlegungen der Prolegomena längst zurückgekommen war, gab sie

---

[1]) Prolegomena zum Trinummus (1849) caput XI (de ecthlipsi sine syn-
copa) S. CXL ff.

[2]) Alles, was hier und fernerhin von Plautus gesagt wird, gilt auch von
Terenz und den übrigen alten Scenikern, soweit nicht das Gegentheil ausdrücklich bemerkt ist.

[3]) T. Maccius Plautus. Kritik, Prosodie und Metrik (1865) S. 101 ff.

nicht lange nachher auf, und heute wüsste ich niemand, der sich zu ihr bekännte, ausser dem Holländer Speijer.[1])

Auch die Theorie, welche die zweite Periode beherrschte, ging von Ritschl aus[2]) und ward durch dieses Gelehrten epigraphische Studien veranlasst. Aus der Nichtschreibung auslautender Konsonanten in einer Reihe bekannter Formen auf Inschriften der archaischen Zeit wie *deda* = *dedant*, *dede* = *dedet*, *oino* = *oinom*, *optumo* = *optumom* etc. schloss Ritschl, dass, wo Plautus konsonantisch auslautende zweisilbige Wortformen vor konsonantischem Anlaut im Werthe von nur zwei Moren gebraucht habe, ein Abfall des auslautenden Konsonanten eingetreten, also z. B. *quide' pote' apu'* gesprochen worden sei. Diese Anschauung hat die konsequenteste Durchführung in Corssens Vokalismus und Büchelers Deklination gefunden; sie klingt auch heute noch nicht selten wieder[3]), oft in unbegreiflicher Verquickung mit dem in der dritten Periode giltig gewordenen Theorem.

Und doch hat schon vor zwanzig Jahren C. F. W. Müller[4]) ebenso kurz als schlagend gezeigt, dass auch die zweite Ritschlsche Theorie nun und nimmer richtig sein kann. Es findet sich nämlich, wie Müller gezeigt hat, Verkürzung einer positions- oder naturlangen Silbe immer nur nach einer vorausgehenden Kürze, und damit ist ohne weiteres bewiesen, dass diese Erscheinung nicht durch Konsonantenabwurf erklärt werden kann, denn inwiefern sollte dieser durch die vorausgehende Kürze bedingt sein? Ist er es doch auch weder in den Inschriften, wo sich *oino* so gut findet wie *uiro*, noch in dem einen Falle, wo wirklicher Konsonantenabwurf für die altlatei-

---

[1]) Vereinzelt auch Lorenz, siehe Anm. 3. Auch Stolz lat. Gr.[2] § 74 S. 322 spricht davon, dass *pater* „bei Plautus durch das Metrum öfter als einsilbig erwiesen" werde.

[2]) Rhein. Mus. 14 (1859) S. 397 ff. = opusc. IV 403 ff., II 639 Anm., cf. ebda. S. X f., IV 771 u. ö.

[3]) So z. B. in den Ausgaben von Lorenz (s. zu Miles[2] V. 58 u. ö., zu Mostell.[2] V. 20, 254), in denen freilich sogar auch die Synkopirung aus der ersten Periode noch hin und wieder spukt (zu Mil.[2]. V. 69, Most.[2] 294), und ganz neuerdings in Sonnenscheins Ausgabe des Rudens, Oxford 1891 (s. Anm. zu V. 595).

[4]) Plautinische Prosodie (1869) S. 84.

nischen Dichter von allen Seiten unbedingt zugestanden wird, in dem Falle des auslautenden *s*, denn Kurzmessung einer auf kurzen Vokal + *s* auslautenden Silbe vor folgendem konsonantischen Anlaut zeigt sich bei Plautus ganz unabhängig von der Quantität der vorausgehenden Silbe: es heisst *estĭ' uos, tempŭ' fert* im Vers- und Diäresenschluss so gut wie anderwärts *forĭ' crepuit, pătrĭ' pacem.*[1]) Dagegen heisst es zwar *mănŭm si protollet* (Pseud. 860), *pătĕr părerem* (Trin. 316), *lŭbĕt licĕtque* (Most. 20), aber nie findet sich ein Versschluss wie *aŭrŭm dat, mătĕr fert, quaĕrĭt me.*[2])

C. F. W. Müller erkannte nun zum ersten Male fast die volle Tragweite eines Gedankens, den Ritschl für ein eng umgrenztes Gebiet bereits in den Prolegomena ausgesprochen[3]) und dessen Bereich auch Fleckeisen und Brix[4]) nicht genügend erweitert hatten. Müller sprach das Gesetz aus, das ich an anderem Orte[5]) so formulirt habe: „Eine iambische Silbenfolge, die den Ton[6]) auf der Kürze trägt oder der die tontragende

---

[1]) Ich wähle hier Beispiele aus den von Klotz Metrik S. 59 gegebenen terenzischen, weil in diesen manchem aus dem von Klotz dargelegten Grunde Abfall des *s* wahrscheinlicher sein mag, als die Anwendung des sogleich zu besprechenden Müllerschen Gesetzes.

[2]) Noch ein anderes beweist gegen Ritschl: seinem *apŭ' nos, pate' me* steht kein *ăp(u) ămantem, păt(e) ălius* (für *apud amantem, pater alius*) u. a. gegenüber, dergleichen Elisionen man doch bei Schwund des schliessenden Konsonanten sicher erwarten müsste. Sie finden sich ja auch nach probabeler Vermuthung Leos, über die weiterhin näheres, bei schliessendem *s*. — Endlich ist auch das von Leppermann de correptione uocabulorum iamb. quae ap. Plaut. in sen. atque sept. iamb. et troch. inu. (Diss. Münster 1890) S. 79 gewonnene Resultat, dass konsonantisch auslautende Worte viel seltener verkürzt werden als vokalisch auslautende, für Ritschl nicht günstig, sondern eher ein Beweis für die Konsistenz der Konsonanten.

[3]) Caput XIII S. CLXV ff. Er beschränkte das Gesetz auf vokalisch auslautende Verbalformen, *homo* und wenige Adverbia und Pronomina. Wunderbar erscheint uns heute, dass er es an grammatische Kategorieen gebunden glauben konnte.

[4]) Fleckeisen Jahrb. 61, 35 ff., Brix Trin.[1] Einleitung.

[5]) In meiner Besprechung von Klotz' Metrik in Vollmöllers Jahresbericht f. roman. Philologie I (1891).

[6]) Sei es nun Wort- oder Versaccent; vgl. was ich a. a. O. über Natur und Wirkungen beider gesagt habe.

Silbe unmittelbar folgt, wird pyrrhichisch.« Mit der Erkenntnis dieses Gesetzes ist ein doppeltes gewonnen: es ist erstens nun nicht mehr nöthig, um die Verkürzung positions- oder naturlanger Silben zu verstehen, zwei oder gar drei verschiedene Erklärungen zu Hilfe zu nehmen und z. B. *rŏgŏ te* anders zu expliciren als *pătĕr tŭm* oder *sĕd ĭllĕ*, dann aber haben wir auf diese Weise auch eine vollkommen sprachgemässe [1]) Erklärung erzielt. Denn es kann sich jeder durch einen praktischen Versuch davon überzeugen, wie schwer es ist, bei einem gewissen Grade von Schnelligkeit der Aussprache in einer Silbengruppe der Form ⏑ — ⏑ die mittlere Länge als solche auszusprechen, wenn die erste oder dritte der Silben einen expiratorischen Accent von der Stärke trägt, wie wir sie dem lateinischen zuschreiben müssen. Das eigene Experiment wird besser überzeugen als theoretische Erörterung.

Neuerdings hat nun Klotz sich das grosse Verdienst erworben zu zeigen, dass das Müllersche Gesetz (ich will es fortan das Iambenkürzungsgesetz nennen) auch zur Erklärung aller derjenigen Fälle ausreicht, in denen man bisher besondere Freiheiten des anapästischen oder überhaupt lyrischer Metra hatte sehen wollen[2]), dass also z. B. *uĕnĕrănt*, wo es einen Anapäst vertritt, zu skandiren ist *uĕnĕrănt* und nicht etwa *uĕnĕrănt* oder *uĕnrănt* oder wie immer sonst früher beliebt worden sein mag. Entsprechend wird bei folgendem Accent *uĕnĕrănt (húc)* zu *uĕnĕrănt (húc)* etc.[3])

Gegenüber diesem ersten und Hauptpunkte der plautinischen Prosodie sind die Anschauungen über einen zweiten seit Ritschls Prolegomena S. CLXXIV verhältnismässig stabil geblieben,

---

[1]) Nur um eine sprachliche Erscheinung kann es sich handeln, nicht um eine metrische, dem Belieben der Dichter entsprungene, wie (nach C. F. W. Müller) Klotz annimmt. Das habe ich a. a. O. im einzelnen bewiesen.

[2]) Einzelnes derart hatte bereits Spengel Reformvorschl. 314 f. 317 Anm. (vgl. 319) richtig erkannt

[3]) Dass in Fällen der letzteren Art die Kürzung auf Rechnung des folgenden, nicht mit Klotz auf die des vorausgehenden (auf der ersten Silbe von *uenerant* stehenden) Accentes zu setzen ist, habe ich a. a. O. des Näheren dargethan.

nämlich über die Erhaltung ursprünglicher Längen und Kürzen, welche erst in der klassischen oder doch nachplautinischen Sprachperiode gekürzt resp. gelängt worden sind. Unter den zweiten Gesichtspunkt fallen *frustrā* und *contrā*, beide als die einzig alten Messungen erwiesen durch Spengel a. a. O. S. 62 f. und Usener Greifswalder Vorlesungsverzeichnis 1866 S. 10 f., beide Worte später gelängt, offenbar nach Analogie der ablativischen *extrā intrā* [1]); unter den ersten Gesichtspunkt hat man früher, theilweise sogar ohne jeden sprachwissenschaftlichen Anhalt, eine Anzahl Fälle gebracht, die sich nachher als nicht stichhaltig erwiesen haben, wie namentlich das schliessende -*a* der femininen und neutralen Nominative und der neutralen Accusative, das schliessende -*e* der Infinitive u. a. Ritschl blieb mit Recht solchen Vermuthungen gegenüber sehr zurückhaltend (opusc. II 444 ff.); gründliche Nachprüfung der zu weit gehenden Annahmen Büchelers Corssens Wagners u. A. wird wieder C. F. W. Müller verdankt, dessen fast durchaus [2]) zutreffende Resultate Klotz (Metrik S. 44) kurz und bequem wiedergiebt.

Stellen wir zu den bisher behandelten zwei Punkten der plautinischen Prosodie drittens Büchelers zweifellose Ent-

---

[1]) Siehe Schweizer-Sidler Gr.[2] § 224. Uebrigens sind *contrā frustrā* in ihrer Entstehung nicht genügend aufgeklärt. Schweizer-Sidler a. a. O. (und danach Stolz Gr.[2] § 87) erklärt *frustrā* als neutralen Acc. Plur., *contrā*, „auch *contrā* gemessen" (!), als femininen Abl. Sing. (ebenda § 230), ohne zu sagen, woher dann bei letzterem die Kürze kommen könnte. Brugmann Grundr. II S. 630 hält es für möglich, dass *frustrā contrā* Instrumentalformen waren, „doch müsste die Vokalkürzung Analogiewirkung gewesen sein". Die hiernach anzunehmende Entwickelungsreihe **frustrā > frustrā > frustrā* ist gewiss nicht probabel; ein Muster dieser Analogiebildung vermöchte ich zudem nicht anzugeben. Nach dem plautinischen Gebrauch von *frustra* (siehe die Zusammenstellungen von Spengel a. a. O.) erscheint es nicht ausgeschlossen, dass *frustra* ein Nominativ war. Das betr. Substantiv (sei es nun **frustra* oder **frustrum*) liegt dem Verbum *frustrari* zu Grunde (Bréal-Bailly dict. étym.[2] S. 105, wegen deren ich bemerke, dass Plaut. Men. IV 3. 20 = 694 Ritschl-Schöll wohl richtig *frustra's: me ductare non potes* schreiben).

[2]) Ueber einen fraglichen Punkt vgl. unten S. 12 Anm. 2.

deckung,[1]) dass einsilbige Wortformen vor *quidem* sich verkürzen
können u. zw. gleichviel ob der Ton auf der ersten oder dritten
Silbe eines solchen Wortkomplexes steht (also *tŭquídem* und
tŭquĭdém)[2]) und einige auffällige Beispiele der Regel „uocalis

[1]) Wölfflins Archiv III 144 ff.; vgl. Seyffert, Bursians Jahresbericht
LXIII (1890) S. 57 ff.

[2]) Die Tonstellung *tŭquidem* findet sich nicht, da alle solchen Komplexe
mit *quidem* nach den Nachweisen von Luchs, commentationes prosodiacae
I/II (Erlangen 1883/4) als ein Wort gelten und tribrachysche Worte nie,
daktylische nur in ganz wenigen bestimmten Fällen den Accent auf die
Mittelsilbe nehmen dürfen. Verkürzung der Schlusssilbe eines mehrsilbigen
Wortes vor *quidem* in *quandŏquídem* neben *quandō* (Scherer, Studem.
Stud. II 137 ff.). — Den besprochenen „Quantitätsentziehungen durch Tonanschluss" vergleicht Bücheler gut *hŏdie* und *sĭne* (wofür *SEINE* CIL. I
198. 54), minder schlagend *quĭdem*, das neutrales *quid* enthalten könnte
(vgl. Thurneysen KZ XXVII 174; Stolz Gr.[2] §90 A Anm. 4), und schwerlich
richtig *nĭsi*, in dem vielmehr idg. *nĕ* stecken dürfte (O. Brugmann, über
das condicionale *NI* S. 33). Ist aber solche Quantitätsentziehung durch *sĭne*
und *quăsi*, auf das unten zurückzukommen ist, auch für zweisilbige Wort-
komplexe gesichert, so fällt Licht auf eine bisher schon oft beobachtete,
aber noch nie erklärte Erscheinung: das Nebeneinander von *ĕcquis* und
ēcquis (vgl. Ritschl, Proleg. CXXV; Müller, Prosodie 296, 424 f.; Ribbeck, coroll. comic.[2] LI; O. Brugmann, quemadm. in iamb. sen. Rom. net.
nerb. acc. cum num. consoc. S. 26; Winter, Plauti fragm. V. 86; Zander,
uersus Italici S. 64). Und dieses wäre nun seinerseits wieder ganz geeignet,
des öfteren eine bisher für korrupt gehaltene Ueberlieferung zu erklären, sobald man nur annehmen darf, dass nicht bloss auf *ec-*, sondern auch auf
andere Vorsilben der „Tonanschluss" von *quis* verkürzend wirkte. Ich hebe
folgende Verse heraus, denen anderes sich leicht anreihen lassen dürfte:

Cpt. 791 (seit Ritschl Proleg. CLXXVIII mit einer Fülle von Konjekturen überschüttet):

Éminór intérminórque nĕquī' mi obstiterit óbuiám;

Stich. 67 (dass der Vers auch im Uebrigen richtig überliefert ist, wird
weiterhin gezeigt werden):

Sĭquī' me quaéret, inde uocátote áliqui aut iam égomet hic eró;

Epid. 526: *Sĭquid est hómini miseriárum quód miseréscat miser ex
ánimo*: so BE (Götz praef. Curc. XIV), *est* om. J, Götz mit Bothe *Sĭquid
hóminist*, doch liesse sich hier auch an *Si quid ĕst* denken;

Ter. Andr. 258: *Quód si ego réscissém priús, quid fácerem, sĭquī' nunc
mé rogét;*

Mil. 311: *Hércle quĭdquid est mússitabo pótius quam intereám malé.*

Cf. Merc. 1023. Vergl. was C. F. W. Müller, Pros. 426 über *num-
quis* bemerkt.

ante uocalem corripitur", deren eigenartigste ebenfalls Bücheler gefunden hat[1]), so haben wir damit, so gut das in solcher Kürze möglich ist, fast alles gesagt, was zum Verständnis der plautinischen Prosodie von nöthen ist.[2])

Nur ein Punkt bleibt noch und dieser soll den Gegenstand der folgenden Untersuchung bilden: es ist die Prosodie von *nempe quippe inde unde ille iste*. Die landläufige Lehre geht dahin, diese Worte — und nur diese Worte[3]) — hätten nicht bloss, wo die Bedingungen des Jambenkürzungsgesetzes gegeben sind, sondern auch in jeder beliebigen andern Stellung ihre erste Silbe verkürzen können. So lehren mit mehr oder weniger Einschränkungen Bentley schediasma S. XV f. der Ausg. Leipzig 1791; G. Hermann elem. doctr. metr. S. 189; Ritschl Proleg. CXX Anm.*, CXXII, CXXVI f., CXXXI, CCLX (cf. zu Trinumm.[2] —[3] V. 328); Brix de Plauti prosodia quaestiones (Breslau 1841) S. 7, 14, 19 u. ö., Ausg. des Trinummus[4] S. 19 Anm. 34 u. ö.; Enger zur Prosodik des Plautus (Jahresber. des Gymn. zu Ostrowo 1852) S. XI ff.; G. Paris sur le rôle de l'accent latin dans la langue franç. S. 59; C. F. W. Müller, Prosodie S. 424 ff.; Christ, Metrik[2] S. 11; Ussing in seinem Plautus I S. 198 ff.; Spengel, Reformvorschläge S. 316 f. und in der Ausgabe der Andria[2] S. XXV und XXX; Lorenz zu Mil.[2] 337, zu Pseud. 567 u. ö.; Dziatzko, Einleitg. zu Terenz' Phormio[2] S. 34; Havet cours élém. de métr.[2] § 136; Klotz Metrik S. 45 ff. u. ö.; Sonnenschein zu Rudens V. 343, 1240. Diese Lehre hat ihre sprachwissenschaftliche Sanktion erhalten durch Corssen, Vokalism. II[2] 624 ff. 634 f. 640 f., dessen Auseinandersetzungen dann namentlich von Lorenz aufgegriffen worden sind.

Dass sie aber ganz und gar nicht in den Rahmen der

---

[1]) *Platĕa chorĕa* u. a. (s. Brix-Niemeyer zu Trinummus 112), Monosyllaba in Hiatusstellung (s. dieselben S. 22); *Pellaĕus* und *Chīus* fügt Bücheler hinzu (rhein. Mus. 41,311 f.).

[2]) Keine Veranlassung habe ich hier auf die Frage der Synizese bei *meus tuos eos duo dies* u. s. w. einzugehen.

[3]) Auch über *omnis* und *ipse* wird wohl ähnliches gelehrt. Davon sehe ich an dieser Stelle ab.

plautinischen Prosodie passt, wie er sich nach dem Gesagten heute gestaltet hat, ist in den letzten Jahren nicht völlig unbemerkt geblieben. Es hat nicht gänzlich an solchen gefehlt, die theils Besonderheiten in der Messung jener Worte in Abrede stellen, theils im gegebenen Falle solche aus dem Texte durch Konjektur entfernen. Den letzteren Weg hat für *ille* Leo in seiner Ausgabe eingeschlagen (s. Amph. 660, vergl. seine Anmerkung zu Aul. 656, 710), freilich ohne Konsequenz, denn z. B. zu Bacch. 950 giebt er keinen Aenderungsvorschlag (vergl. Seyffert Berl. phil. Woch. 1886 Sp. 336). Beide Wege betritt Langen. In den Beiträgen z. Krit. u. Erklärg. d. Plautus S. 131 sagt er mit Bezug auf Bacch. 188, wo *nempe* dem Sinne nach unerträglich sein soll: „Auch kann *nempe* unter dem Iktus die erste Silbe nicht verkürzen: *nĕmpĕ rectē nalet*“, ferner ebenda S. 287: „weder kann *ille* die erste Silbe unter dem Iktus verkürzen noch . . .“ und schliesslich in den plautinischen Studien S. 376, wo er Trin. 672 mit Bergk und Brix als Dittographie von 670 athetirt: „die zweimalige Verkürzung der ersten Silbe von *ille* unter dem Iktus fällt auch bei der Verurtheilung schwer ins Gewicht.“ Dementsprechend ist er in seiner Ausgabe der Aulularia vorgegangen: in V. 656 stellt er lieber mit Guyet um, wodurch die harte Betonung *intús* nöthig wird, als dass er *illĕ* ertrüge, und V. 710 streicht er das Pronomen ganz.[1])

Dies Vorgehen kann ich freilich nicht für gerechtfertigt halten, denn die Zahl der Fälle, in denen die genannten Worte im Werthe von nur zwei Moren gebraucht erscheinen, ist so gross und eine Menge derselben in jeder andern Hinsicht so vollkommen unverdächtig, dass durchgreifende Aenderung jeder Wahrscheinlichkeit entbehrt. Davon müssten, meine ich, die weiterhin folgenden Verzeichnisse jedermann überzeugen, selbst wenn uns die Erklärung der Erscheinung nicht gelingen sollte.

Aber kann ich mich nun auch mit den Konsequenzen, die Langen und Leo aus ihrer Ansicht gezogen haben, nicht ein-

---

[1]) „The metrical question is still an open one“ bemerkt übrigens auch Minton Warren. Amer. Journ. of Philol. II S. 79 Anm. 1 in Hinsicht auf *nempe*.

verstanden erklären, so bin doch auch ich fest überzeugt, dass die Annahme einer Kürzung jener Silbe an beliebigen Versstellen nach allem, was wir sonst von plautinischer Prosodie wissen, nicht richtig sein kann. Es ragt hier ein bedenklicher Rest aus der zweiten Periode der plautinischen Prosodik in unsere Zeit herein. Und mehr als das: ich meine, auch die Grammatik legt energischen Widerspruch gegen die bisherige Auffassung ein. Hoffentlich wird man mir hierbei nicht einwenden wollen, dass es sich um eine rein metrische oder „rhythmische" Erscheinung handeln könne.[1]) Denn um ganz davon abzusehen, dass noch erst ein Fall nachgewiesen werden soll, in dem Plautus um seines Verses willen von der Quantität der Umgangssprache seiner Zeit abgewichen wäre[2]), warum hätte sich

[1]) So ist es allerdings wohl aufzufassen, wenn C. F. W. Müller, Prosod. S. 424 ff. (cf. Christ, Metr.[2] S. 331, Dziatzko, Ausgabe des Phormio[2] S. 34) den pyrrhichischen Gebrauch von nempe und Konsorten auf den ersten Fuss beschränkt wissen will. Der zweimorige Gebrauch findet sich zwar, um das hier vorauszunehmen, wirklich an dieser Versstelle häufiger als an anderen, aber er ist doch auch für andere vollkommen gesichert, und das häufigere Vorkommen an jener Stelle erklärt sich einfach daraus, dass Vers- und Satzanfang in der Mehrzahl der Fälle zusammenfallen. Da nun nempe und quippe satzeinleitende Partikeln sind und die übrigen Worte (von ille und iste finden sich, wie gezeigt werden wird, nur Nominativformen „pyrrhichisch" gebraucht) auch ganz gewöhnlich im Anfang des Satzes stehen, so hat das Ueberwiegen pyrrhichischen Gebrauchs im ersten Fusse stilistische, aber nicht „rhythmische" Gründe.

[2]) Brugmann, Grundriss II S. 594 Anm. bemerkt freilich: „Langmessung des -e (im Ablat. Singul. konsonantischer Stämme) bei den Dichtern [kann] rein metrisch gewesen sein". Indess kann es sich, falls die konsonantischen Stämme, wie Brugmann meint, nie einen eigenen Ablativ auf -éd gebildet haben, bei den von Bücheler, Dekl.[2] § 247 und Ussing, Plant. I S. 195 angezogenen Fällen, denen C. F. W. Müller, Prosod. 15 ff. und Klotz, Metr. S. 44 mit Unrecht widersprechen, nur um Uebertragung des Ablativs der i-Stämme auf die konsonantischen handeln (so auch Zander, versus Ital. S. LXXXVIII Anm.; anders, aber haltlos, Havet, mém. d. l. soc. d. lingu. VI 104 ff.), eine Anschauung, die erstens einmal die Inschriften voll bestätigen (siehe die Zusammenstellungen von Schneider, dial. Ital. exempl. I S. 156 f.), die aber des weiteren auch in orthographischen Thatsachen der Plautushandschriften eine Stütze findet — minder zwar in der einfachen Schreibung -i für -e, die Bücheler a. a. O. mit Recht für ziemlich gleichgiltig erklärt als in militite B Pseud. 616, wo der Vers lange

denn der Dichter gerade bei diesen sechs Worten solche Freiheit genommen? Gingen diese denn etwa unbequemer in den Vers als irgend welche anderen Worte trochäischer Form? Und sagt man etwa, diese sechs Worte seien in der Umgangssprache durch besonders häufigen Gebrauch abgeschliffen gewesen (oder wie man das sonst ausdrücken mag), nun, so steht man ja schon wieder mit beiden Füssen auf grammatischem Gebiet.

Auf diesem aber zeigen schon die allgemeinsten methodischen Erwägungen die Verdächtigkeit der bisherigen Erklärung. Heut wo jeder, sei es explicite sei es implicite, möglichste Strenge der Lautgesetze anstrebt, wird man von vornherein mit Misstrauen auf eine Erklärung blicken, nach der dieselbe Lautkonstellation verschieden behandelt wäre z. B. in *ŭnde* und *ŭnda*[1]), in *nĕmpe* und *cōmpar* oder beliebigen sonstigen mit *comp* . . . oder *imp* . . . beginnenden Worten, in *ĭlle* und *cōllus* etc. Damit aber nicht genug: wir müssten ja sogar eine doppelte Behandlung für jene Worte selbst annehmen, denn neben dem angeblich pyrrhichischen *nĕmpĕ* steht zweifellos bei denselben Dichtern ein *nĕmpe* mit positionslanger erster Silbe, ebenso neben *ĭlle* ein *ĭlle* und zwar beides sowohl unter als vor und hinter dem Iktus.

Und müssen wir schon nach diesen allgemeinen Betrachtungen bedenklich werden, so wird eine Beleuchtung der Corssenschen Erklärung von *ŭnde ĭnde nĕmpe quĭppe ĭlle ĭste* im einzelnen vollends ihre geringe Stichhaltigkeit erweisen. Fassen

---

Schlusssilbe verlangt. Dies *militite* dürfte weder eine gewöhnliche Verschreibung noch eine gewöhnliche Schreiberkorrektur sein, sondern ein Rest alter orthographischer Ueberarbeitung, von der ich gelegentlich an anderem Orte sprechen werde *(militite = militī)*. — Das einzige inschriftliche Beispiel für Länge des -*e* bei Bücheler entstammt einem Saturnier, den ich für mein Theil accentuirend zu lesen vorziehe: *Gnaiuod pátre prognátus*; in den terenzischen Beispielen ist das -*e* durchweg kurz und erste Silbe einer aufgelösten Hebung, woran nach Klotz' Darlegung (Metrik 266 ff.) wohl niemand mehr zweifeln wird.

[1]) Hier wie sonst verwende ich als Zeichen der Positions- und metrischen Länge; wird Bezeichnung der Naturlänge eines Vokals aus grammatischen Rücksichten nöthig, so verwende ich dafür ˆ.

wir zunächst *unde inde nempe* ins Auge. deren pyrrhichische Natur nach Corssen das Resultat von „Verklingen" oder „Schwund" des Nasals sein soll.

§ 2.

Nasalschwund im Lateinischen.[1])

Nasalschwund war einst in der lateinischen Grammatik (wie auch sonst) eins der beliebtesten, weil gefügigsten, Erklärungsmittel. Aber die Anschauungen haben sich mit der Zeit sehr geklärt. Ein *itegra — integra* wird heute niemand mehr in den Plautustext zu setzen wagen, ein *integra* nach dem oben gesagten nur da, wo eine betonte kurze Silbe vorausgeht; ein *ítegra* oder *íntegra* hält jeder für undenkbar. Dass ein jedes silben- oder wortschliessende *m* oder *n* mit folgendem Konsonanten durchaus bei Plautus Position macht, wird nicht bezweifelt; nur das Iambenkürzungsgesetz kann eine in dieser Weise geschlossene Silbe kurz machen. Wer sich die Mühe geben will durchzusehen und mit den Texten zu vergleichen, was Corssen, Vok. II² 633 ff. (vergl. den Ueberblick S. 666 f.) zusammengehäuft hat, wird finden, dass das fast ganz und gar in das Bereich jenes Gesetzes fällt. Der Rest zerlegt sich in zwei Gruppen: in Etymologieen, die mit „Schwund des Nasals" operiren, und in inschriftliche Belege für Nichtschreibung des Nasals. Indem ich zunächst den ersten Punkt erledige, ziehe

---

[1]) Es handelt sich hier natürlich nur um die Fälle des Nasalschwundes vor Konsonanten ohne „Ersatzdehnung". Insbesondere wird also von dem Verklingen des Nasals vor *s* und *f* (Corssen. Vok. I² 251 ff.; Seelmann, Aussp. S. 77, 86 ff., 273, 286 ff.) nicht gesprochen werden. Dahin auch *scrofa*, dessen Zusammenstellung mit griech. γροφμφάς (Curtius. Etym.⁵ 703 und danach zuletzt Stolz, Gr.² § 41,2) freilich keinen sehr vertrauenerweckenden Eindruck macht. Der Form *laterna* neben *lanterna* (Stolz a. a. O.) „nihil aut parum auctoritatis relinquitur" (Bücheler, rhein. Mus. 18, 393).

ich bald herbei, was von neueren mir bekannt gewordenen Etymologieen auf jenen lautlichen Vorgang sich stützt.

Corssen führt an *nuper* — **nouum-per*, *uen-dere* = *uenumdare*, *tri-nundinum* = *trinum noundinum*. Im letzten Falle (vergl.
meine lat. Nom.-Komp. S. 45 Anm. 1) liegt einfach sogenannte
„syllabische Dissimilation" vor wie in *debilitare* für **debilitat-are*
und andern bekannten Fällen (Stolz, Gr.² §68); *uendere* hat seinen
Nasal erst verloren, als der Vokal der zweiten Silbe den in § 4 zu
besprechenden Synkopirungserscheinungen zum Opfer gefallen
war, kann also für Nasalverklingen nach Vokal gar nicht in
Betracht kommen.[1]) Wenn schliesslich heute wirklich noch
Jemand daran denken sollte *nuper* aus **nouumper* zu erklären,[2])
so gewinnt er damit keine Parallele für *nē̆(m)pe*; denn bei *nuper*
wäre das Schlussresultat ein langer Vokal, der ja nicht bloss
durch Kontraktion, sondern zugleich auch durch „Ersatzdehnung"
entstanden sein könnte. Aber mir scheint es zur Erklärung
von *nuper* formell nur folgende drei Möglichkeiten zu geben.
Erstens: wir haben in *nuper* ein Stammkompositum = ur-
sprüngl. **nŏuŏ-pĕr* vor uns. Dafür könnten *aliquantis-per tantis-
per paulis-per* zu sprechen scheinen, wenn Corssen, Vok. II² 299
Anm. *tantis-* etc. richtig als schwache Komparativstämme erklärt hätte, dafür auch *sem-per*, da *sem* an sich zwar sowohl
blosser Stamm als (Nom. und) Akk. Sing. Neutr. des indogerm.
Zahlworts der Einzahl (= griech. ἕν) sein kann, im Latein selbst
aber nirgends sonst als flektirte Form, sondern nur als erstes
Kompositionsglied erscheint (*sin-ciniu, sim-plex, sim-plus, sim-p-
ludi-aria funera* [Stolz, Wiener Stud. X 302, Verf. de nom. lat.
comp. S. 11], *sin-cerus*[3]), *semel* [? cf. Wackernagel, KZ XXX
316]). Aber jene komparativische Deutung Corssens ist un-

---

[1]) Man traut der Sprache nicht etwa eine ungewöhnliche Härte zu,
wenn man Synkopirung des *u* in *uenumdare* annimmt; vgl. *hos(ti)pes for(mi)-
ceps Mar(ci)por* u. a. (s. § 4). Nichtsdestoweniger will ich die Möglichkeit
andeuten, dass *uendere* auch nach Analogie von *uen-ire* (= *uen(um)ire*) gebildet sein könnte.

[2]) Wie B r é a l - B a i l l y thun (dict. étym.² 221).

[3]) Denn dass die Herleitung dieses Wortes aus *sine cerā* (B r é a l -
B a i l l y² S. 348) irrthümlich ist, wird m. E. zur Genüge schon dadurch bewiesen, dass *sine* (statt *se*) in der Komposition und in alten Zusammen-
rückungen nie gebraucht wird.

sicher. und osk. *petiro-pert*, umbr. triiu-per weisen doch vielmehr auf eine flektirte Neutralform hin. Daher gewinnt die
zweite Möglichkeit, dass nämlich *nuper* indogerm. *nū* enthält,
das Brugmann kürzlich [1]) überzeugend in lat. *nudius* nachgewiesen hat, zugleich wieder einen bis zum Ueberdruss wieder-
holten Beleg des „Nasalschwundes" beseitigend [2]); auffällig ist
hierbei nur, dass *per* sich sonst nie an ein Adverb anschliesst.
denn in *parumper* erkennt Bréal, mém. d. l. soc. d. lingu. VI
126 wohl mit Recht noch eine Spur der ursprünglich adjekti-
vischen Natur von *parum*. Bei diesen beiden Möglichkeiten, sowie bei der Corssenschen und anderen Erklärungen wird davon
ausgegangen, dass *nuper* die Präposition *per* enthalte und aus
dem Adverb *nuper* das Adjektiv *nuperus* durch sog. Hypostase
entstanden sei. Nothwendig ist diese Annahme keineswegs, denn
Adverb und Adjektiv treten in der Litteratur gleichzeitig auf
(Plaut. Cpt. 718 und Truc. 397) und recht häufig ist im Latein
die Verwendung erstarrter Nominative als Adverbien (Bücheler,
Umbrica S. 39 f., Wölffl., Arch. I 105; Osthoff, ebda. IV 466; Verf.,
de nom. lat. suff. -no- ope form. S. 6 Anm.), insbesondere der Nominative der zweiten Deklination, die nach vorausgehender Liquida
ihr schliessendes -*us* eingebüsst haben wie *firmiter facul*. Das
Nebeneinander zweier Nominative *nuper* und *nuperus* ist nicht
auffallender als das von *famul* und *famulus*, *facul* und *(sacri-)*
ficulus (Verf. a. a. O.) u. a. Geht man von *nuperus* als dem
Ursprünglichen aus, so ergiebt sich das Wort als ein Kompositum aus Stamm *nouo-* und dem Verbalnomen *paro-*, einem Derivat von *parĕre*, das wir auch sonst nicht selten im zweiten
Glied lateinischer Komposita finden (vergl. die Denominativa
aequi-perare uitu-perare).[3]) Dies -*paro*- kann bei Plautus Cpt.

[1]) Ber. d. sächs. Gesellsch. d. Wissensch. 1890 S. 227.
[2]) Die Deutung aus *num-dius* z. B. bei B e r g k, Beitr. z. lat. Gramm.
I S. 150 f. Auch B r é a l - B a i l l y a. a. O. S. 223 stellen das Wort noch unter
-*num* „maintenant". Siehe dagegen B r u g m a n n a. a. O. Anm. 1: „Dass
nu- in diesem Worte erst aus *num*- (vergl. *etiam-num*) oder gar aus *nun-c*
verkürzt sei, ist durch nichts zu erweisen; man sieht nicht, warum ein
*nundius das *n* vor *d* hätte einbüssen sollen. *num* (*nun-c*) war selbst erst
von *nū* abgeleitet so gut wie gr. *νῦ-ν* und *νῦ-ν*".
[3]) Diesem Worte hat freilich S a b l e r, KZ XXXI 280 eine andere Er-

718: *recens captum hominem, nuperum, nouicium* noch seine volle
Bedeutung gewahrt haben: *nuperum* lässt sich hier mit *neu erworben*
übersetzen. Aber wie *aequiperare* und *uituperare* das zweite
Kompositionsglied auf dem bekannten Wege zum Suffix (Paul
Princ.² S. 294 f.) bereits stark vorgeschritten zeigen, da denn in
ihnen *-perare* nach Ausweis von *uitiare aequare* nur zur Bildung
der Denominativa dient, so ist auch an jener Plautusstelle der
gleiche abgeschwächte Sinn von *-perus* mit dem Inhalt des Verses
verträglich. Im Adverb *nuper* mag man die gleiche Abschwä-
chung des Sinnes suchen oder *deinceps* d. i. *deinde captus* (Verf.
a. a. O.) vergleichen. So viel leuchtet also jedenfalls ein, dass
für Nasalschwund *nuper* nichts beweisen kann.[1])

Den Corssenschen Beispielen fügt Kühner lat. Gr. I S. 129
ausser einem Fall, der uns nachher beschäftigen wird, noch an
ligula neben *lingula* und „*typanum* Catull 63, 8 statt *tympanum*
τύπανον wegen des Metrums, aber von W. *uer.*" Was das
erstere anlangt, so wäre erst noch nachzuweisen, dass beide
Worte identisch sind, wenn sie auch unsere Wörterbücher ver-
mischen; die Bedeutungen sind sichtlich geschieden (siehe Martial XIV 20 und dazu Friedländer). Man kann vermuthen,

klärung widerfahren lassen, aber nur infolge ungenügender Kenntnis des
Sprachgebranchs. Neben *uituperare omen* (Plaut. Cas. 410 f.), das Sabler
selbst anführt, steht nämlich *uitiare auspicia* (Messala bei Gell. XIII 15. 4).
Vituperare und *uitiare* verhalten sich also genau wie *aequiperare* und *aequare*.
Damit ist Sabler schlagender widerlegt als von J. Schmidt ebda. An-
merkung 1 geschehen ist.

[1]) [In Whartons mir erst nach Abschluss der vorliegenden Arbeit
zugänglich gewordenen Etyma Latina finde ich S. 67: „*nuper* lately, *nūperus*
fresh — *noui-perus* from *nouus* + *parŏ*", was sich mit meiner obigen Erklärung deckt.] Was Corssen sonst noch beibringt, lässt sich in Kürze erledigen. Dass es sich bei den Formen *tago tagam attigas* etc. nicht um
Nasalschwund, wie er Vok. I² 261 meint, sondern um Formen handelt, die
von *tango tangam attingas* genetisch verschieden des Nasals von jeher ent-
behren, ist heute allbekannt; siehe Curtius in seinen Studien V 431 f.,
Stolz. Verbalflexion I 1 f. Das weitere, was Corssen ebenda und danach Seelmann Ausspr. 274 anführt, sind vielmehr entweder Fälle nasa-
lirter Präsensbildung, aus der der Nasal bisweilen auch analogisch in andere
Formen eingeschleppt ist (vergl. J. Schmidt Vokalism. I 110 f.) oder Fälle,
die durch die Theorie der Nasalis sonans ihre Erledigung in anderem Sinne
als dem des Nasalschwundes gefunden haben.

dass *ligula* „Löffel" zu indogerm. W. leiğho- „lecken" (Fick Wörterb. 1⁴ 121, 301, 533) gehört, mit welcher Wurzel *lingua* der Unursprünglichkeit seines *l* wegen nicht verwandt sein kann;[1]) *g* als Vertreter von ğh erschiene hier entweder genau wie in *tragula* aus *trāgla* neben *traho* (also regulär als vor *l* entstanden, Brugmann Grundr. I S. 375, cf. S. 219 f., II 192) oder wie in andern noch nicht aufgeklärten Fällen, zu denen namentlich das stammgleiche *ligurio* gehört (Brugmann Gr. I 375, Stolz Gr.² § 52 a).[2]) Das catullische *typanum* des weiteren kann für einen lateinischen Lautwandel gar nichts beweisen, denn schon im Griechischen steht τέπανον (z. B. hymn. Homer. XIV 3) neben τύμπανον, mag man in dieser Doppelheit nun uralte Stammverschiedenheit suchen (ai. *prastumpati* neben *topati*, das G. Meyer griech. Gr.² § 251 mit τύπτω vergleicht, liesse sich heranziehen, nur dass es bloss eine von Grammatikern konstruirte Heischeform sein dürfte) oder das *μ* in τύμπανον irgendwie als analogische Zuthat erklären oder wirklichen Nasalschwund annehmen (cf. G. Meyer a. a. O. § 294 f., Wilamowitz bei Bruhn zu Eurip. Bakch. 59).

Von dem, was J. Schmidt Vokalism. I 98 ff. 179 f. zusammenstellt, berührt uns hier nur weniges, da Schmidt allermeistens mit dem Verklingen des Nasals Vokaldehnung oder -steigerung Hand in Hand gehen lässt. Für Schwund des Nasals ohne Dehnung des Vokals oder mit nachträglicher Verkürzung des früher einmal gedehnten weiss er S. 110 nur zwei

---

[1]) Vaniček etym. W. d. Lat.² S. 247 stellt *ligula* „Heftel, Band, Riemen" zu *ligare* und Konsorten. Aber gerade in dieser Bedeutung hat Martial II 29. 7, der in der Verwendung von *lingula* für „Löffel" statt *ligula* mit Recht eine Grammatikerschrulle sieht (es liegt anscheinend etymologisirende Anlehnung an *lingua* oder das historische *lingere* vor) und daher seinerseits den volksthümlichen Thatbestand genau wiedergeben muss, die Form *lingula* (Friedländer a. a. O.), die als Deminutiv von *lingua* (Bersu, die Gutt. S. 140) zur Bezeichnung eines schmalen Riemens ja vortrefflich passt. — Die Zusammenstellung von *ligula* „Löffel" mit leiğho-„lecken" finde ich übrigens nachträglich auch bei Fröhde BB XVI 214.

[2]) Das Verhältnis *ligula* : *lingo* hat natürlich mit der Frage des lateinischen Nasalschwundes nichts zu thun, sondern führt auf voritalisches Gebiet zurück.

Beispiele, das eben beseitigte *līgula* und *āpis* = gr. *ἐμπίς* „Mücke", ahd. *imbi* „Biene" (Curtius Etym.⁵ S. 264). Die letztere Gleichung macht nicht allein · durch den Nasalschwund, sondern auch durch das *ā*, für das *e* oder *i* zu erwarten wäre, Schwierigkeiten, kann also, bis dieses nicht erklärt ist, auch für jenen nichts beweisen. Schmidt hat aber ausserdem noch S. 104 f. *nācillare* auf *nanculo- zurückgeführt und dies mit altsächs. *wankol* „schwankend, unbeständig", ai. *vaṅkura* „Flussbiegung" verglichen. Von dem noch nicht befriedigend gelösten Problem der Doppelzeitigkeit der ersten Silbe will ich schweigen, auch die Verwandtschaft mit dem germanischen und indischen Worte nicht in Abrede stellen; aber muss die Verwandtschaft so eng gewesen sein, dass das lateinische Wort mit den andern mehr als die Wurzel gemeinsam hat und dass nicht vielmehr das lateinische *nacillare* aus der nicht nasalirten Wurzel gebildet sein könnte?¹) [cf. Wharton Et. Lat. S. 111].

Einiges weitere hat Schweizer-Sidler lat. Gr.² § 76, 11. 8 und 9 (S. 68) beigebracht (über die inschriftlichen Fälle *dedrot* und *Didius* siehe unten). Davon erledigen sich angebliches *quadrĭgenti* und *Tarĕntinus* (Plaut.) sofort als einfach unter das Iambenkürzungsgesetz fallend. *Quadrĭgenti* schreiben RitschlGötz in den Bacchides 934, 974, 1183, Reiz-Schöll im Rudens 1324, *quadringenti* sämmtliche Handschriften an der zweiten und vierten Stelle. B an der ersten. BD an der dritten; an der ersten haben CD *quadragenti* verschrieben, an der dritten hat C allein *quadrigenti*. Da es nun wohl heute niemandem einfallen würde. Trin. 456 *ferētárium* statt *ferĕntárium*, Amph. 154 *inūĕtútis* statt *inŭĕntútis* u. s. w. in den Text zu setzen, ist es auch hier durchaus angezeigt, den einmaligen Fehler einer (nicht einmal der besten) Handschrift gegenüber dem viermaligen Zeugniss der besten, fünfmaligen der übrigen, da stehen zu lassen,

---

¹) An einer gleichen Schwierigkeit wie *nacillare* leidet *Grădiuus*. Um so weniger bin ich geneigt, mit M. War r en Amer. Journ. of Phil. IV 71 ff. diesen Namen von *grandire* herzuleiten, wozu auch im übrigen genügender Anhalt zu fehlen scheint. *Gradibo* der Plautushandschriften Aul. 49 ist nicht besser als anderes ähnliche, das gleich zu besprechen sein wird, nämlich verschrieben für *grădibo*.

wo die auf dieselbe Art entstandenen *nepe* (darüber nachher)
bis jetzt glücklicherweise verblieben sind - - nämlich im kritischen Apparat.[1]) *Quādrīngéntī* aber ist ein Fall des C. F. W.
Müllerschen Gesetzes (vergl. Klotz Metrik 87), kein Fall von
Nasalverklingung. Und gerade so steht es mit „*Taretinus*".
Das Wort findet sich in unsern Ausgaben Truc. 649: *Qui
ouís Taretínas érat mercátus dé patré.* BCD geben mit verschiedener Worttrennung *Quonis(s)taretinaserant* (*erat* nur C). Ein
sicheres Zeugnis für einzelne Buchstaben kann das gewiss nicht
genannt werden; wer es doch dafür hinnimmt, wird nichts dagegen sagen können, wenn man das *n* von *erant* statt *erat* als
eine zu *Taretinas* gehörige Korrektur fasst, die an falscher
Stelle in den Text drang. Wie dem sei. jedenfalls hindert
nichts, ohne Nasalverklingung, aber nach C. F. W. Müllers Gesetz (vergl. diesen selbst Nachträge S. 37 und 158) zu lesen:

Qui ouís Tărĕntínas érat mercátus dé patré.[2])

Ist ferner *pollictor* neben *pollinctor* eine genügend ge-
sicherte Form. so kann es sehr wohl auch die ursprünglichere
sein und *pollinctor* seinen Nasal erst vom Präsens (*pollingo*) bezogen
haben gerade wie *corrumptor* Trin. 240 (A). Aber jenes *pollictor*, für
das Georges L. l. W. s. v. nur Varro Men. 222 und 324 sowie Sidon. ep. III 13. 5 citirt, ist an der letzten Stelle nicht
überliefert. sondern entweder *pollintor* oder *pollinctor* (S. 49, 29
Lütj.); an den ersten beiden, die bei Non. 157, 21 ff. erhalten sind,
schwanken die Handschriften zwischen *pollictor* und *pollinctor*.
Das gleiche gilt von dem Citat der Plautusstelle Asin. 910 bei Nonius. Poen. 63 giebt *pollinctor* Fulgentius, *pollector* unsere Plautus-
hdschr. wie an der ersten Stelle *pollictor*. Aber Poen. 63 wird
das Zeugnis des Fulgentius anscheinend durch den beabsich-
tigten Gleichklang *pollinctor qui eum pollinxerat* gestützt. und
so mag man denn Götz' Verfahren, der *pollinctor* auch Asin.
910 in den Text bringt, sehr wohl berechtigt finden und auch

---

[1]) Dass die zweite Silbe von *quadringenti* auch naturlang war, macht
dabei keinen Unterschied (darüber unten mehr). — Leo hat in den Bacchides
richtig überall *quadringenti* geschrieben.

[2]) Dergleichen Kürzung ist auch in der innern Senkung durchaus erlaubt. wie bei *mĭnĭstrárĕ pŏtĕstátem* (Klotz S. 87).

bei Varro *pollictor* statt *pollictor* einzusetzen wagen, womit dann die Zeugnisse für *pollictor* beseitigt wären. Endlich *cicinnus* neben *cincinnus* ist, soviel ich sehe, ohne Beleg, zudem das Wort jedenfalls wohl dem Griechischen entlehnt (Rassow Fleckeis. Jahrb. Suppl. XII S. 634, Bréal-Bailly dict. étym.² S. 42. Fick W. I⁴ 425).

Aus Büchelers Bemerkungen rhein. Mus. 37, 525 f. braucht hier nur noch beleuchtet zu werden, was Bücheler über das Verhältnis *coniunx coniux coniugis* sagt. Es handelt sich hier keineswegs um ein Verklingen des Nasals, vielmehr ist die nasallose Form *coniux coniugis* die ursprünglichere (vergl. gr. σύ-ζυξ, wobei es wenig verschlägt, ob man mit Delbrück Abh. d. sächs. Ak. XI 440 unmittelbaren Zusammenhang der beiden Worte in Abrede stellt, und ai. *sam-yuj-*) und der Nasal nur aus der Präsensbildung *iungo* eingedrungen (Brugmann, Grundr. I 230 Anm.), dergleichen Fälle Bücheler selbst S. 526 erwähnt.

Einen weitergehenden Versuch hat Bugge Bezz. Beitr. XIV 68 ff. gemacht. Er sucht an einer Reihe von 22 Beispielen wahrscheinlich zu machen, dass „lat. *ĕ* [*ă ĭ*] ein älteres reducirtes *em* oder *en* (= m̥, n̥) [*am im*] vertritt, wo der Hauptton bei der indogerm. Betonung nicht auf der unmittelbar folgenden, sondern auf der nächstfolgenden oder auf einer noch später folgenden Silbe ruhte." Da nun die im Eingang von § 4 zu erwähnende Verschiebung des Accentes von seiner indogermanischen Stelle auf die Anfangssilbe jedes Wortes mit höchster Wahrscheinlichkeit bereits der uritalischen Periode zugeschrieben wird (s. Brugmann Grundr. I S. 548 f.) und insbesondere Bugge jene Wirkung des Accentes bereits im Uritalischen sich vollziehen lässt, da er sie auch für osk. *kapvans* neben *Campania* annimmt, so könnte ich seine Hypothese hier ohne weiteres übergehen, da es sich bei *nempe* und Konsorten ja nur um einen Vorgang innerhalb der historischen Latinität handeln kann. Indess steht die Hypothese auf so schwachen Füssen, dass ich sie auch für das Uritalische bei dieser Gelegenheit beseitigen möchte. No. 9 *ligula* und 22 *nubius* sind bereits, No. 12 *quăsi* wird weiterhin von uns erledigt werden. Für *hibernus* (No. 19) ist die von Bugge erwähnte Deutung Johanssons (< *hibrĭnus : *himrĭnus, cf. χειμερινός) inzwischen auch von andern gefunden und wohl zweifellos; siehe darüber zuletzt und am ausführlichsten Osthoff MU. V 85 ff. Vollkommen hinfällig sind ohne weiteres No. 15 *patior*: gr. *παθεῖν*, W. *penth*- und 16 *latere*: *λαθεῖν*. Grundform *luth*-, denn — wenn wir von der Frage der tenues aspiratae, für die Bugge auch nur scheue Seitenblicke hat, absehen — um das *ā* beider Worte statt des zu erwartenden *ĕ* (vergl. oben S. 19) zu erklären, genügen Wendungen wie „beruht vielleicht auf dem Einfluss des *p*, des *l*" durchaus nicht. Dasselbe gilt für No. 13 *apis*. Eine Reihe weiterer Fälle (2 *lenis*, 3 *breuis*, 4 *metus*, 5 *fretum*, 8 *emo*, 14 *lapis*, wo zudem noch das spurlose Verschwinden des ṇ der angeblichen Grundform ləṇqidóm unerklärt bleibt; dazu auch das schon aus anderem Grunde verworfene *apis*) fügt sich der Buggeschen Theorie nur dadurch, dass Entstehung der nasallosen Form in gewissen, in der erforderlichen Art betonten, Kasus oder Personen angenommen wird, von denen aus die Nasallosigkeit sich dann analogisch über das ganze Paradigma verbreitet haben müsste. Da nun aber die in der genannten Weise betonten Formen überall durchaus in der Minderzahl sind, so ist diese Verbreitung recht unwahrscheinlich und Bugges Annahme um so weniger haltbar, als sie eine solche Unwahrscheinlichkeit gleich für sieben Worte voraussetzt. Unter No. 21 sagt Bugge selbst, dass *aeditumus* die ältere, *aedituus* die jüngere Form sei — selbstverständlich kann nur gemeint sein: in der historischen Latinität.[1]) Und da uns eben Varro selbst die Entstehung von *aedituus* in seiner Zeit bezeugt, ist es verkehrt, hier mit dem indogermanischen Accent zu operiren. Das Richtige sagt schon Varro selbst (de l. l. VII 12): *aedituus* ist eine volksthümliche Anlehnung von *aeditumus* an *tueri*. — Nach No. 11 *cătulus* als Deminutiv von *canis* (aus *ḱu̯ontəlós) anzusehen empfiehlt sich erstens semasiologisch nicht, da von jeher

---

[1]) Siehe Varro r. r. I 2. 1: „ab *aeditumo* ut dicere didicimus a patribus nostris, ut corrigimur a recentibus urbanis ab *aedituo*"; dens. de serm. lat. II (frg. 54 S. 179 Wilm.): „*aeditumum* dici oportere — magis quam *aedituum*, quod alterum sit recenti novitate fictum, alterum antiqua origine incorruptum." Daher hat Fleckeisen in seinen Jahrbüchern 121 S. 123 bei Plaut. Curc. 204 mit grosser Wahrscheinlichkeit *aeditumum* für überliefertes *aedituum* hergestellt.

cătŭlŭs ganz allgemein von allen Thierjungen steht (z. B. von Ferkeln Plaut. Truc. 268), zweitens macht das *t* Schwierigkeiten. Denn weder giebt es ein Deminutivsuffix *tlo* noch zeigt eine indogerm. Sprache ausser dem Germanischen, in dem der Dental femininbildend scheint (Kluge et. Wört.⁴ s. v. *Hund*), im Namen des Hundes ein *t*, das namentlich auch das Lateinische in *canis* nicht kennt. In No. 10 wird wieder einmal die *Libitina* mit der *Libentina* zusammengeworfen. Dass die „plautinische Metrik" n i c h t lehrt, dass „auch die [historische] lat. Betonung *Libentina* eine volksthümliche Form *Libitina* erklären" kann, sehen wir an dem über *quadrigenti* und drgl. oben S. 19 f. gesagten (vergl. C. F. W. Müller Nachtr. S. 37 f.), aber auch vorhistorisch sind beide Namen gewiss getrennte Bildungen gewesen. Denn für die *Libitina* denke ich de nom. lat. suff. -*no*- ope form. S. 21 Anm. 3 wahrscheinlich gemacht zu haben, dass sie auf ein Abstraktum *libitiōn-, schwach libitin-* zurückgeht. Sie hat daher der Form nach ihr Analogon in *Statīnus Iugatīnus* etc., die *Libentina* aber vielmehr in der *Pauentina* (Preller-Jordan röm. Myth. II 212). — Dass *septuāgintā* = gr. ἑβδομήκοντα gesetzt wird (No. 20), ist insofern verlockend, als die in unseren Kompendien (Brugmann Grundr. II S. 481, 498; Stolz Gr.² § 91 A) nach Vorgang von Wackernagel KZ XXV 281 vorgetragene Meinung, *s.* sei Analogiebildung nach vulgärem *octuaginta* nicht gerade auf sehr sicheren Füssen steht. Denn *octuaginta* ist überhaupt kein altlateinisches Wort. Forcellini und Freund citiren es aus Vitruv VI 3, X 17 und Gellius III 10.8, Georges nur aus Columella XI 2.40, *octuagies* Baunack KZ XXV 229 aus Plinius n. h. II 108 (§ 243, S. 125, 10 Detl.) Für Vitruv, Gellius und Plinius zeigen heute die kritischen Ausgaben, dass die massgebende Ueberlieferung überall nur *octog-* resp. das Zahlzeichen *LXXX* hat; *octuag-* erscheint nicht einmal im handschriftlichen Apparat. Bei Columella müssen wir uns leider noch immer mit veralteten Ausgaben behelfen, aber selbst auf Grund dieser lässt sich darthun, dass auch hier *octuaginta* falsch ist. Denn weder ist bei dem gebildeten und sonst in seinem Ausdruck sehr sorgfältigen Schriftsteller eine derartige Vulgärform überhaupt denkbar, noch steht sie im Einklang mit seinem sonstigen Gebrauch, da z. B. XI 2.86 auch Schneider und die andern Editoren *octoginta* geben. Und sollte hiernach noch ein Zweifel möglich sein, so hebt den die allein massgebende Petersburger Handschrift. Diese giebt nach freundlicher Mittheilung von Herrn Professor Häussner-Karlsruhe XI 2. 86 totidem litteris *octoginta*, XI 2. 40 aber das Zahlzeichen *LXXX*, so dass *octuaginta* bei Columella wie bei den andern genannten Autoren nichts ist als ein Transskriptionsschnitzer der werthlosen jungen Handschriften oder gar erst der Ausgaben. Des ferneren beweisen auch die romanischen Reflexe nichts für ein *octuaginta*. Sie können freilich auf diese Form zurückgeführt werden, da *u* nach mehrfacher Konsonanz im Romanischen auch sonst gefallen ist (d'Ovidio Zeitschr. f. rom. Philol. VIII 82 Anm., W. Meyer Gramm. I § 503). Aber viel einfacher ist es, eine Grundform **octaginta* (resp. *octa/gi/nta*, cf. § 13 II) anzusetzen d. i. eine Umformung von *octoginta* nach dem Muster von *quadraginta* bis *sexaginta*, die um so wahrscheinlicher ist als auch *septuaginta* bereits gemeinromanisch durch ein **septaginta*, mag dies nun lautlich oder analogisch für *septuag.* stehen. ersetzt gewesen sein muss. Hiernach ist *octuaginta* nur aus mittelalterlichen Quellen (Diez Gramm. I⁴ 21) zu belegen,[1]) und es ist also eine durchaus unhistorische Betrachtungweise. wenn man *septuaginta* sich nach dem Muster von *octuaginta* bilden lässt, statt umgekehrt in *octuaginta* mit Diez a. a. O., Osthoff MU I 127 und Bannack a. a. O. eine „Anbildung" an *septuaginta* zu erblicken. Aber gewiss ist Bugges Deutung von *septuag.* nicht besser als die Wackernagelsche, denn vergeblich frägt man sich, warum *quinquaginta* = gr. πεντήκοντα (und *nonaginta* = ἐνενήκοντα) nicht auch ihren Nasal verloren haben. — Bei No. 6 *screare* = **scremare* zu gr. Wurzel χρεμ- bleibt die Gleichung *scr* = gr. χρ = idg. *zghr* unbewiesen, die für das Latein keineswegs wahrscheinlich ist. Unter No. 18 werden lat. *sābulum* für **sambulóm* als Deminutiv von **sambo-*, germ. *sanda-* für **samla* und gr. ἄμαθος auf einen indogerm. St. *samdho-* zurückgeführt. Es wird also hier, wie zuerst von Osthoff (z. Gesch. d. Perf. 534) geschehen, Uebergang von idg. *dh* in lat. *b* nach vorausgehendem *m* angenommen. Dieser Annahme ist in-

---

[1]) Zu den ältesten Belegen dürften die bei Gregor von Tours zählen, die Bonnet (le lat. d. Grég. S. 449) für authentisch hält.

dess von J. Schmidt (Pluralbildgn. d. Neutr. S. 6 f. Anm.) die einzige Stütze (lat. *lambus* = indog. *lomdhos*; hier ist *b* vielmehr = *dy*) entzogen worden. Die drei übrig bleibenden Fälle (1 *beat* = *duenâîti : bonus* = *duenos*, 7 *mêderi*: zd. *madha* „Heilkunde", „wenn dies eine nasalirte Wurzel voraussetzt" [!], 17 *Capua : Campania*), die Bugge zum Theil selbst mit sehr starken Reserven giebt, werden wohl kaum Jemand noch für seinen Satz einnehmen können.

Schliesslich bleibt hier noch einiges Vereinzelte zu erledigen. Fröhde BB XVI 182 sucht lat. *câsa* mit gr. σχηνή durch eine Grundform *(s)kansâ* zu vereinigen. Er weiss indessen nur *quâsi = quamsi* (cf. *quansei* CIL I 200. 27) als Beispiel ähnlichen Lautwandels anzuführen. Dies ist aber insofern ganz anders geartet, als es ein zusammengesetztes Wort ist. Bücheler hat es daher mit Recht in den Rahmen der von ihm Wölffl. Arch. III 144 ff. (s. oben S. 9) besprochenen Erscheinungen gestellt und „Quantitätsentziehung durch Tonanschluss" angenommen. Dadurch wird *câsa* = *cansa* ganz vereinzelt und unhaltbar.[1] Neuestens hat Deecke in der Eingangs genannten Schrift S. 27 *trâcidare* als *tru(n)ci-cidare* erklären wollen. Was wäre denn aber *truncum caedere*? oder was denkt sich Deecke sonst unter *trunci-cidare*? Allerdings ist die übliche Erklärung aus *truci-cidare* auch nicht viel besser, da sie „in unlateinischer Weise zwei recht disparate Begriffe [zum Kompositum] vereinigt." Daher deute ich lat. Nom.-Komp. S. 24 Anm. an, dass es sich gar nicht um ein Kompositum handeln, sondern vielmehr vom Adjektiv *trux*, als dessen Grundbedeutung Ribbeck Wölffl. Arch. II 122 f. erweist „mit einem bohrenden, stossenden Instrument versehen", ein Verbum *trucîre*[2] und von diesem wieder ein Nomen *truci-d-* wie *heré-d-* von *herêre, custô-*

---

[1] Auch übersehe man nicht, dass auch hier mit dem indogermanischen Accent operirt wird, was einmal wieder dem Fall von vornherein jede Bedeutung für unsern Zweck nimmt, dann aber hier um so kühner ist, als Fröhde sich nicht die Mühe giebt, auch nur die mindeste weitere Spur dieses Accents im Italischen nachzuweisen. Die Oxytonirung von *quasi* ist natürlich ganz anderer Art.

[2] Vergl. z. B. *feroc-îre* und über die Denominativa auf *-ire* überhaupt die Bemerkungen von Bréal mém. d. l. soc. d. lingu. VI 343.

d- von ** custoiere* (Curtius kl. Schr. II 146) abgeleitet sein und dies *trucid-* in letzter Linie ein *trucid-are* wie *(ex)heríd-* ein *(ex)herídare* gegeben haben möchte. Wie dem auch sei, jedenfalls ist Deeckes Erklärung nicht im mindesten geeignet, spurlosen Nasalschwund glaubhaft zu machen.

Es bleibt hiernach von allen mir bekannt gewordenen angeblichen Beispielen des Nasalschwundes ohne Ersatzdehnung nur *quäsi*, das aber, wie wir gesehen haben, ganz eigenartig ist und für unzusammengesetzte Worte nichts beweisen kann. Mag man nun auch geneigt sein, „Quantitätsentziehung durch Tonanschluss" gleichermassen für *nempe* (und *quippe*) anzunehmen, das ja wohl zweifellos ein enklitisches *-pe* enthält, so wird das doch seine grossen Bedenken haben bei *inde* und *unde* (*ille* und *iste*), die wenigstens als im Latein aus zwei Worten, darunter einem tonlosen, zusammengeschlossen sich kaum dürften erweisen lassen. Nebenher ist noch zu überlegen, dass *quasi* bei Plautus stets mit kurzer erster Silbe erscheint und so fortan in der Litteratur, dass dagegen neben dem angeblichen *nẽmpe* nicht nur bei Plautus schon *nẽmpe* steht, sondern diese letztere Form späterhin sogar die einzig konstatirbare ist. Könnte aber Jemand trotz alledem noch die Meinung von der Quantitätsentziehung anfrecht erhalten wollen, nun, so bitte ich ihn abzuwarten, was uns die Zusammenstellungen des nächsten Paragraphen lehren werden.

Wir haben hiernach von den Corssenschen Belegen für Nasalschwund noch die inschriftlichen Schreibungen zu erledigen, dergleichen er ausser a. a. O. auch Vok. I^2 250 f. 256 f. 263 f. 267 ff. zusammengestellt hat; vergl. die Sammlungen von Seelmann Ausspr. 281 ff. 363 f. Dass nun die Nichtschreibung von *m* oder *n* ein völliges spurloses Verschwinden desselben in der Aussprache bedeute, wagt man für den Inlaut wohl überhaupt nicht, für den Auslaut wenigstens nicht für die Zeit, um die es uns hier zu thun ist, anzunehmen. Corssen beschränkt sich I 271 nicht darauf zu sagen, „dass das auslautende *m* in früherer Zeit so matt und dumpf gesprochen wurde, dass man zweifelhaft war, ob man diesen Laut noch durch einen Buchstaben bezeichnen solle oder nicht", sondern macht dazu noch die Anmerkung: „dass es in alter Zeit gar nicht gesprochen sei

(Ritschl rhein. Mus. XIV 397 f., vgl. R. de tit. Mumm. p. VII, Mon. epigr. tr. p. 17 [= opusc. IV 93, 134, 404]), ist eine unhaltbare Annahme. War der Laut völlig verschollen, so konnte er nicht in den ältesten Inschriften so häufig geschrieben werden und in der ältesten römischen Verskunst [1]) mit konsonantischem Anlaut des folgenden Wortes Position bilden (Bücheler Dekl. S. 11, 24 [= ² §§ 48, 120])." Fügen wir bald mit J. Schmidt Vokalism. I 100 hinzu — gleichviel ob dieser mit der Annahme von Nasalvokalen als Ursache der Nichtschreibung Recht hat oder nicht (Seelmann Ausspr 288 ff.) —: „nur unter der Voraussetzung", dass in den Fällen (*Poponi Decebris*) *apice gremia* etc. der nichtgeschriebene Nasal in der Aussprache irgendwie zur Geltung kam, „begreift es sich, wie die spätere Schreibung das *m* wieder in seine Rechte einsetzen konnte". Dies alles gilt nun offenbar nicht bloss für den auslautenden, sondern ebenso gut für den inlautenden Nasal. Auch von diesem behauptet Corssen nicht, dass er sich im alten Latein vollständig hätte verflüchtigen können, sondern spricht nur von schwachem nasalem Nachklang (II 633), schwachem nasalem Laute (ib. 635); auch dieser macht in der archaischen Poesie schon durchweg Position, soweit nicht die Gegenwirkung des Iambenkürzungsgesetzes eintritt.[2])

--- ---

[1]) Bücheler an der sogleich zu citirenden Stelle hebt treffend hervor, dass Plautus keine Versschlüsse wie *iussűm sit* kennt; dazu vergl. oben S. 6. Aber wichtiger muss es uns sein, dass die Metrik der archaischen Inschriften den Nasal für den Vers voll in Anschlag bringt und zwar, wenn die quantitirende Auffassung der Saturnier richtig wäre, auch den nichtgeschriebenen wie in *Taurásiá(m) Cisaúna*, *subigit* (um mir diese ungeheuerliche Messung einmal zu eigen zu machen) *omné(m) Loucánam* (CIL I 30. 5 f.). Aus den hexametrischen Inschriften guter Zeit habe ich keinen Fall zur Hand, wo *m* nicht geschrieben doch Position machte; jedenfalls aber fehlt es durchaus an einem Fall, wo es, geschrieben oder nicht, für die Messung unberücksichtigt bliebe. Denn wenn Ritschl rh. Mus. XIV 398 Anm. = opusc. II 639 Anm. im Vers der Mummiusinschrift CIL I 542 = IX 4672 Z. 4:

Visum animo suo. perfecit tua pace rogans te

tua pace als Akkusativ statt als Ablativ fassen wollte, so hat das (wie noch anderes der Art) schon Bücheler Fleckeis. Jahrb. 1863, 776 mit Recht zurückgewiesen.

[2]) Vergl. noch Seelmann Ausspr. 286: „Der Nasal [war] in altlateinischer Periode relativ am schwächsten —, ohne jedoch vollständig seine Existenz aufgegeben zu haben." Wenn Corssen seinen citirten Aeusserungen

Nach allem diesem beurtheile man, was Corssen II S. 640 f. über *nempe* vorbringt: „Ehe die enklitische Partikel -*pe* an *nem*- antrat, war das *m* auslautend, also schwach nachklingend; diesen schwachen verschwindend kurzen Laut behielt es auch vor der Anfügung -*pe* --. Das ist um so erklärlicher, als jener schwachlautende labial-nasale Laut *m* vor folgendem *p* schon im Altlateinischen nicht selten geschwunden ist; so in den Wortformen *Tapios Poponi* u. a. So ward auch *nempe* mit ver- schwindend mattem und kurzem labialem Nassallaut gesprochen fast wie *nĕpe und so bei den Bühnendichtern gemessen". Die Widersprüche zwischen dieser Aeusserung und der vorhin ci- tirten (I 271) liegen auf der Hand. Etwas anders, aber kaum minder widersprechend heisst es II 635 von *inde*, hier habe der unmessbar kurze Nasal zusammen mit der einen Zeitweile des vorhergehenden *i* und mit der halben Zeitweile des folgenden *d* in der Aussprache nicht zwei Zeitweilen ausgefüllt d. h. keine Positionslänge gemacht — worin ich beim besten Willen nichts anderes als eine Wort- und Zahlenspielerei sehen kann. Gegen das, was Corssen über *nempe* vorbringt, spricht insbesondere noch, dass gerade „einsilbige und deshalb expiratorisch etwas selbständiger betonte Wörtchen wie *iam quom nam dum*" (Seelmann S. 356), dergleichen doch auch jenes von Corssen er- schlossene *nem*- einst gewesen sein müsste, das *m* auch graphisch mit besonderer Festigkeit gehalten haben, wie denn diese auch vielfach vor vokalischem Anlaut des folgenden Wortes nicht elidirt werden.

Indess, ich habe wohl schon zu viel Zeit mit der Wider- legung einer grammatischen Hypothese verloren, an die ohne- hin heute die Wenigsten glauben dürften.[1]) Fassen wir daher nur noch unser Resultat in Kürze zusammen: im archaischen

---

hinzufügt, der „schwache nasale Laut" habe nicht die Dauer einer halben Zeitweile gehabt, so ist das eben nur seiner *nempe*-Theorie zu Liebe erdacht, der er freilich auch die (richtig nach dem Iambenkürzungsgesetz zu er- klärenden, s. oben S. 14) angeblichen *hŭnc hănc hŭnc* anreiht (vergl. auch *ăt indiligenter, sĕd interim, ĕgo intér* etc. u. s. w., alles nicht durch „schwachen nasalen Laut im Werth einer halben Zeitweile," sondern nach C. F. W. Müllers Gesetz zu erklären).

[1]) Gern sehe ich, dass auch Klotz Metr. S. 49 gerade im Hinblick

Latein ist kein Nasal spurlos geschwunden: so viel ist von jedem noch geblieben, dass er mit folgender einfacher Konsonanz Position macht. *Nempe inde unde* können also nicht durch Nasalschwund pyrrhichisch geworden sein.

Aber, werden mir die Plautiner hier einwerfen, wir haben ja urkundliche Belege für das Verklingen des Nasals bei *nempe*! Hat nicht schon Ritschl das *nepe* der Palatinen im Trinummus V. 328 für ein „memorabile indicium pyrrhichiacae mensurae" erklärt? und hat nicht Minton Warren (Amer. Journ. of Philol. II 77) dazu noch *nepe* des Vetus[1]) ib. V. 966 gefügt? Ja, kann man nicht Liebhabern von dergleichen sogar noch mit einem *u*"*de* des Vetus (Pers. 150) aufwarten? — Ich muss leider so dreist sein, diese Schreibungen auf Rechnung eines der gemeinsten Fehler der Minuskelschrift (*nepe* statt *nĕpe*)[2]) zu setzen, ja ich würde so dreist sein, selbst wenn nicht an der ersten Stelle der Palimpsest, an der zweiten und dritten (!) totidem litteris *nempe* resp. *unde* gäben, selbst wenn nicht an der zweiten Stelle das Metrum gebieterisch *nĕmpe* verlangte, was wohl am besten über den Werth jenes „Indiciums" aufklärt.[3])

auf Corssen betont, dass die Kürze der ersten Silbe von *nĕmpe* etc „sicherlich im Umgangstone ihre sprachliche Begründung [hat], was näher darzulegen ins Gebiet der Sprachwissenschaft gehört, bisher jedoch noch nicht befriedigend durchgeführt wurde." Wieso es jedoch fruchtbarer sein sollte, wenn man „ähnliche griechische Eigenheiten" wie πέτε statt πέντε (Meister griech. Dial. II 262) vergleicht, gestehe ich nicht einzusehen; das ist doch dann eben auch wieder nur Corssensche Nasalverklingung. — Im Uebrigen verweise ich der Vollständigkeit wegen noch auf Götzes Aufsatz über die lateinische Ersatzdehnung C. St. 1 2, 141 ff. In § 42 giebt G. einen Ueberblick über seine Resultate, danach in keinem einzigen lateinischen Wort *m* oder *n* ohne „Ersatzdehnung" weggefallen ist.

[1]) Bei Warren steht durch Druckfehler D statt B.

[2]) *nēpe* schreibt z. B. B Trinummus 1076, D ibid. 196. — Der entgegengesetzte Fehler liegt vor, wenn die Handschriften *nundius* statt *nudius* geben (ibid. 727), worin Ritschl ebenfalls eine „notabilis scriptura" sieht.

[3]) Danach mag Jeder sich abnehmen, was für einen Werth wenigstens in dieser Frage die Schreibung *neppe* hat, die Warren a. a. O. aus Glossen u. a. hervorzieht.

Nasalverklingen und Quantitätsentziehung durch Tonanschluss — das sind, soviel ich sehe, die beiden nächstliegenden
Wege, um ein pyrrhichisches *nĕmpĕ* etc. zu erklären. Mit dem
nächsten Paragraphen hoffen wir einen dritten Weg und a priori
auch jeden weiteren, den etwa andere noch finden möchten, ab-
zuschneiden. Und da der zuletzt angedeuteten Eventualität
gegenüber, so unwahrscheinlich sie mich dünkt, Bescheidenheit
am Platze ist, so will ich mit dem bisher Gesagten weiter
nichts gewonnen haben als erstens das Recht, von einer zweimorigen Messung von *nempe inde unde* statt von einer pyrrhichischen zu sprechen und zweitens das Zugeständnis, dass eine
Revision der Frage wirklich ein Bedürfnis ist. Daraufhin
wollen wir denn zunächst untersuchen, was der Thatbestand
bei den Scenikern über *nempe* lehrt. Mit *nempe* beginne ich,
weil hier nicht nur jener Bestand am deutlichsten spricht und
unser Exempel vollkommen restlos aufgeht, sondern auch weil
O. Seyffert Berl. philol. Woch. 1888 Sp. 700 gerade für dies
Wort bereits einen Schritt auf das Richtige zu gethan hat.

§ 3.

Nempe.

Die folgenden Sammlungen habe ich mir von vornherein
nach einem Gesichtspunkt zu ordnen erlaubt, der sich als der
massgebende heraustellen wird.[1]) *Nempe* findet sich:

**I. mit unbestimmbarer Quantität der ersten Silbe (die erste
Silbe in Senkung ausserhalb des γένος ἴσον):**

Asin. 117: Nempe in foro // Íbi si quíd opus fúerit // Mémineró;

---

[1]) Ich habe zwar Plautus und Terenz für den vorliegenden Zweck nur
einmal durchgearbeitet, aber Plautus so achtsam, dass mir hoffentlich nichts
entgangen ist. Für Terenz ermöglichten die Wortindices älterer Ausgaben,
namentlich der vortreffliche an der editio in usum Delphini des Camus
(Paris 1678), eine Kontrolle, die bei Plautus leider fast ganz fehlte. Das

Aulul. 293: Nempe húc dimidium dicis, dimidiúm domúm;[1])
Cistell. II 3. 56: Nempe istic ést qui Alcésimárcho filiám;
Curc. 42: Nempe óbloqui me iússerás // At núnc notó;
ib. 44: Nempe huíc lenóni qui hic habét // Recté tenés;
Merc. 760: Nempe úxor rúrist túa quam dúdum dixerás;
Mil. 16: Memini: nempe illum dicis cum ármis aúreis;
Most. 491: Nempe érgo in sómnis // Íta, sed aúscultá modó;
Pers. 45: Nempe hábeo in múndo // Si id domi ésset mihi iam
póllicérer;
Rud. 476: Nempe óptumó me iúre in uínclis énicét[2]);
Andr. 30: Nempe út curéntur récte haec // Ímmo aliúd // Quid ést;
ib. 195: Nempe érgo apérte nís quae réstant mé loquí;
ib. 387: Nempe hóc sic ésse opinor: dicturúm patrém;
ib. 567: Nempe incommóditas dénique húc omnis redit;
ib. 618: Nempe út modo // Ímmo mélius spéro // Oh, tibi ego
ut crédam, fúrcifér;
Eun. 158: Nempe ómnia haéc nunc uérba huc rédeunt déniqué;
Atta V. 10: Nempe ⟨ádstat⟩ sinus ápud mensam úbi sermó
solét[3]).

glaube ich indess versichern zu dürfen, dass auch ein oder die andere Lücke
in meinen Sammlungen das Resultat nicht in Frage stellen kann, zumal
gerade für die prosodisch schwierigen Fälle durch die Zusammenstellungen
C. F. W. Müllers u. A. die Garantie der Vollständigkeit gegeben wurde.

Citirt sind:
Plautus Mostellaria und Persa nach Ritschl,
  Cistellaria nach Vulgate, Blatt- und Zeilenzahl des Stude-
    mundschen Apographums und den Fundstellen der
    Fragmente,
  die Fragmente der verlorenen Stücke (incl. Vidularia) nach
    Winter,
  die übrigen Stücke nach Götz-Schöll-Löwe;
Terenz nach Dziatzko;
die Scenikerfragmente nach Ribbeck[2].

[1]) Bacch. 929 vermuthet Leo Nempe id eis térmentó fuit etc. (Hdschr.
Nam pedibus und darüber l'pelides), prosodisch unanfechtbar.
[2]) Trin. 60 schrieb Ritschl Nempe (Hdschr. richtig Namque) énim tu
crédo etc., was prosodisch zulässig ist.
[3]) adstat rührt von Ribbeck her; in den Veroneser Scholien zu Verg.
Ecl. VII 33 steht dafür ein unlesbares Wort. Nach der Fassung des Ser-

II. mit langer erster Silbe:

A. vor vokalischem Anlaut des folgenden Wortes.

Fall 1: die erste Silbe steht in der Hebung:

Asin. 339: Ita enim uéro, séd tamén tu némpe ōs ásinos praédicás;

Bacch. 689: Égo patrem éxoráui „ Némpe ergo hóc ut fáceret
quód loquór:

Cas. 235: Réspice, ó mi lepós // Némpe ita ùt tú mihí's;

Curc. 235: Saluéto. Quid agis // Viuo // Némpe ut dignus és;

Men. 535: Immo équidem mémini : némpe hoc ést quod illi dedi :

Mil. 808: Glýceram // Némpe ēándém quae dúdum cónstitútast
// Páx, abí [1]);

ib. 1163: Némpe ut ádsimulém me amóre istíus dífferri // Eú, tenés :

Most. 653: Aduléscens, mécum rém habe // Némpe abs té petám :

ib. 919: Némpe octógintá debéntur huic minae//Haú nummo ámpliús;

Rud. 268: Némpe equò ligneó pér uiàs caérulàs :

ib. 1057: Némpe hic túos est /' Méus est ,'' Ístuc óptumé quandó
tuóst :

Trin. 196: Sed quid ais? quid nunc uirgo? némpe āpŭd tést?
// Itást :

ib. 966: Mille númmum // Némpe ab ípso id áccepísti Cálliclé :

ib. 1076: Némpe utérque ,'/ Vtérque // Dí me sáluom et séruatúm
nolúnt :

Andr. 371: Quid ita? némpe huic prórsus illam nón dat // Ridi-
culúm capút;

ib. 950: Nisi quid patér ait áliud // Némpe id // Scílicét // Dos,
Pámphile, ést :

Haut. 639: Némpe ānŭi illi [2]) pródita ábs te filiást planíssumé :

---

vius z. St. hat man wohl vielmehr an *némpe ad ménsam* etc. zu denken,
wonach der Vers unter II A 1 gehören würde.

[1]) ib. 857 schrieb Ritschl:
   Abi intro: némpe in célla uós uináriá,
prosodisch richtig, aber im Uebrigen verfehlt; die Ueberlieferung enthält
kein *nempe*.

[2]) oder *Némpe anu illi*, s. Dziatzkos Commentar zu Adelph. 63.

Eun. 563: Nostin hanc quám amat fráter // Nóui // Némpe
opinor Tháidém:
Phorm. 310: Rectá niá, quidem illuc // Némpe ad Pámphilám:
Hec. 105: Desiste // Némpe eā caúsa ut ne id fiát palám.[1])

Fall 2: die erste Silbe steht in Senkung des γένος ἴσον.
Kein Beispiel.

B. vor konsonantischem Anlaut des folgenden Wortes.
Kein Beispiel.

III. *Nempe* zweimorig.

Fall 1: die erste Silbe ist nach dem Iambenkürzungsgesetz verkürzt.
Kein Beispiel.

Fall 2: die Zweimorigkeit erklärt sich nicht durch
Wirkung des Iambenkürzungsgesetzes auf die erste
Silbe. Dieses zweimorige *nempe* findet sich:

A. vor Konsonanten:

a.) vor (oder hinter) dem Iktus.

Aul. 294: Nempe sicut dícis // Quid? hic non póterat dé suó:
Cas. 599: Quin tú suspéndis té? nempe túte díxerás;
Merc. 776: Nempe me hinc abíre uís // Volo inquam // Abíbitúr:[2])
Mil. 906: Nempe lúdificári milítém tuom erúm uis? // Éxlocúta's;
ib. 922: Nempe tú nouísti milítém meum erúm // Rogáre mírumst;
Most. 335: Scio: in mentém nenit modó. Nempe dómum eo
cómissátum;[3])
Rud. 343: Nempe rém diuínam fácitis hic // Quid sómniás amábo;

---

[1]) Andr. 766 hat Bentley unnöthig, aber prosodisch richtig, antevokalisches *nempe* in den Text gebracht.
[2]) ib. 768 schreibt Ritschl: *Nempe métuis tu istanc* etc. (*Ni[si] métuis*
Hdschr. und Götz), prosodisch richtig.
[3]) S. unten S. 35.

ib. 565: Némpe meaé // Nempe néscio istuc // Quá sunt fácie //
Scitulá;

ib. 1392: Béne merénti béne reférre grátiam // Nempe pró meó;
Trin. 328: Béne nolo égo illi fácere, si tu nón neuis // Nempe dé tuó;
ib. 427: Nempe quás spopóndi // Immó quas déspondi inquitó;
Truc. 362: Nempe tú eris hódie mécum, méa Phronésiúm;
Phorm. 307: Nempe Phórmiónem // Istúm patrónum múlieris;

b.) unter dem Iktus. [1])

Bacch. 188: Rogábis me úbi sit: niuit // Némpe recté ualét;
Epid. 449: Ego súm si quid uis // Némpe quem in áduléscéntiá;
Men. 1030: Némpe iubés // Iubeo hércle siquid imperíst in té mihi;
Mil. 337: Némpe tu istíc ais ésse erilem cóncubínam // Atque
árguó;
Pseud. 353: Fáteor // Némpe concéptis nérbis // Étiam cónsul-
tís quoqué;
ib. 1169: Séquere. Quíd ais? Némpe tu illius séruos és // Planís-
sume; [2])
ib. 1189: Meó pecúlio émpta // Némpe quod fémina súmma sústinént;
Rud. 565: Némpe měaé // Nempe néscio istuc // Quá sunt fácie //
Scitulá;
ib. 567: Némpe puéllae // Némpe moléstu's: i, uise intro sí lubét;
ib. 1080: Némpe tu hanc dicis quam ésse aiébas dúdum pópula-
rém meám;
Adelph. 742: Corréctor: némpe tua árte uíginti minaé;

B. vor Vokalen:

Pseud. 151: Nempe ut ánimati éstis, uíncitis durítia térgi hoc
átque mé. [3])

---

[1]) Ueber Aenderungen oder Beanstandungen der Ueberlieferung, die um
der Prosodie von *nempe* willen vorgenommen worden sind, verliere ich
kein Wort.

[2]) So die Palatinen; eine etwas abweichende Fassung, die jedoch aus
den lesbaren Resten nicht mit Sicherheit zu rekonstruiren ist, hatte der
Palimpsest.

[3]) So Götz; andere anders. Vergl. unten S. 36 ff.

Das erste, was aus diesen Zusammenstellungen sich ohne weiteres ergiebt, ist eben das, was schon Seyffert a. a. O. erkannte: *nempe* füllt nirgends einen ganzen Fuss aus. Hierüber kann so wenig ein Zweifel bestehen, dass ich alle Konjekturen und Skansionen, die gegen dies Gesetz verstossen — nirgends verstösst die Ueberlieferung dagegen [1]) —, ohne weiteres unbeachtet lassen durfte, also z. B., um einiges von den neuesten unzulässigen Versuchen anzuführen, Schölls *Nēmpĕ pŭllae* Rud. 567 und *Nēmpĕ tŭ hánc dicis quam esse aibas* (statt *aiebas*) ib. 1080, wogegen eben jene Bemerkung Seyfferts gerichtet ist, oder L. Müllers:

Intro ibo. Nēmpĕ [2]) méretricem ádstare in uiá

im Fragment der Cistellaria bei Nonius 423, 15 (cf. Seyffert Bursians Jahresber. Bd. LXIII [1890] S. 65). Von ältern Schreibungen erledigt sich u. a. Bentleys *Colacem ésse nĕmpĕ Plaúti* Eun. 25 und Ritschls *Nēmpĕ tŭ isti* (statt *istic*) *ais ésse* Mil. 337. Anders als bei Ritschl und Lorenz [2] wird zu gestalten sein Most. 335 (*Nēmpĕ dómum eo*), den ich daher oben in C. F. W. Müllers Fassung (Prosodie S. 161 Anm.) gegeben habe.[3]) Zu hüten endlich hat man sich vor Skansionen wie *Nēmpĕ mĕáe* statt *Némpe mĕáé* (Rud. 565), *Nēmpĕ tŭ íllius* statt *Némpe tu illíus* (Pseud. 1169), *Nēmpĕ iŭbes* statt *Nĕ͡mpe iŭbés* (Men. 1030[4]) etc.

Aber doch noch etwas mehr als jenen Seyffertschen Satz lehren unsere Zusammenstellungen.[5]) Drückt man sie in Zahlen

---

[1]) Nur die ambrosianische Recension Trin. 328 giebt *Nēmpĕ dé tŭō*, was allgemein als nachplautinische Aenderung angesehen wird. Vergl. Niemeyer de Plaut. fab. recens. S. 46, Baier de Plauti fab. recens. S. 25.

[2]) *Intro bonam* die Hdschr.

[3]) Besser vielleicht noch fasst man mit Spengel Reformvorschl. S. 381 die Worte *Nempe dómum eo cómissátum* als katalektischen anapästischen Dimeter. Vergl. Seyffert a. a. O.

[4]) Nach Klotz Metr. 309 wäre die Skansion *Nēmpĕ iŭbés* schon dadurch ausgeschlossen, dass innerhalb der zweisilbigen Senkung in Iamben und Trochäen nicht Wortschluss eintreten darf. Aber ganz mit Recht hat man bisher stets den ersten Versfuss für exempt von diesem Gesetze gehalten; der Gegenbeweis Klotzens beruht auf ungenügendem Material, wie Seyffert Berl. phil. Woch. 1891, 925 f. zeigt.

[5]) Dieses plus, soweit es sich uns zunächst ergeben wird, finde ich be-

aus, so ergiebt sich die erste Silbe 17 mal als unbestimmbar, 20 mal als lang und 26 mal — nach landläufiger Annahme — als kurz (24 mal bei Plautus, zweimal bei Terenz). In 25 dieser letztgenannten Fälle steht *nempe* vor konsonantischem Anlaut des folgenden Wortes, nur einmal bei Plautus vor Vokal. Darum ist dieser eine Vers. Pseud. 151. freilich das Paradepferd aller derjenigen gewesen, die Nasalschwund u. drgl. für *nempe* annahmen: so figurirt er namentlich bei Corssen Vok. II² 640. Aber ich denke, gerade als der einzige Fall seiner Art müsste dies *Nĕmpe īta ánimati* selbst bei sicherer Ueberlieferung verdächtig sein, obgleich immerhin dann mancher vielleicht Bedenken tragen würde zu ändern. Indess, wie steht es denn thatsächlich um die Ueberlieferung des Verseinganges und des ganzen Verses?

Wir finden folgende zwei verschiedene Fassungen desselben im Ambrosianus und in den Palatinen, wobei ich von kleineren Diskrepanzen der Palatinen unter einander absehe:

A: *Nempe ita animati estis nos: uincitis duritia hoc atque me*
P: *Nempe ita animati estis nos: uincite hoc duritia ergo atque me.*

So lange man die Lesart des Palimpsests noch nicht kannte, durfte man sich für berechtigt halten, in der ersten Vershälfte bis *nos* einschliesslich beliebig umzustellen, zu ändern und zu tilgen. Heute aber, meine ich, ist es schon methodisch bedenklich, in diesem Theile, den Ambrosianus und Palatinen vollkommen übereinstimmend geben, so hart zu verfahren und z. B. das *nos* zu streichen, wie es noch in der Götzschen Ausgabe geschehen ist — um so bedenklicher, als diese erste Vershälfte des iambischen Oktonars

Nempe ita animati estis nos

--- --- --- ---

reits ausgesprochen von Sonnenschein zu Rudens 343: „the first syllable (von *nempe*) is long before a vowel or *h*, short before a consonant." Sonnenschein beruft sich auch hierfür auf Seyffert a. a. O., doch finde ich in Seyfferts Worten nur ausgesprochen, dass *nempe* nie einen ganzen Fuss bildet, nicht dagegen, dass *nempe* nie vor Vokal als eine Kürze erscheinen könne. Auch nimmt Seyffert bei Götz praef. Pseud. XIII für Pseud. 151 antevokalisches *nĕmpe* an. Sonnenschein spricht sich über diesen Vers nicht aus.

von einem Hiatus hinter *nempe* oder *ita* oder *animati* abgesehen
tadellos verläuft und weiter insbesondere genau so schliesst wie
der erste Halbvers Truc. 153: *ésti' uos*[1]). M. E. darf also
hier nicht geändert werden, und nur um den Hiatus zu beseitigen muss sich ein Mittel finden. Die Herstellung der
zweiten Vershälfte wird uns gleichzeitig auch dies Mittel an
die Hand geben.

Der zweite Theil des Verses ist in A vollkommen einwand-
frei überliefert:

uincitis duritia hoc átque mé;

die Betonung des daktylischen Wortes auf der ersten Kürze ist
nach der Diärese bekanntlich so gut wie im Verseingang zulässig (s. Klotz Metr. S. 276). Auch was die Palatinen geben,
ist, obgleich hart, ,doch allenfalls skandirbar:

uincite hóc[2]) *duritia ergo átque mé.*

Der wesentlichste Unterschied beider Recensionen ist also
der, dass die Palatinen ein *ergo* mehr haben als A. Gehört
dies zum ursprünglichen Bestande des Verses oder nicht? Beim
ersten Blick könnte gerade die glattere Ueberlieferung der metrischen Ueberarbeitung verdächtig und damit *ergo* als ursprünglich erscheinen. Aber wenn A auch *ergo* beseitigt und *hoc* umgestellt haben könnte, um einen gefälligeren Vers zu gewinnen,
so bliebe es doch unbegreiflich, was ihn bewogen haben sollte
das *uincite* in *uincitis* zu ändern. Ganz anders gestaltet sich
die Sache, wenn wir annehmen, in den Palatinen sei in den
Halbvers 2, wie er in A vorliegt, ein nicht hineingehöriges
ergo eingedrungen, das irgendwo (wir werden gleich sehen, wo)
etwa zwischen den Zeilen oder am Rande stand. Dann konnte
man zwar den ersten Halbvers mit Hiat noch immer glatt
lesen, aber im zweiten musste ein *uincitis duritia hoc ergo atque me* einigermassen lesbar gemacht werden, und so nahm man
die Umstellung von *hoc* und die Aenderung von *uincitis* vor.

Woher nun aber jenes *ergo?* Ich meine, die Annahme ist
nicht gar zu kühn, dass eben dies *ergo* es war, was einst den

---

[1]) Zur Setzung von *uos* vergl. L a n g e n, Beitr. S. 227 f.

[2]) Die Verkürzung des *hóc* nach dem Iambenkürzungsgesetz wie ähnlich
z. B. *cálleo ét cómmemini, prandĭum ăt iussisti* u. a. (K l o t z, Metr. S. 77).

Hiat des ersten Halbverses füllte, in einem der Vorfahren beider Recensionen durch Versehen ausgelassen, dann über der Zeile oder am Rande nachgetragen und nun in Recension A einfach übersehen wurde, in P aber an falscher Stelle in den Text gerieth. Wir erhalten durch diese Ueberlegung folgenden untadeligen Vers:

Nempe érgo ita ánimati ésti' uós: uincitis durítia hoc átque mé,

zu dessen Erklärung nur weniges noch gesagt zu werden braucht.[1]) Die Verbindung *nempe ergo* ist bekannt; sie erscheint noch Bacch. 689, Most. 491 (s. dazu Lorenz[2]) und Ter. Andr. 195 (vergl. Langen Beitr. S. 129, 237 ff.). Der Sinn ist: „Natürlich („mit bitterer Ironie" Langen), so ist Euer Sinn, so verstockt seid Ihr: Ihr besiegt mit Eurer *duritia* noch meine Peitsche und mich, wir können nichts gegen Euch ausrichten", und dann nach zwei Zwischenversen fährt Ballio mit scharfem Gegensatze, gewissermassen sich selbst verbessernd, fort: „Nein, nie wird Euer Rücken härter sein als meine Peitsche" und macht sogleich die Probe.

Wie es indess bei solchen Herstellungen geht, strikt beweisen kann man sie nicht, und so bin ich vollkommen darauf gefasst, dass man auch diese verwirft. Wer das thut, wird mir aber doch so viel[2]) wohl ohne weiteres zugestehen, dass der Vers, wie er überliefert ist, für ein *nĕmpe* vor Vokal gar nichts beweisen kann. Dann stehen wir also vor dem Faktum, dass es ein zweimoriges *nempe* nur vor konsonantischem Anlaut des folgenden Wortes giebt und nie etwa ein solches *nempe* vor Vokal einmorig wird. Damit ist das Schicksal des pyrrhichischen *nempe* besiegelt. Denn offenbar wird jede Erklärung der Zweimorigkeit von *nempe* nunmehr gleichzeitig erklären müssen, wieso auf dieses zweimorige *nempe*

---

[1]) Ich freue mich zu sehen, dass auch Seyffert bei Götz praef. Pseud. S. XIII am Indikativ festhält und ähnlich wie ich erklärt. Er vergleicht zu der Parataxe *ita animati estis: uincitis* Poen. 323:

Íta sunt túrpes, crédo ecástor Vénerem ipsam é fanó fugént.

[2]) Hoffentlich auch noch so viel, dass ich an der Ueberlieferung der ersten Vershälfte mit Recht festhalte und mit Recht hinter *nempe* den Ausfall eines Wortes annehme. Doch ist das für den Fortgang unserer Untersuchung ohne Belang.

immer ein Konsonant folgt, und das leistet von den oben erörterten Erklärungen, um zunächst diese wieder vorzunehmen,
keine. Um zuerst zu Corssen zurückzukehren und dessen Theorie zu benehmen, was ihr etwa von Scheinbarkeit trotz aller
unserer Bemühungen noch geblieben sein sollte: weder kennt
man heute im Latein einen konexiven Lautwandel, durch den
der Nasal einer Silbe verklingt, wenn auf die nächste Silbe ein
(ganz beliebiger)[1] Konsonant folgt noch wird je ein solcher
Lautwandel gefunden werden. Und nicht besser steht es mit
der Theorie der Quantitätsentziehung durch Tonanschluss.
Warum sollte dieser Vorgang, der sich doch innerhalb des
einen zusammengeschlossenen Silbenkomplexes vollzieht und
sonst von der Umgebung, speziell von folgenden Vokalen und
Elision der Schlusssilbe des Komplexes, gar nicht behindert wird
(vergl. z. B. Büchelers Beispiele *Tŭquĭd[em] anthác* Epid. 99
und *dederás tŭquĭd[em] hóc est* Lucil. frg. 347 Bähr.), gerade
bei *nempe* sich vom Anlaut des folgenden Wortes abhängig
zeigen? Aber auch andere Möglichkeiten sind nun ausgeschlossen.
So könnte Jemand etwa vermuthen, es handle sich bei *nĕmpe*
um einen Fall stärkster Schwächung in der zweiten Silbe vor
dem Accent wie bei gewissen indogermanischen Erscheinungen
(J. Schmidt KZ XXV 30) oder bei der oben S. 21 ff. erörterten
Buggeschen Hypothese. Aber dann fragen wir wieder: warum
sind Fälle wie *nĕmpe ita ánimati* nicht zulässig, in denen doch
die Accentstellung dieselbe ist wie in *nĕmpĕ tú* und den andern
Fällen der Art? Zudem blieben dann noch die in Hebung verkürzten *nĕmpe* völlig räthselhaft.

Ich weiss nicht, ob Jemand noch einen andern Weg zur
Erklärung der pyrrhichischen Messung von *nempe* ausfindig
machen könnte[2]: unzutreffend muss der Weg aber jedenfalls sein.
Denn immer müsste er sich innerhalb der zwei Möglichkeiten
halten: Verkürzung durch den folgenden konsonantischen An-

---

[1] Das zeigt unsere Liste im Eingang dieses Paragraphen.

[2] Johansson, consensus qui potest inueniri inter accentum et ictum
apud comicos lat. utrum fortuitus sit necne, Diss. Venersburgi 1888, erklärt
S. 60 f. *nĕmpe ērgo fĕnĕstra iuuĕntutem rĕdĭ* und andererseits *lubidinē astĭtĭt*
und angebliches *dicerē* daraus, dass die Dichter über dem Accent die Quan-

laut — der kann aber weder Nasalverklingen veranlassen noch sonst irgend einen Einfluss auf die zweitvorhergehende Silbe üben[1]) — oder Verkürzung infolge der Accentstellung — letztere kann, wie wir gesehen haben, vollkommen die gleiche sein bei folgendem vokalischem und bei folgendem konsonantischem Anlaut, so dass also das Fehlen pyrrhichischer Formen von *nempe* vor Vokal wieder unerklärt bliebe.

Giebt es sonach zwar einen zweimorigen Gebrauch von *nempe*, aber sicher keinen pyrrhichischen, ist also die erste Silbe von *nempe* als immer lang erwiesen, so drängt sich die Lösung des Problems für *nempe* uns mit zwingender Gewalt auf. Wir können sie in Form eines einfachen Subtraktionsexempels so darstellen:

Nempe vor Konsonant hat den Werth von 2 Moren
Die erste Silbe hat den Werth von 2 Moren
Die zweite Silbe hat den Werth von . . 0 Moren,
d. h. *nempe* klingt vor (Vokalen wie vor) Konsonanten stets *nem(p)*.

Es wird zunächst zu prüfen sein, ob dies Ergebnis mit sonstigen Thatsachen der lateinischen Sprache in Einklang steht.

---

§ 4.

Vokalsynkopirung im Lateinischen.

Dass der lateinische Accent einst auf der ersten Silbe eines jeden Wortes seinen Platz hatte, darin sind heute die

---

tität vernachlässigt hätten. Das braucht keine Widerlegung. Ich erwähne es hier weniger um auf die Schrift aufmerksam zu machen, die manches Beachtenswerthe enthält, als um bei dieser Gelegenheit zu betonen, dass, wer in der Messung *nēmpe* eine (sprachliche oder rhythmische) Licenz des Dichters sieht, am allerwenigsten zu erklären vermag, warum diese Messung nur vor Konsonanten sich findet.

[1]) Ausser etwa durch As- und Dissimilationserscheinungen, die uns hier natürlich nicht berühren.

Sachverständigen, soweit sie sich über diese Frage ausgesprochen haben, einig. Dieser Accent war ein expiratorischer von der Stärke, dass nicht selten kurze Vokale der unmittelbar auf den Accent folgenden Silbe infolge seiner Einwirkung ausgestossen wurden. Man sehe die Beispiele bei Stolz Wiener Studien VIII 149 ff., lat. Gr. ² § 74; Brugmann Grundr. I § 680; Schweizer-Sidler lat. Gr. ² § 45; Verf. lat. Nom.-Komp. § 30. Es genügt hier ein paar Fälle anzuführen: *Marpor* = *Márco-pouros*; *hospes* = *hóstĭ-pots*: *princeps ἔζκος κτίρους ἐπιτραχήλιον* „Philoxenus" im C. Gl. L. II S. 141, 48 = *páno-caps* : *panus* „Drüse"; *arpendia πλέθρα* ibid. S. 23, 24 neben *arpendium σχοῖνος γεωμετρικός* ibid. S. 23, 52 (falls nicht bloss Schreibfehler): *princeps* = *prímo-caps*; *sinciput* = *sémi-caput*; von nicht komponirten Worten seien genannt *matertera* = *mátrotera* (darüber zuletzt Delbrück Abh. d. sächs. Ges. d. Wiss. XI 489, Verf. de nom. lat. suff. -no- ope form. S. 4 Anm.): *Acmemeno* = *Agamemno* Ephem. epigr. I 19; *optuma* neben *opituma* CIL I 1016 = VI 1958 u. s. w.

Diese Wirkung des Accentes blieb bestehen auch nachdem er sich dem Dreisilbengesetz unterworfen hatte. Die Beispiele würden hier noch leichter zu häufen sein als für die frühere Periode; es wird sich, um ein ungeregeltes Durcheinander zu vermeiden, empfehlen, die Erscheinung an einer bestimmten Formenkategorie darzulegen, wo vielleicht auch noch ein und die andere neue Bemerkung sich anbringen lässt. Ich wähle dazu die Adjektiva, die mit Suffix -*do*- gebildet sind. Dieses Suffix hat man schon längst mit Wahrscheinlichkeit als eines derjenigen bezeichnet, die aus zweiten Kompositionsgliedern hervorgegangen sind. Aber darüber ist man lange im Zweifel gewesen, ob man es zu W. *dâ* „geben" oder W. *dhê* „setzen, machen" stellen sollte (s. Osthoff Verb. i. d. Nom.-Komp. S. 121 ff., Thurneysen KZ XXVI 307). Dann versuchte W. Meyer (KZ XXVIII 167 f.) aus der Behandlung von *s* + *dh* im Lateinischen zu erweisen, dass die Fälle wie *rigidus* zu St. *riges-*, *frigidus* zu St. *friges-* nur aus *riges-dus*, *friges-dus*, nicht aus *riges-dhus*, *friges-dhus* sich erklären liessen, mithin unser Suffix zu W. *dâ* in Beziehung stehe. Aber da die von Meyer vertretene Annahme, dass unbetontes *ĕs* im Latein zu *ĭ* werde,

nicht zulässig ist (s. Verf. a. a. O. S. 11 f.), könnten die Bildungen wie *frigidus* in keinem Falle einen *ēs*-Stamm wie
friges- enthalten, sondern müssten diesen, wie es im Kompositum oft geschieht (z. B. griech. ἐπο–ποιός, lat. *foedi-fragus*,
Brugmann Grundr. II S. 49 und 58), durch einen *o*-Stamm
(*frigo*-) ersetzt haben. Unter der Annahme dieser Ersetzung
aber erledigt sich der Meyersche Einwand gegen die Ansetzung
einer Urform -*dho*- und gewinnt volle Beweiskraft, was Thurneysen neuerdings (KZ XXX 489) beobachtet hat, dass in
einem Falle hinter vorausgehendem *r*, nämlich in *acerbus*, unser
Suffix vielmehr die Form -*bo*- angenommen hat und daher nach
bekanntem Lautgesetz (Stolz Gr.^{2} § 55 S. 295) ursprünglich
wirklich -*dho*- gelautet hat.[1]) Nun könnte *acerbus*, das einst
zweifellos * *acrodhos* oder * *acridhos* gelautet haben muss, uns
sofort selbst als Beispiel der Vokalsynkopirung der bezeichneten
Art dienen, wenn nicht bei dem alterthümlichen Habitus des
Wortes es zweifelhaft wäre, ob die Synkopirung erst nach dem
Dreisilbengesetz eingetreten oder etwa schon durch den vorhistorischen lat. Accent bewirkt worden ist. Derselbe Zweifel
besteht übrigens bei einer Reihe von Worten wie *auspex augur*
= * *áuispex* * *áuigur* etc.; derselbe Zweifel trifft auch ein anderes Wort, das ich vermuthungsweise hierher stellen möchte.
Morbus nämlich, das Brugmann Grundriss II S. 204 und danach Stolz Gr.^{2} § 54 als * *mori-bhus* erklären, könnte sich
wohl auch als * *mori-dhus* „was sterben macht" verstehen
lassen und wäre dann gleichzeitig ein neuer Beweis für die
Verwandtschaft unseres Suffixes mit W. *dhê*. Für die folgenden
Beispiele aber ist die Synkopirung als Folge des Dreisilben-
accents zum Theil schon durch das dauernde Nebeneinander-
stehen synkopirter und nicht-synkopirter Formen in historischer
Zeit gesichert. *Caldus* steht neben *calidus*, *lardum* neben

---

[1]) Wenn vielfach auch hinter vorausgehendem *r* das Suffix in der Form
-*do*- erscheint wie in *aridus horridus fordus* (s. unten S. 46) u. a., so handelt es sich hier natürlich um Fälle, die, jünger als *acerbus*, zu einer Zeit
entstanden sind, als inlautendes *dh* mit jener einen Ausnahme zu *d* geworden war und also aus *auidus cupidus placidus* etc. ein Suffix -*dus* abstrahirt und auch hinter *r* unverändert gesetzt werden konnte.

laridum, *soldus* neben *solidus*, *ualde* neben *ualidus* (die Belege siehe bei Georges LlW.). Auch *udus* wird man am besten wohl als synkopirte Nebenform von *uuidus* und dies als Derivat von *uueo* fassen. Das ist jedenfalls einfacher als mit J. Schmidt Pluralbildgn. S. 204 Anm. in *udus* den Repräsentanten eines ursprünglichen *uguedos* — das freilich ja gleichfalls Synkopirung erlitten haben müsste — und in *uuidus* eine damit nicht in Zusammenhang stehende Neubildung von *uueo* aus zu erblicken. Zudem spricht für unsere Auffassung vielleicht auch der Umstand, dass *uuidus* bereits plautinisch ist, während *udus* in der Litteratur nicht vor Lucilius (frg. 897 Baehr.), inschriftlich zum ersten Mal auf der Bauinschrift von Puteoli CIL I 577 = X 1781 (II 18) sich findet, deren Original zwar dem Jahr 105 v. Chr. entstammt, die aber selbst bekanntlich eine modernisirte Herstellung der Kaiserzeit ist. Neben *frigidus* ist *frigdus* in der Weiterbildung *frigdaria* (Lucil. frg. 227 Baehr.), in dem *frida* einer pompejanischen Inschrift (CIL IV 1291), in der Liste verwerflicher Ausdrücke in Prob. app. GLK IV 198, 3 (*fricta*), im späten Vulgärlatein wie in der Oribasiusübersetzung (*infrigdare* z. B. in dem von Hagen, zur Gesch. der Philologie, Berlin 1879, S. 243 herausgegebenen Stücke XII 11 u. ö.) sowie endlich in den romanischen Sprachen erhalten. Für *aridus* wird uns die Nebenform *ardus* nicht bloss durch die Weiterbildungen *ardere ardor*, das *arda* der schon erwähnten Bauinschrift (CIL I 577 II 21) und *ardum* bei Lucil frg. 547 (cf. L. Müller de re metr. 366) an die Hand gegeben, sondern ist auch für Plautus Aul. 297 und Pers. 266 durch O. Seyffert studia Plautina S. 6 sichergestellt worden (cf. Klotz Metr. S. 308).[1]) Wie uns so Plautus für die Reihe

---

[1]) An der ersteren Stelle wäre es nach Leos einleuchtender Vermuthung über Elision von schliessendem Vokal + s (index lect. Rostoch. 1887/88, cf. Seyffert Jahresber. 1890 S. 9) auch möglich zu lesen *pumex non aequest arid' atque hic est senex*. Aber wie es überhaupt sich empfiehlt die von Leo versprochene eingehende Behandlung der Frage abzuwarten (Beispiele liessen sich leicht häufen), so wird hier insbesondere Seyfferts Ansicht durch mancherlei bestätigt: durch die Konkurrenz der Persastelle, dann durch den „vulgären" Charakter von derlei Synkopirungen (darüber nachher), vor allem aber durch die im Text sogleich anzuführende Parallele.

aridus : ardeo in *ardus* das Mittelglied liefert, so auch, wenn mich nicht alles täuscht, für die Reihe *auidus : auideo* in *audus* (cf. *auspex = *auispex* u. a.). Dass *audus* für *auidus* bei Plautus stellenweise zu lesen sei, hat auch Zander uersus Italici S. 18 angenommen, aber wie das der von ihm angeführte Vers Aul. 487:

Quorum ánimis áuidis átque insátietátibús

sollte beweisen können, gestehe ich nicht zu begreifen. Nur eine Stelle kenne ich, die es beweist; sie muss freilich von den Herausgebern, da jeder an ihr zu ändern oder doch zu zweifeln sich veranlasst gefühlt hat, wohl gar nicht verstanden worden sein.[1]) In den Bacchides hat der Sklave Chrysalus dem Nikobul von einem Gastfreunde zu erzählen begonnen, der ihn, den Nikobul, um eine Summe Geldes geprellt habe. Nach verschiedenen Zwischenreden will er V. 276 in seiner Erzählung fortfahren und sagt daher:

Quin tu áudi!

Darauf Nikobul:

Immo ingenium áuidi haud pérnoram hóspitis.

Wozu Nikobul den Sklaven nochmals unterbricht, ist gar nicht ersichtlich — wenn er nicht ein Wortspiel machen will oder besser vielleicht: soll. Denn ob es freiwilliger oder unfreiwilliger Humor ist, mit dem ihn der Dichter den Imperativ *audi!* des Sklaven als Genetiv von *auidus* fassen lässt, wage ich nicht zu entscheiden. Aber dass er ihn so fasst, braucht wohl eben nur gesagt zu werden, um einzuleuchten,[2]) und da-

---

[1]) Ussing bemerkt z. St.: „*Immo* prauum est. Both. *Enim* substituit, Ritschl *Hem* [was Leo annehmen zu wollen scheint]; ego deleui quasi ex errore legentis ortum. Hiatus in caesura ferendus est [!]. Bothe Ritsch. transp. *auidi ingenium.*"

[2]) Vielleicht wird man gut thun zu interpungiren: CHR. *Quin tu audi* — NI. *Immo* etc., denn unsere Erklärung setzt voraus, dass Nikobul glaubt, der Sklave werde nun noch *hospitis* und weiteres folgen lassen. — Auch sei hier noch auf die Assonanz des zweimaligen *audi* mit *Autolyco* und *aurum* in V. 275 hingewiesen. Anderwärts beweist vielleicht die Assonanz allein schon, dass *audus* für *auidus* zu sprechen ist. So in den Versen des Porcius Licinus in der Suetonischen Terenzuita (Ritschl opusc. III 205, Bährens poet. lat. fragm. S. 277 frg. 4 V. 2): *auidis auribus.*

mit ist dann das viel angefochtene *Immo* aufs beste erklärt und zugleich Ritschls (freilich ohnehin kaum berechtigter) Anstoss an dem Procelensmatiker -*gĕnĭ/um/ ăuĭ*- behoben. Wenn also in der editio princeps *ingenium auĭ* steht, so ist damit wenn auch nicht Plautus' Schreibung so doch jedenfalls Plautus' Aussprache getroffen. Unsere Erklärung wird darum nicht etwa unwahrscheinlicher, weil Plautus an andern Stellen sicher dreisilbiges *ăuĭdus* hat,[1] denn auch neben *ardus* findet sich bei Plautus selbst *ârĭdus* (Rud. 574, 726, 764 etc.) und weiterhin hoffen wir dergleichen Doppelheiten principiell zu rechtfertigen. Passend hat Zander unserm *audus* den bekannten *Rauidus* bei Catull XL 1 verglichen: denn nur *Raude* kann dort gelesen werden, nicht aber *Rauĭd'* mit Elision vor dem Anfangsvokal des folgenden Verses, da Synaphie in den Hendekasyllaben bei Catull beispiellos ist.

Nur die synkopirte Form liegt uns vor in den Fällen *nŭdus*, das man aus *noguedos* herleitet und mit got. *naqaþs* vergleicht (siehe z. B. Kluge etym. Wört. [4] s. v. *nackt*, J. Schmidt a. a. O.) und *crûdus*, das zweifellos zu *cruor*, Stamm *creues* (vgl. griech. χρέϝας usw. Fick Wört. I [4] 31) gehört und für *creuo-dus* steht mit der Ersetzung des *es*-Stammes durch den *o*-Stamm, über die oben S. 42 gesprochen ist.[2] *Tardus* leitet Osthoff MU V 106 aus *targidus* und des weiteren nach alter Annahme von *trahere* nicht ohne Wahrscheinlichkeit her.[3]

---

[1] So Persa 409, wo es durch das wohl vom Dichter beabsichtigte Homoioteleuton *auĭde atque inuĭde* gesichert wird, und besonders Aul. 9: *ĭta ăuĭdo ingeniŏ fuit*.

[2] Allerdings könnte man auch im ersten Gliede die schwächste Gestalt des *es*-Stammes finden wollen und *creus-dos* als Urform ansetzen. Das wird aber durch die sonstige Behandlung der *es*-Stämme vor unserm Suffix widerrathen.

[3] Da Suffix -*do*- ursprünglich ein zweites Kompositionsglied ist, so ist vor demselben ein Verbalstamm nach S c a l i g e r s „praeceptum regium" eigentlich nicht zulässig. Doch ist solcher missbräuchlich des öftern in Kompositis, namentlich bei Herabsetzung des zweiten Kompositionsgliedes zum Suffix (oben S. 17), eingedrungen. So finden sich seit Alters die Adjektive *placidus* (Naev. trag.), *aridus* (Plaut. Cato), *auidus* (Plaut.), *cupidus* (Plaut. Cato), *uiridis* (Cato, vergl. S. 48), *rapidus* (Pacuv. Acc. Lucr.). Diese haben

Endlich gehört hierher auch wohl *fordus*, das seines Vokalismus wegen mit *ferre* unmittelbar nichts zu thun haben kann. Aber es enthält anscheinend vor dem Suffix ein von Wurzel *bhero* abgeleitetes primäres Nomen, sei es nun *bhóro-* = ai. *bhara-* (wenigstens formell) oder *bhorá-* = gr. φορά „Hervorbringen von Früchten", „das Hervorgebrachte", welches letztere dann in bekannter Art im Kompositum resp. vor dem Suffix der Analogie der *o*-Stämme gefolgt wäre. *Fordus* ist also = **foro-dus.*[1]

Bevor wir an anders geartete Fälle der Synkopirung herantreten,[2] erweist es sich als nöthig, eine doppelte Frage zu beantworten. Erstens muss es nämlich, selbst wenn man nicht

---

alle in der Zeit ihres ersten Vorkommens nur einen Verbal- (*arere auere* etc.), nicht einen Nominalstamm neben sich, und wenn trotzdem auch bei ihnen die ehemalige Existenz des letzteren nicht mit Bestimmtheit in Abrede gestellt werden kann, so giebt es doch bereits in alter Zeit Fälle, bei denen nur Derivation vom Verbum möglich ist, so *obstupidus* Pacuv. trag. 54, das mit *obstupesco* zusammenhängen muss. Dergleichen späterhin öfter: *fluidus* seit Lucrez, *ruidus* seit Plinius, *sapidus* seit Apuleius; auch Ovid konnte *luridus* kaum mehr von *luror*, wohl aber von *lurere* ableiten. So denn auch vielleicht *morbus : mori* (oben S. 42).

[1] Auch *foedus* scheint Synkopirung erlitten zu haben, doch finde ich keine Anknüpfung dafür. Die an *foetidus*, die sich zunächst darzubieten scheint, unterliegt den schwersten Bedenken. [Andere Vermuthungen bei W h a r t o n Et. Lat. 37, F r ö h d e Bezz. Beitr. XVII 311.]

[2] Von der bisher besprochenen Art hier nur noch ein für die plautinische Textkritik wichtiges Beispiel, freilich, wie ich nachträglich sehe, von W a s e Senarius S. 154 (vergl. unten § 14) schon vor 200 Jahren vorweggenommen, aber seitdem bis zum heutigen Tage verkannt und misshandelt, so dass es eine neue Besprechung wohl verdient. Statt *surripuit surripite* etc. sagt die Umgangssprache mit regelrechter Synkopirung *surpuit* (Plaut. Cpt. 8, 760 u. ö.), *surpite* (Hor. s. II 3. 283), *surpere* (Lucr. II 314 cf. G e o r g e s LlW. Sp. 668). Wenn nun Stich. 716 überliefert ist:

Haúd tuom istúe est té ueréri: eripe ex óre tibiás,

so wird man sicher nicht mit K l o t z Metr. S. 79 zu skandiren haben *éripe éx óre*, da der Wortschluss inmitten der Senkung fehlerhaft ist, aber wohl nach Analogie jener *surpere* etc. ohne Bedenken ein *erpe* annehmen und den ganzen Vers mit erlaubtem Hiat in der Diärese (s. z. B. K l o t z S. 146 ff.) lesen dürfen:

Haúd tuom istúc est té ueréri: érpe ex óre tibiás.

Vergl. noch *surgo porgo* neben *surrigo porrigo* (Merc. 884!).

an grösste Strenge der Lautgesetze, glaubt, auffallen, dass *aridus* und *ardus*, *auidus* und *audus*, *uniuorsus* und *oinuorsus*
(CIL 1 196. 19) usw. neben einander stehen. Vergeblich
sucht man hier etwa in der Beschaffenheit der umgebenden
Laute oder Silben eine Behinderung oder Förderung des Eintritts der Synkopirung.• Weder die Anzahl der folgenden Silben
noch die Quantität der vorausgehenden oder nachfolgenden noch
endlich die geringere oder grössere Härte der nach der Synkope zurückbleibenden Konsonantengruppen, die zuweilen, wenigstens in den älteren Fällen, eine sehr beträchtliche ist
(vergl. *Marc(o)por *form(o)ceps), zeigt sich hier irgendwie von
Einfluss — wie ja eben am einfachsten schon daraus hervorgeht, dass im selben Wort die Synkope bald eintritt bald nicht.
Es bleibt nur die Möglichkeit, die Osthoff Wölffl. Arch. IV
464 f. angegeben hat: die Doppelformen *ardus* : *aridus* etc.
erklären sich aus der grösseren oder geringeren Schnelligkeit
beim Sprechen; letzteres ist die „Form der geringeren Geschwindigkeit", ersteres die „Schnellsprechform". Damit ist
gegeben, dass die synkopirten Formen im allgemeinen die der
familiären Redeweise, die andern die des Hochlateins sein
werden. Thatsächlich zeigt gerade das familiäre[1]) Latein die
Synkopirung fast als Gesetz. Augustus tadelt den C. Caesar
brieflich, „quod is *calidum* dicere malit quam *caldum*, non quia
id non sit latinum, sed quia sit odiosum et, ut ipse graeco
uerbo significauit, περίεργον" (Quintil. I 6. 19). Die appendix
Probi stellt eine Reihe von synkopirten Formen zusammen,

---

[1]) Absichtlich vermeide ich den Ausdruck „Vulgärlatein". Denn
Vulgärlatein hat allerdings Plautus nicht geschrieben — darin ist Klotz
Metr. 22 Recht zu geben —, sowie man unter Vulgärlatein das Latein des
Pöbels versteht. Aber auch als „vornehmen Umgangston" würde ich das
Latein des Plautus nicht bezeichnen, sondern nur als „besseren", wenn auch
in formalen Dingen das des Terenz und somit des Scipio Africanus und
Laelius sich von ihm meist bloss zeitlich, nicht der Art nach unterscheidet.
Dieser Sprachschicht gehört das Iambenkürzungsgesetz an, das als metrisch
zu betrachten ein Nonsens ist, sowie das mit diesem parallel laufende Synkopirungsgesetz. Beide Gesetze sind aber tieferstehenden Sprachschichten
natürlich nicht weniger eigen, siehe Schuchardt Vokal. II 394 ff., Lud-
wig de Petron. serm. pleb. S. 7 ff.

denen sie die schriftlateinischen ohne Synkope entgegensetzt: *oculus non oclus, tabula non tabla, stabulum non stablum,*[1] *napalo non baplo* usw. (GLK IV 198.18 ff.), darunter für uns besonders interessant ausser dem oben S. 43 berührten noch *uiridis non uirdis* (199.9); denn auch *uiridis* ist jedenfalls mit Suffix -*do*- gebildet und erst späterhin zur *i*-Deklination übergegangen wie andere Adjektive der zweiten Deklination, über die zuletzt J. Schmidt Pluralbildgn. S. 61 f. gesprochen hat. Die reichste Ausbeute derartiger synkopirter Formen giebt aber das Romanische.[2] Aus diesem können wir insbesondere für die Formen auf -*do*- noch manches neue gewinnen: neben *(h)orridus* wird durch die romanischen Sprachen auch eine Grundform *(h)orr(i)dus* erwiesen (Körting lat.-roman. Wörterbuch No. 4002)[3], neben *luridus* ein *lur(i)dus* (ib. No. 4940), neben *rigidus* ein *rig(i)dus* (ital. *reddo*, ib. No. 6924, cf. *frig(i)dus* oben S. 43). Neben *turbidus* sucht Gröber Wölffl. Arch. VI 136 ein romanisches Verbum *exturb(i)dire* zu erweisen, anderes hat er ebenda I 540 zusammengestellt. Von den Zwitterbildungen des Romanischen wie ital.-span. *calido caldo*, ital. *frigido freddo* lassen freilich die Romanisten nur die kürzeren Formen als ererbt gelten, während sie die längern als Lehnworte bezeichnen (Gröber a. a. O. I 540). Ob dies vom Standpunkt des Romanischen aus durchaus nothwendig ist, entzieht sich meiner Beurtheilung; im Latein entschied, wie schon gesagt, nicht sowohl die Zugehörigkeit zur Volkssprache oder zum Hochlatein als die freilich mit dieser Doppelheit meist

[1] Es kann sich hier nur mehr um Synkopirung handeln, nicht etwa um Erhaltung der ursprünglichen Form, die der Svarabhakti entbehrte.

[2] W. Meyer in Gröbers Grundriss I S. 361 § 17: „Das Gesetz ist schriftlateinisch und vulgärlateinisch, in letzterem konsequenter durchgeführt: *caldus *calmus *ermus *uirdis *postus.‟ Eine Menge von romanischen synkopirten Formen nennt Gröber Wölffl. Arch. VII 27 f.

[3] Wenn bei Acc. trag. 501:
Hórrida honéstitúdo Európae princip(i)úm primo éx locó
an der Bildung des ersten Fusses, wie er überliefert ist, ein Anstoss wäre (siehe aber oben S. 35 Anm. 4), dann wäre sicher nicht mit Ribbeck an ein unmögliches *hóridus* zu denken, sondern eben nach Anleitung des Romanischen *Hor(ri)da* zu schreiben oder zu sprechen.

sich deckende grössere oder geringere Sprachgeschwindigkeit.[1]) In diesem Betrachte sind *aridus* und *ardus* usw. neben einander bei derselben Persönlichkeit völlig ohne Anstoss, denn diese wird eine beim Schnellsprechen vokallos gewordene Form allmählich auch gewissermassen vom Sprachtempo abstrahiren und auch in langsamerer Rede sowie in der Schrift setzen können.

Das zweite, was hierneben zunächst noch der Erörterung bedarf, ist die Frage, ob denn, wie es nach dem bisherigen scheinen könnte, der lateinische Accent die synkopirende Wirkung nur progressiv d. h. auf folgende Silben ausgeübt hat und nicht auch regressiv d. h. auf vorhergehende. Dass diese Frage im bejahenden Sinne zu beantworten sei, ist a priori höchst wahrscheinlich. Im Indogermanischen, in dem der Accent ähnliche Wirkungen gehabt hat, sind diese vorzugsweise regressiv gewesen; nicht ganz so zahlreiche und deutliche Spuren sind von progressiven Wirkungen vorhanden (neuerdings zusammengestellt von Kretschmer KZ XXXI 325 ff.). Im Latein müssen sich

---

[1]) Die französischen Formen *humide rigide* werden, wie mir Herr Dr. Appel mittheilt, allerdings durch ihren Accent *(humide, rigide)* als gelehrte Worte erwiesen. Herr Dr. Appel vergleicht übrigens mit lat. *calidus caldus* etc. treffend die französischen Formen mit „stummem" *e*. „In volksthümlichen Liedern findet dies in der Kunstpoesie als Silbe gezählte *e* sich schon vielfach metrisch unterdrückt — und die Formen ohne *e* sind jetzt sicher als die der Volks- und Umgangssprache zu bezeichnen; der gebildete Franzose hat aber, sobald er dichtet oder auch feierlich spricht, noch die Formen mit *e* zu seiner Verfügung und empfindet sie keineswegs als blosse Buchformen, so dass man sagen kann, die gebildete Sprache besitze beide Wortformen zu eigen." [Gegen Gröbers Erklärung der Doppelheit *calido caldo* hätte ich mich entschiedener ausgesprochen, wäre mir, als ich obiges schrieb, W. Meyers Aufsatz Ztschr. f. rom. Phil. VIII 205 ff. bekannt gewesen. Dabei weiche ich aber auch von Meyer in wesentlichen Punkten ab. Namentlich scheint es mir verfehlt, wenn er in der Synkopirung die Wirkung „eines umspringenden (also wohl des indogermanischen) Betonungsgesetzes" sieht, „auch in Fällen, die verhältnismässig spät [!] entstanden sind." Das ist an sich sehr unwahrscheinlich und Meyers weitere Bemerkungen sind nicht geeignet, es glaublicher zu machen. Ueberhaupt haben alle bisherigen Versuche auf italischem Boden Spuren des indogermanischen Accents nachzuweisen unglücklich geendet. Um so mehr ist bei neuen Hypothesen der Art Vorsicht am Platze.]

aus sogleich darzulegenden Gründen Zahl und Deutlichkeit der
Spuren freilich umgekehrt verhalten; aber wird nicht der Schluss
erlaubt sein, dass, da der Accent hier seiner Natur nach derselbe war, wie im Indogermanischen (expiratorisch), und die
progressiven Wirkungen hier und dort sich decken, auch die
regressiven Wirkungen im Wortkörper dieselben gewesen sein
müssen? Zudem parallelisirt sich dann im Latein die Wirkung
des Accentes auf unmittelbar vorausgehende und nachfolgende
Kürzen vollkommen mit seiner Wirkung auf vorausgehende und
nachfolgende Längen, über die oben S. 6 f. gesprochen ist: in
jedem Fall führt er Verlust einer More herbei.

Aber die direkten Beweise für eine derartige regressiv synkopirende Wirkung, soweit sie sich nicht etwa weiterhin aus unserer
Untersuchung ergeben werden, sind äusserst zweifelhafter Natur.
Schweizer-Sidler Gr. ^{2} S. 36 § 45 Anm. sagt freilich: „In den
meisten Fällen ist die Ausstossung im Latein nach dem
Hochton erfolgt", aber ich meine, alles, was in seinen ausser-
ordentlich reichhaltigen und sorgfältigen Sammlungen steht,
kann durchaus durch Ausstossung nach dem Hochton zu Stande
gekommen sein; für Ausstossung vor dem Hochton ist dort
nichts beweisendes. Ausstossung vor dem Tone nämlich kann
nach dem über die ursprüngliche Stelle des lateinischen Accents
gesagten (oben S. 40 f.) ja nur stattgefunden haben vor dem Drei-
silbenaccent, also bei langer Paenultima in der drittletzten, bei
kurzer in der viertletzten Silbe. Sind die betr. Worte nun im
ersten Falle vier-, im zweiten fünfsilbig, so ist der offenbar
gar nicht zu widerlegen, der die Vokalausstossung dann vielmehr auf den Accent zurückführt, der einst im Urlatein auf
der ersten Silbe stand. Also *cupressus* = κυπάρισσος kann ich
freilich auf *cuparéssus*, aber mit demselben Rechte auch auf
cúparessus zurückführen, *Numtoriai* freilich auf *Numitóriai*,
aber doch ebenso wohl auf *Númitoriai*. Nun wird man vielleicht
Worte anführen wollen, bei denen die Synkopirung nachweislich
erst in historischer Zeit eingetreten ist, z. B. *purigare iurigare*,
die erst in der Zeit zwischen Plautus und Terenz ihr *i* definitiv
eingebüsst haben. Aber wer giebt uns denn das Recht hier
vom Infinitiv auszugehen, wo viel häufiger jedenfalls dreisilbige
Formen des Verbums wie *purigo, -as, -at* sind, in denen die

Synkopirung nachtonig eingetreten sein und aus denen sie sich bequem durch Analogie auf die mehrsilbigen Formen verpflanzt haben kann? Und ähnliches ist, soviel ich sehe, bei allen in Betracht kommenden Fällen der historischen Latinität möglich. Es würde uns als strikter Beweis nur dienen können ein Wort der Gestalt ‿ ‿ (‿) ‿ ‿ ‿[1]) oder der Gestalt ‿ ‿ (‿)   ‿[1]), sobald es nicht Nebenformen besitzt, in denen an Stelle des schliessenden Trochäus (resp. Spondeus) nur eine Silbe steht. So gestaltete Worte finde ich aber weder bei Schweizer-Sidler noch ist mir selbst eins gegenwärtig; ich weiss nicht, ob andere beim Suchen glücklicher sein werden[2]).

Diese Darlegung hat für uns, trotzdem sie ja einen direkten Beweis nicht liefert, doch grossen Werth, insofern sie eben zeigt, dass direkte Spuren der regressiven Accentwirkung sehr wohl vorhanden sein können und nur durch ihren Zusammenfall mit den Beweisen für die progressive Wirkung ihre Beweiskraft verloren haben mögen. Hält man das mit dem zusammen, was wir vorhin über die aprioristische Wahrscheinlichkeit regressiver Wirkung gesagt haben, so wird sich die Wahrscheinlichkeit solcher Wirkung überhaupt fast zur Gewissheit steigern.

Nach diesen zwei Zwischenbemerkungen können wir die begonnene Betrachtung wieder aufnehmen, wo wir sie verlassen haben. Wir haben bis jetzt nur Synkopirung im Wortinnern kennen gelernt. Was kurze Vokale am Wortende angeht, so wird eine Unterdrückung derselben durch Accentwirkung unmöglich gewesen sein, wo der kurze Vokal im absoluten Auslaut stand d. h. am Satzende. Sagte man *dice!* ohne ein weiteres Wort folgen zu lassen, so war, um mich mehr verständlich als wissenschaftlich auszudrücken, nichts vorhanden, worauf man von der Tonsilbe bei schnellem Sprechtempo überspringen konnte.

---

[1]) Natürlich können beliebig viel Silben vorangegangen sein.

[2]) Komposita wie *concal(e)fácio*, wo Uebertragung aus dem Simplex oder Komposition mit dem synkopirten Simplex vorliegen kann, können nicht in Betracht kommen. Uebrigens mag noch gesagt werden, dass auch diejenigen Worte, für die man Oxytonirung noch in der historischen Latinität annehmen kann, wie *aetas honestas = *aenitas *honestitas*, ebenfalls aus naheliegenden Gründen nichts beweisen.

und so wird also in solchem Falle die zweisilbige Form geblieben sein — eine Vermuthung, die uns weiterhin z. B. der terenzische Gebrauch voll bestätigen wird. Aber wenn ein Wort trochäischer oder pyrrhichischer Gestalt in das Satzinnere trat, so lagen für dasselbe — wieder eine gewisse Geschwindigkeit beim Sprechen vorausgesetzt wie bei jenen *ár(i)dus* etc. — die Verhältnisse genau so wie für die ersten Silben eben jenes *áridus*. Daher ist auch in diesem Falle nachweislich häufig Synkopirung [1]) eingetreten. Die Beispiele solcher am Schluss trochäisch-pyrrhichischer Worte „abgefallenen" kurzen Vokale sind bereits öfters mehr oder minder vollständig zusammengestellt, meist jedoch in ihrer Entstehung nicht richtig begriffen worden. Man sehe z. B. C. E. Geppert die Aussprache des Lateinischen (Leipzig 1858) S. 35 ff.; A. Kuhn KZ VI 437; Corssen Nachträge S. 219, Vokalism. II² 602 ff. und die umfassendste, auch unter den richtigen Gesichtspunkt gebrachte Sammlung bei Schweizer-Sidler Gr. ² § 45, 2 (speciell unter b), die wir hier theils ausführlicher erörtern theils vervollständigen [2]).

Ac und *nec* sind aus *atque* und *neque* durch Synkopirung des Schluss-*ĕ* und den vor Konsonanten regulären Uebergang des labialisirten Gutturals in den labiallosen (Bücheler Dekl.² § 70, Bersu die Guttur. S. 124) entstanden. In der That ist durch Elmer Amer. Journ. of Philol. VIII 292 ff. z. B. nachgewiesen, dass die republikanischen Inschriften *atque* in zehn Fällen von 13 vor Vokal haben, *ac* dagegen nur vor Konsonanten u. zw. siebenmal. Von den drei Fällen von *atque* vor Konsonant (CIL I 196. 19 *a. mulieres*, 205 I 18 *a. sei*, 1480 *a. propinquis*) verlangt in einem, dem dritten, das Metrum volltrochäisches *atque*, aber die Inschrift entstammt erst der Zeit des Augustus oder frühestens dem Ende der Republik (Hübner Sitzgsber. d. Berliner Akad. 1860. 448); die beiden andern können rein graphisch für *ac* stehen, so gut wie in unsern Plautustexten *nempe* voll geschrieben ist. So ist es jedenfalls aufzufassen, wenn bei Cato nur dreimal *ac* vor Konsonanten erscheint gegenüber 91maligem

---

[1]) So darf man eben darum wohl statt Apokope sagen.
[2]) Vergleiche noch Stolz Gr. ² § 69, 1.

unterschiedslos vor Vokalen und Konsonanten gesetzten *atque*.
Bei Terenz steht *atque* 203mal vor Vokalen und *h*, nur siebenmal vor Konsonanten, *ac* 66mal nur vor Konsonanten. Bei
Plautus schliesslich kann es auch eben nur in dem Sinne einer
der Aussprache nicht durchweg gefolgten graphischen Darstellung
gefasst werden, wenn sich bisweilen *atque* vor Konsonanten
im Werthe von zwei Moren findet wie Epid. 522 (cf. Leo Herm.
XVIII 584), Mil. 367, Poen. 372, Pseud. 1315 u. ö.[1]).

Neben die genannten Zusammensetzungen mit *que* stellen
sich die mit *uĕ*[2]): *cc(i)ue neue s(e)iue, synkopirt *ceu neu seu*.
Die letzteren Formen erscheinen wenigstens bei Dichtern nie
vor Vokal[3]), wie neuerdings wieder Birt rhein. Mus. 34, 11
bemerkt[4]) — ein Umstand, der nicht sowohl die Abnormität
ihres Lautkomplexes „indicirt" als vielmehr einfach eine Folge
der uns beschäftigenden Synkopirungserscheinungen ist.

Den Kompositis mit *que* und *ue* können wir auch die mit
nĕ anreihen. Während Spengel in der bekannten Schrift „über
die Partikel *nonne* im Altlatein" (München 1866) und danach
andere, die Schrader dissertat. Argentorat. VIII 258 aufzählt,
die Existenz dieser Partikel bei Plautus überhaupt bestritten,
hat Schrader a. a. O. S. 255 ff. vielmehr gezeigt, dass *nonne*

---

[1]) Vergl. C. F. W. Müller Prosod. 436 ff. An pyrrhichische Messung von *atque* in solchem Fall denkt Ribbeck z. Lehre v. d. lat. Partikeln S. 21, was Luchs comment. prosodiac. I S. 11 mit Recht abweist
und auch unsere einleitenden Betrachtungen zur Genüge als unzutreffend erweisen. Dass es in solchem Falle nöthig sei, *ac* für *atque* auch zu s c h r e i -
b e n, was S p e n g e l Reformvorschl. 311 Anm. vermuthet und L u c h s nicht
ablehnt, möchte ich nach dem im Texte gesagten nicht glauben. Vor Vokal
durch Konjektur *atque* zu setzen erlaubt sich heute wohl bloss U s s i n g (siehe
Cist. 253 seiner Zählung); die Ueberlieferung giebt dergleichen nirgends.

[2]) Allerdings mag es sich hier um zwei seit Alters verschiedene *ue* handeln: das eine, das bekannte lat. *uē* „oder", gr. Fε in ἠFέ, ai. *ṝā*, in *neue
siue*, das andere, nach H a v e t s hübscher Vermuthung (Mélanges Renier
S. 371) identisch mit der ai. Vergleichungspartikel *ṝā*, in *ceu*.

[3]) Darum kann auch Niemand daran denken etwa in lat. -*ue* : -*u* die
alte urindogermanische Doppelheit -*ue* : -*u* wiederfinden zu wollen, über die
zuletzt K r e t s c h m e r KZ XXXI 365 und 384 gehandelt hat.

[4]) „Aber in prosaischen Werken ist nach unsern Quellen die Regel
nicht durchzusetzen" L a c h m a n n Kl. Schr. II 217 Anm.

und *anne* als nur antevokalischen Formen bei Plautus *non* und *an* als antekonsonantische gegenüberstehen. Die Entstehung der letzteren aus den ersteren durch Synkopirung der Schluss-kürze liegt auf der Hand[1]); undenkbar ist, dass an *an* und *non* ein enklitisches *ne* nur vor folgendem Vokal angefügt worden sei. Ebenso *quin sin men tun* und dergl. aus *qui-ne *si-ne etc. (Corssen a. a. O.).

Auch eine weitere merkwürdige Erscheinung der plau-tinischen (resp. altlateinischen) Formenlehre findet hier ihre ein-fache Erklärung. Dass die Singularkasus *hic haec hoc huic* u. s. w., ebenso auch die Adverbien *hic* und *hinc* einmal am Schlusse ein *ĕ* hatten, braucht nicht erst gesagt zu werden; jedoch fehlen die Formen mit *ĕ* bei Plautus bereits vollständig[2]), während sie in den Inschriften noch bisweilen geschrieben sind (z. B. *in hoce loucarid* CIL IX 782, *honce loucom* Schneider exempla No. 95). Aber im Plural wechseln mit Ausnahme des Genetivs und der Form *haec* nach einem bestimmten von F. Schmidt („de pronom. demonstr. form. Plautinis" und Hermes VIII 478 ff.) und Studemund (Fleckeis. Jahrb. 113 S. 57 ff.) nachgewiesenen Gesetze die Formen so, dass die mit *ce* vor Vokalen, die ohne *ce* vor Konsonanten stehen. Schmidt hat auf S. 40 seiner Schrift bereits ganz richtig geahnt, dass im letzteren Falle zuerst das *e* schwand, dann das restirende *c* zwischen Konsonant und Kon-sonant sich nicht mehr halten konnte und so schliesslich die ganze Anhängesilbe in Wegfall kam[3]). Dieselbe Anhängesilbe hat in *sic* für *sice* wenigstens ihren Konsonanten gerettet, weil hier, wie im Singular von *hic*, ihm ein Vokal vorausgeht.

---

[1]) und wird auch schon von H i n z e de *an* particulae ap. prisc. script. lat. ui et usu, Brandenburg 1887, S. 11 angenommen, dessen Vermuthungen über die Etymologie von *anne* freilich werthlos sind. Ich komme darauf nachher zurück.

[2]) wenn man von *hicine haecine* u. s. w. absieht.

[3]) Er sagt: „Fuit aliquando tempus quo Romani semper dicebant *hicce haecce — hisce hosce —*; sed postea finalis littera *e* ut in multis aliis vocabulis etiam in his formis decidit; sic ortae sunt formae *hic haec* — itemque ex formis *hisce hosce* — factum est *hisc hosc* — quas formas si sequebatur con-sonans, cum propter nimiam duritatem nemo Romanus bene pronuntiare pos-set, etiam *c* detrudi necesse fuit" etc.

Aber unser Synkopirungsgesetz greift über den Bereich enklitischer Kurzsilbler hinaus und ist es zweifellos auch, das die Verkürzung der Imperative *dic duc fac fer* veranlasst hat. In unsern Handbüchern (Schweizer-Sidler Gr.² §§ 214 Anm. 2 und 180, Stolz Gr.² § 116 S. 378) ¹) wird freilich eine andere auf Brugmann (MU III 9 f., vergl. Osthoff ib. II 138) zurückgehende Ansicht vorgetragen. Danach sollen es „iss“, es „sei“, *fer* und *uel* sog. Injunktivformen sein, *fer* also für **fers* stehen und *dic duc fac* für *dice duce face* der Analogie jener Injunktive ihr Dasein verdanken. Die Unhaltbarkeit dieser Ansicht lässt sich, wie ich meine, überzeugend nachweisen. Von jenen Musterbildern hat *uel* ohne weiteres auszuscheiden. Denn da in historischer Latinität noch *dice duce* und *dic duc* neben einander stehen, vollzieht sich der Vorgang, durch den letztere zu Stande kommen, offenbar erst oder noch in eben dieser Periode, in welcher aber natürlich *uel* als eine Verbalform von niemand mehr gefühlt wurde. Auszuscheiden hat ferner auch es „iss“. Denn es wäre wohl schwer zu sagen, wie das vierte Glied der Proportion *fac* : *face* (oder *facio, facere* oder was man sonst will) = es „iss“ : x gelautet habe. Und etwas ganz ähnliches gilt für es „sei“. Oder soll denn die ganze Analogiebildung etwa nur zu Stande gekommen sein, indem man sich sagte: „es 'iss' und es 'sei' sind einsilbig, machen wir *face dice duce* auch einsilbig?“ Ich muss gestehen, dass ich doch eine einleuchtendere psychologische Association als Grundlage einer sprachlichen Analogiebildung verlange. Auch hat Brugmann selbst (a. a. O. Anm.) nur *fer* und *uel* als Musterformen angesehen, und Schweizer-Sidler § 180 hat auch *uel* noch ausgeschieden. Aber auch das übrigbleibende *fer* ist von ihnen falsch beurtheilt. Bereits Pauli altital. Stud. IV 29 hat vermuthet, dass die Flexion von *ferre*

---

¹) Unbegreiflicherweise führt Stolz die Formen *dic duc fac* § 69, 1 unter der Rubrik „Auslautgesetze“ (es handelt sich freilich nach allem Gesagten vielmehr um ein Inlautgesetz) als Belege für lautgesetzlichen Wegfall von auslaut. *ĕ* an, citirt dabei aber doch § 116, ein Widerspruch, den ich mir nicht reimen kann. Uebrigens wird in § 116 mit Unrecht die Brugmannsche Lehre bereits Corssen Vok. II 602 in die Schuhe geschoben: Corssen hat dort vielmehr *dic duc fac fer* ganz richtig mit *neu seu nec ac* etc. parallelisirt.

im Latein überhaupt nicht unthematisch sei und mit der Flexion von ai. *bibharmi* nichts zu schaffen habe, sondern ursprünglich so gut thematisch gewesen sei, wie die von ai. *bharâmi*, und ihr unthematisches Aussehen nur unserem Synkopirungsgesetz verdanke (also *ferre* = **ferese*, *ferte* = **ferite* etc.). Das darf keineswegs so kurz von der Hand gewiesen werden wie von Stolz Gr. [2] S. 363 geschehen ist, wenn es sich auch vielleicht nie wird strikt beweisen lassen [1]). Aber das lässt sich auch jetzt schon strikt beweisen, dass *fer* nie **fers* gelautet haben kann. Wir haben durch Bücheler rhein. Mus. 46, 238 gelernt, dass bei Plautus das Zahlwort *ter* noch eine Spur des ursprünglich auslautenden *s* (cf. gr. τρίς) bewahrt hat, indem es als lange Silbe d. h. als **terr* [2]) erscheint; für die Auffassung von *fer* wird also seine Quantität bei Plautus entscheiden. Bei diesem ist es nun zweifellos kurz, siehe Asin. 672:

Age, mí Leónida, óbsecrö fĕr ămánti eró salútem [3]).

So fällt also die einzige Stütze der Brugmannschen Hypothese; *fer* muss aus **fere*, *dic* aus *dice*, *duc* aus *duce*, *fac* aus *face* nicht analogistisch, sondern lautlich entstanden sein; es muss wieder unser Synkopirungsgesetz gewirkt haben. Könnte darüber

---

[1]) Der von Stolz a. a. O. aus Plautus angeführte „thematische Imperativ Passivi" *auferére* verdankt, wie ich bereits anderwärts bemerkt habe, seine Existenz leider nur einem zweimaligen unbegreiflichen Skansionsfehler in den trochäischen Septenaren Curc. 569 und Amph. 358.

[2]) So ist noch öfter auslautende Doppelkonsonanz bei Plautus bewahrt, worauf ich weiterhin zurückkomme. Dadurch wird übrigens auch die Entstehung von *uĕl* aus **uels* bedenklich. Denn das Metrum fordert (ein oder zwei korrupte Stellen wie Bacch. 902, Rud. 1401 ausgenommen) bei Plautus durchaus *uĕl* (Amph. 917 *uĕl hŭnc rogáto*, Curc. 611 *uĕl în chlámydem*, Most. 410 *uĕl óptumó*, Poen. 827 *uĕl în lautúmiis uĕl în pistrino*, Stich. 619 *uĕl ĭnter*).

[3]) Auch Curc. 245 lässt sich dann die Ueberlieferung mit Zuhilfenahme des Iambenkürzungsgesetzes (falsch nimmt Klotz Metr. 47 ohne dies ein *ĭste* an; s. unten § 12) verstehen: *Aufĕr ĭstaec quaéso* ist ein Fall wie *Súgaristĭo áccumbe* Persa 767 in Anapästen und ähnl. (vergl. auch *ĭntĕr ĭstis* Poen. 265). Diesen beiden Belegen für *fĕr* gegenüber erweist sich Mil. 1343a die Ueberlieferung *Fĕr aequo ánimo* als korrupt; die Herstellung von Guyet-Abraham (stud. Plaut. 232) *Fĕr ănimo aéquo* ist ebenso einfach wie sicher. Ausserdem finden sich bei Plautus noch 49 Fälle von *fer* und Kompositis, von denen keiner entscheidet.

noch ein Zweifel bestehen, so beseitigt den das Faktum, dass
der Befund jener Formen im Altlatein nur mit dieser Erklärung
harmonirt. Auf den plautinischen Gebrauch will ich an dieser
Stelle nicht eingehen, wohl aber auf den terenzischen, für den
die sorgfältigen Untersuchungen Engelbrechts (studia Terentiana
S. 63 ff.) vorliegen. *Fac* steht bei Terenz promiscue vor Vokalen
und Konsonanten. *Face* ist im Versinnern einmal in unsern
Handschriften (Andr. 712), einmal im schol. Bemb. überliefert
(Andr. 483), beidemal vor Vokalen; aber am Versende steht
es nicht weniger als neunmal, denn dem altlateinischen Sceniker
gilt lautlich Versende wie Satzende [1]) und am Satzende ist, wie
wir schon aprioristisch erkannten (oben S. 51 f.), Vokalverlust
durch Apokope ausgeschlossen. Was dagegen hätte den Dichter
bewegen können *fac* nur im Versinnern anzuwenden, wenn es
eine analogistische Nachbildung nach *fer* war? Vom Simplex
ducere liegt nur die Kurzform sechsmal vor Konsonanten vor,
die Langform ist hier für das Versende ausgeschlossen, weil
dies allermeistens iambisch ist. Die Langformen der Komposita
(*abduce* etc.) stehen antevokalisch mit zwei Ausnahmen,
deren Besonderheit schon Engelbrecht richtig erkannt hat:
Ad. 482 ist *abduce* durch die folgende Interpunktion und Cäsur,
noch besser ebenda 917 *traduce* durch den Personenwechsel
entschuldigt. Sonst finden sich antekonsonantisch nur die Kurzformen.
Von *dic* liegt die Vollform bei Terenz nicht vor.

Schliesslich dient gewiss unserer Erklärung auch noch zur
Empfehlung, dass die Folgen des Synkopirungsgesetzes sich
gerade bei den Imperativen festsetzten, die wir wohl dreist
als die geläufigsten bezeichnen dürfen, die also dem Schnellsprechen
am meisten ausgesetzt waren [2]); nicht festgesetzt haben

---

[1]) So erklärt sich auch der Umstand, der C. F. W. Müller zur Leugnung
der Synizese von *meus tuus suus duo* u. s. w. veranlasste: das Fehlen
einsilbiger Formen dieser Worte am Versende. Die lautlichen Bedingungen
für die Synizese sind eben nur im Satzzusammenhange gegeben.

[2]) Stowasser Z. f. ö. G. 41 (1890) S. 1087 f. hat die nicht üble Vermuthung
ausgesprochen, dass die Partikel *em* die Kurzform zum Imperativ
eme sein könne. Dann wäre hier entsprechend dem obigen in der häufigeren
Verwendung die Schnellsprechform gesetzt.

sie sich, sondern sind nur gegebenen Falls eingetreten bei anderen Imperativen. Dafür können wir ausser einigem andern, was in § 13 zur Besprechung kommen wird, einen schlagenden Beweis anführen in der bekannten sprachlich höchst werthvollen Anekdote, die Cicero de div. II 84 und Plinius n. h. XV 21 erzählen: als M. Crassus auf dem Zuge gegen die Parther in Brundisium sein Heer einschiffte, habe am Hafen ein Händler mit Feigen aus Kaunos *Cauneas* ausgerufen: „Dicamus, fügt Cicero hinzu, si placet, monitum ab eo Crassum, caueret, ne iret". In *cauĕ n[e] eas* fand also zunächst das Iambenkürzungsgesetz Anwendung, wozu sich passend das durch Quintilian (I 6. 21) als die ungekünstelte Form bezeugte *(h)ăuĕ* statt *auĕ* vergleicht[1]). Dann ward in *cauĕ n[e] eas* das *ĕ* in bekannter Weise synkopirt. Man hat deshalb die Worte jenes Feigenhändlers wohl mit zu dem Vulgärsten rechnen wollen, was von lateinischer Sprache uns erhalten ist; ich möchte mich nach allem vorangegangenen, besonders im Hinblick auf Quintilians Aeusserung, zu behaupten getrauen, dass, wenn nicht überall, wo wir bei Plautus *cauĕ* skandiren, so doch oft der Schauspieler eben jenes *cau* sprach. An einem so zweifellosen Belege, wie der für *audus* war, fehlt es mir hier leider. Doch leuchtet wohl einmal die Parallelität mit eben jenem *audus* ein, und dann wird vielleicht mancher mit mir glauben, dass der Vers Capt. 431:

A'tque horúnc uerbórum causa cáuc tu mi irátis fuás

ein beabsichtigtes Spiel mit der Silbe *cau* enthält[2]).

---

[1]) Ich schreibe die Quintilianstelle hier aus, da sie auch sonst interessant für uns ist: „Multum litteratus, qui sine aspiratione et producta secunda syllaba salutarit (*auére* est enim) et *caléfacere* dixerit potius quam quod dicimus [nämlich *cal(ĕ)facere*] —: his adiciat *face* et *dice* et similia. Recta est haec uia, quis neget? sed adiacet et mollior et magis trita." Dazu sei ein doppeltes bemerkt. Erstens, dass wir in dieser Stelle den einfachsten und sichersten Beweis für die sprachliche (nicht metrische) Natur des Iambenkürzungsgesetzes haben — wenn es eines Beweises hier überhaupt bedarf. Zweitens, dass, wenn Quintilian hier nur eines *ăuĕ*, nicht auch eines nach dem Synkopirungsgesetze behandelten und dem *cau* genau entsprechenden *au* gedenkt, dies darin seinen Grund hat, dass *auc* natürlicherweise meist im absoluten Auslaut stand und daher sein *ĕ* nicht verlieren konnte (vergl. oben S. 51 f. u. 57).

[2]) Wenn Cas. 332 überliefert ist:

Damit sind die wesentlichsten Beispiele der Synkopirung in zweisilbigen auf kurzen Vokal auslautenden Worten gegeben, und nur vier Dinge mögen hier noch in Kürze gesagt sein. Erstens sind mit den durch Synkopirung, also antekonsonantisch entstandenen Kurzformen nicht diejenigen zusammenzuwerfen, die antevokalisch durch Elision entstanden sind, wie *nil* neben *nilum*, *non* neben *noenum* (Osthoff Wölffl. Arch. IV 459 Anm.). Freilich wird es Fälle geben, bei denen man über die Entstehungsart im Zweifel bleibt, ja bei denen wohl in Wirklichkeit beide mitgewirkt haben mögen (*sin? quin?*): für die oben aufgeführten aber ist die Entstehung auf dem Wege der Synkopirung meist eben schon dadurch gesichert, dass wir die Kurzformen als bloss antekonsonantisch, die Langformen bisweilen vorzugsweise in pausa, im absoluten Auslaut gebraucht nachweisen konnten. Dazu kam dann noch, dass bisweilen die Kurzformen eine Gestaltung ihres Auslauts zeigten, die nur vor Konsonanten sich entwickelt haben kann. So *nec ac* (oben S. 52)[1], *hos has* etc. statt **hosc *hasc*, *cau* statt *cauē*, das dann auch weiter für *dic duc* etc. beweist, *ăn* neben *anne* (vergl. S. 54), denn wie von Fällen wie *anne omnes* ein *ăn* hätte ausgehen können, ist nicht ersichtlich; dagegen *ánne te* oder *anne té* musste lautgesetzlich zunächst zu **ann te* und dann nothwendig *an te* werden, und von hier aus konnte schliesslich *ăn* auch in die Stellung vor Vokalen verschleppt werden[2]. An allen solchen Indicien fehlt

---

Tu istós minútos caue deos flócci féceris
und C. F. W. Müller Prosod. 169. Nachtr. 62 an dem Proceleusmatikus *cauē dĕŏs* Anstoss nahm, so wäre dieser Anstoss durch Annahme von *cau* am einfachsten behoben — nur dass er, wenn überhaupt gerechtfertigt, es dann sicher hier nicht war, wo *deos* durch Synizese einsilbig sein kann (cf. Abraham stud. Plaut. 204 f.), was Müller mit Unrecht in Abrede gestellt hat (s. oben S. 57 Anm. 1).

[1] Von Vokalen ruft nur *u* Schwund der vorhergehenden Labialisirung des Gutturals hervor (Bersu Guttur. S. 132 ff. mit den Einschränkungen von Brugmann, Grundriss I S. 321 Anm. und Fröhde Bezz. Beitr. XIV 88 f.).

[2] Dies verschleppte antevokalische *ăn* bereits bei Plautus häufig, siehe Schrader diss. Argent. VIII S. 295 Anm. 2. Nach dem, was wir hier und oben S. 54 gesagt haben, dürften Zweifel an der bisher beliebten Zusammenstellung von lat. *an* mit griech. *ἄν*, got. *an* (siehe Brugmann griech. Gramm.[2] § 164, wo weitere Litteratur) sehr wohl erlaubt sein, einer Zusammen-

es bei einer Reihe der von Schweizer-Sidler a. a. O. angeführten Beispiele wie *per* = **peri*, *aut* = **auti*, *et* = **eti* etc., bei denen die Einsilbigkeit sowohl vor Konsonanten entstanden und vor Vokale verschleppt sein kann als umgekehrt, ja wo sehr wohl die einsilbigen Formen vor Vokalen und vor Konsonanten ganz unabhängig von einander entstanden sein können.

stellung, die auch von Bedenken hinsichtlich der verschiedenen Stellung des griech. und lat. Wortes, ihrer recht auseinanderliegenden Bedeutung, der Verwendung von lat. *an* im zweiten Glied der Doppelfrage u. s. w. durchaus nicht frei ist. Als die ursprünglichere Form ist, wie dargelegt, nicht *an*, sondern *anne* anzusehen. Dies wird man freilich weder mit H i n z e (oben S. 54 Anm. 1) gleich ai. *anyá* setzen noch mit D a r m e s t e t e r mém. d. l. soc. d. lingu. V 292 aus *â* = griech. *ἤ* „oder" + *ně* herleiten, aber man wird vielleicht vermuthen dürfen, dass es = *at* + Fragepartikel *ně* ist. Wer *atque* vergleicht und was J o r d a n krit. Beitr. 303 f. über die Bedeutung des *at* in diesem Worte und im Allgemeinen auseinandersetzt, wer die Stellung von *an* im zweiten Glied der Doppelfrage überlegt, wer die Verwendung von *an* „zur Einleitung der argumentirenden Frage, ferner in der Widerlegung, in der occupatio und in der reprehensio" (S c h m a l z Syntax[2] S. 456) mit ähnlichen Gebrauchsweisen von *at* zusammenhält u. s. w., der wird kaum Bedenken tragen, unserer Deutung beizustimmen. — Uebrigens wirft das Verhältnis *ānne* : *ăn* Licht auf die Doppelheiten altlat. *ēs* „Du bist" : klass. *ěs*, *hōc* : *hŏc*, *milēs* (C. F. W. M ü l l e r Prosod. S. 49) : *milěs* etc. Die Länge erklärt sich in allen diesen aus Erhaltung der ursprünglichen oder durch Assimilation entstandenen Doppelkonsonanz, so dass also *hōc* = *hocc* für **hodc*, *milēs* = *miless* für **milets* ist. Das ist richtig erkannt für *es* von W. S c h u l z e KZ XXVIII 269, S c h w e i z e r - S i d l e r Gr.[2] S. 159 f., H a v e t cours élém. d. métr.[2] § 135, B ü c h e l e r rhein. Mus. 46, 237, der es mit *terr* zusammenstellt worüber oben S. 56, für die beiden andern Worte von H a v e t a. a. O. ausgesprochen; vergl. denselben in den études romanes dédiées à G. P a r i s (1891) S. 320. (Irrthümlich suchen in *ēs* langen Vokal B r u g m a n n MU III 8, Grundr. I § 314 S. 256, O s t h o f f z. Gesch. d. Perf. 150 ff., denen denn auch die Erklärung der Vokallänge nicht hat glücken wollen.) Aber wie nun aus der Länge späterhin die Kürze geworden sei, darüber finde ich nirgends etwas Ausreichendes bemerkt. Mir scheint es zweifellos, dass es sich auch hier um Uebertragung der antekonsonantisch und im Satzauslaut entstandenen Form vor Vokale handelt. In plautinischer Zeit muss man zwar noch *ess obnoxius* (Trin. 1063), *ess inimicus* (ib. 47), *dicacula'ss amatrix* (Asin. 517) u. s. w., daneben aber *ēs certissumus* (Trin. 94) u. dgl. gesprochen haben, zwar noch *hocc erat* (Mil. 848), aber *hŏc fuit*, noch *miless impransus* (Aul. 528), aber *milēs pransus* u. s. w., da die Doppelkonsonanz vor Konsonanten (wie auch im Satzauslaut) nicht sprechbar war. Späterhin wurden die Formen mit ein-

Zweitens wird auch hier wieder die Frage aufgeworfen werden können, inwieweit die Synkopirung die Folge progressiver, inwieweit die Folge regressiver Accentwirkung ist. Und diese Frage wird sich jetzt um so schwieriger gestalten, als sie identisch ist mit der andern, inwieweit jene *neque atque* u. s. w. einen Eigenton im Satze hatten und inwieweit andererseits jene Imperative *fere caue* u. s. w. ihren Eigenton im Satze verlieren konnten. Es kann eine eingehende Untersuchung dieser schwierigen Probleme hier nicht gegeben werden; wir müssen uns auf ein paar kurze Bemerkungen beschränken. Für *atque* nimmt z. B. Thurneysen d. Saturnier S. 24 Tonlosigkeit an [1]). Dann war also die Entstehung von *ac* in Fällen wie *parce ac düriter* (Ter. Andr. 74) Folge regressiver Accentwirkung. Aber

---

facher Konsonanz allgemein gebraucht, nur für antevokalisches *hŏc* fehlt ein Beleg (L. Müller de re metr. 343). Und gerade für *hoc* vor Vokalen bezeugen Inschriften und Grammatiker noch in späterer Zeit die Aussprache *hocc*, siehe ephem. epigr. VII S. 111 No. 360 (*OCC EST*); Vel. Long. GLK VII 54. 8 ff.:

„*Hoc erat alma parens quod me per tela, per ignes —*
si unum *c* hanc syllabam exciperet, acephalus esset uersus nec posset a longa syllaba incipere —. Ergo scribendum per duo *c* : *hocc erat alma parens* aut confitendum quaedam aliter scribi aliter enuntiari"; Pompei. ib. V 119, 13 ff.; Seelmann Ausspr. 125 f., der freilich meint, Geschichte und Orthographie des Wortes würden uns keinen Anlass zur Gemination verrathen. Gleich falsch also nehmen Corssen Vok. I [2] 647 u. ö., Stolz Gr. [2] §§ 41, 1 u. 64, 1 S. 306 „Ersatzdehnung" für *hŏc* und Havet mém. d. l. soc. d. lingu. VI 24 indogerm. *ē* für *ariēs* an. Vielmehr wird der Satz „Doppelkonsonanz wird im Auslaute nicht geduldet" (Stolz § 66 I 1) zu modificiren sein. — Die Uebertragung der antekonsonantischen Kurzform vor Vokale ist auch in andern Fällen und auf anderm als prosodischem Wege zu konstatiren. Von den Doppelformen *neque : nec* wird letztere bei den Dichtern seit der augusteischen Zeit mehr und mehr auch zur antevokalischen Form; der Gebrauch von *neque* dagegen schränkt sich mehr und mehr ein (L. Müller de re metr. 395 f.), wie es denn z. B. Martial und Statius nur je sechsmal antekonsonantisch, letzterer auch noch dreimal antevokalisch, im übrigen aber beide nur in der Formel *neque enim* verwenden (O. Müller quaestion. Statianae, Berlin 1861, S. 12 f.; Friedländer zu Martial I 64. 4).

[1]) Vergleiche dafür das Zeugnis Priscians GLK III 500. 16 (Schöll acta soc. phil. Lips. VI 195): „[*Atque*] quem habet accentum? praepositiua omnis coniunctio et praepositio grauatur."

sollten nicht auch Wortgruppen möglich gewesen sein, in denen *atque* einen Eigenton hatte, wenn dieser auch vielleicht die Stärke anderer Accente im Satze nicht erreichte? Muss doch zudem ein accentuelles Uebergewicht der ersten Silbe über die zweite in *atque* und dergl. Worten immer bestanden haben. Also kann vielleicht in Fällen wie *Ác nullás quidém* (ibid. 370), wo die letzten beiden Ikten den Wortaccenten vollkommen entsprechen (§ 13), auch der drittletzte einen Accent der Sprache repräsentiren und *Ac* hier durch progressive Accentwirkung entstanden sein[1]). Dass in den Fällen wie *cáu(ĕ)* zunächst progressive Accentwirkung vorliegt, ist an sich klar und wird auch durch die *cauneas*-Anekdote noch bestätigt; denn wenn *caue ne eas — Caúneas* geklungen haben soll, muss auf *cau* der stärkste Accent in der ganzen Wortgruppe gelegen haben. So denn auch *fér gradum et* . . . (Merc. 883). Aber warum soll in Fällen wie *cáuĕ tŭ ïdem fáxis álii quod serui solént* (Asin. 256) nicht der Accent des Imperativs schwächer gewesen sein als der des folgenden Pronomens? Warum soll in Fällen wie *fer cóntra manum*, wo der Iktus auch wohl dem Wortaccent entsprechen konnte, nicht für *fer* Entstehung durch regressive Accentwirkung angenommen werden? Es wird vielleicht mancher Bedenken tragen, Versiktus und Wortaccent derartig zu identificiren wie ich es hier gethan habe. Der mag dann so viel wenigstens aus den citirten Versen lernen, dass die durch Synkopirung einsilbig gewordenen Formen sowohl in Senkung vor dem Iktus als in Hebung unter dem Iktus stehen können — ob er nachher den Iktus mit dem die Synkope bewirkenden Accent identificirt oder etwa für Beispiele wie jenes *fer contra* einen Wortaccent auf *fer* neben dem Wort- und Versaccent auf *con(tra)* annimmt, soll mir für jetzt gleichgiltig sein: im letzten Fall würde man dann überhaupt keine regressiven Synkopirungen zu statuiren brauchen oder doch nur für Worte, die nach dem oben Gesagten des Eigentons gemeinhin entbehrten wie *atque*.

---

[1]) Das beste Beispiel selbständiger Betonung von *atque* ist für jedermann, der an die accentuirende Natur der Saturnier glaubt, der Vers des Naevius bell. Poen. frg. 20, 3 Bähr.: *Rúncus átque Purpúreus / filii térras.*

Drittens sei darauf aufmerksam gemacht, dass, wie bei demselben Plautus *aridus* und *ardus*, *auidus* und *audus* u. s. w. sich nebeneinander finden und dies Nebeneinander sich leicht erklären lässt (s. oben S. 47 ff.), so auch an einer Doppelheit etwa von *ac* und *atque* vor Konsonanten (letzteres z. B. Plaut. Cist. fol. 248 ͨ 4 ¹); Merc. 659, 797; Poen. 372, 382, 1066; Pseud. 932 u. ö., im ganzen nach Ballas grammat. Plautina, Greifswald 1868, S. 29 etwa 80 mal; über die inschriftlichen und terenzischen Belege oben S. 52 f.), *dic* und *dice* vor Konsonanten (letzteres z. B. Capt. 359; *face* z. B. Cist. fol. 242 ͨ 12, ib. II 1. 28 u. ö.; über die terenzischen Belege oben S. 57) u. s. w. kein Anstoss zu nehmen und diese Doppelheit ebenso wie jene zu erklären ist.

Viertens: wenn es zutrifft, was Stamm Fleckeis. Jahrb. 137 (1888), 171 beobachtet haben will, dass in nacharchaischer Zeit sich ein syntaktischer Unterschied im Gebrauch von *ac* und *atque* zeigt, so haben wir es mit einem in der Sprachentwickelung nicht seltenen Geschehnis zu thun, der nachträglichen Nutzbarmachung einer rein lautlich, also vom Standpunkt der Syntax aus rein zufällig, entstandenen formellen Doppelheit zum Ausdruck von Bedeutungsdifferenzen, wofür man Beispiele in grosser Zahl bei Paul Principien ² S. 210 ff. findet. Wichtig ist es für uns zu sehen, dass auch durch Synkopirung differenzirte Formen verschiedene Bedeutung annehmen können.

Für *nempe* freilich, zu dem wir endlich zurückkehren können, ist dieser vierte wie der vorhergehende dritte Punkt ohne Belang. Denn wir haben in § 3 gesehen, dass *nempe* seinen Schlussvokal vor Konsonanten stets verloren hat, nie in volltrochäischer Gestalt erscheint. Aber hiervon abgesehen leuchtet ohne weiteres ein, wie die Resultate unserer Erörterungen im vorliegenden Paragraphen für jenes Resultat des § 3 ebenso eine vollkommene Erklärung wie eine glänzende Bestätigung geben.

---

¹) Studemunds Apographon giebt: *INSTRUXIILLIAURUMATQ.* [e] *UIS ////.* Die Ergänzung: *Instruxi illi aurum átque uéstem* liegt auf der Hand; vgl. Mil. 1099 f.: *Aurum atque uestem — habeat sibi Quae illi instruxisti*, Ter. Haut. 778 u. a.

Ganz befriedigend jedoch wird das hiermit erreichte Ergebnis erst sein, wenn sich zeigen lässt, dass auch die angeblichen pyrrhichischen *inde unde quippe* und vielleicht gar auch *ille* und *iste* ebenso erklärt werden können oder besser ebenso erklärt werden müssen, wie das zweimorige *nempe* von uns erklärt worden ist, nämlich durch Synkopirung der Schlusssilbe. Schon jetzt sei darauf hingewiesen, dass eine solche Erklärung insofern gut zu den oben erörterten Beispielen der Synkopirung stimmen wird, als sie ebenfalls wieder Partikeln (*inde unde quippe* wie *nempe* und *atque neue* etc.) und Pronomina (*ille iste* wie *hic[e] hasc[e]* etc.) trifft.

Ich setze die Prüfung bei den ferneren Worten mit angeblicher Nasalverklingung und zwar zunächst bei *unde* fort.

§ 5.

Vnde.

Folgendes sind die Stellen mit *unde* bei den archaischen Scenikern, nach demselben Prinzip wie *nempe* in § 3 angeordnet. *Vnde* findet sich:

I. mit unbestimmbarer Quantität der ersten Silbe (die erste Silbe in Senkung ausserhalb des $\gamma \acute{\epsilon} \nu o \varsigma$ $\check{\iota} \sigma o \nu$):

A. vor vokalischem Anlaut:

Asin. 139: Égo pol té redigam eodem unde órta's, ád egestátis
términós;

ib. 234: Hábeo unde istuc tíbi quod póscis dém, sed in legés meás;

Aul. 3: Vnde éxeúntem me ádspexistis. Hánc domúm;

ib. 542: Qui habént meminerint sése unde óriundi siént;

Bacch. 233: Vnde aúrum ecfíciam amánti erili fílió;

ib. 472: Vbi ea múlier hábitat? // Híc // Vnde ésse eam áiunt //
Éx Samó[1]);

---

[1] *eam esse* codd.; corr. Guyet.

Capt. 281: Quid diuítiæ? súntne opímæ? // Vnde éxcoquát sebúm
senéx;

Cas. 133: Vnde aúscultare póssis quóm ego illam aúsculér[1]);
ib. 236: Vnde híc amábo unguénta olént? // Oh périi;
Cist. IV 2. 82: Elóquere unde haéc sunt tíbi citó crepúndia;
Curc. 596: Rógat unde hábeam. 'Quid id tu quaéris?' 'Quía mi
quaésitóst opús;

ib. 601: Téneo: quíd negótist? // Rógita unde istunc hábeat
ánulúm;

Epid. 80: Númquam hominém quemquám connéni unde ábierím
lubéntiús;

ib. 103: Húc concédam, orátiónem unde hórum plácide pérsequár;
ib. 160: Quoí potíssumum indicátur béllum, unde árgentum aúferám;
Men. 56: Verum illuc rédeo unde ábii atque úno adsto ín locó;
Merc. 421: Quíd si igitúr reddátur illi unde émptast? // Mínume
géntiúm;

ib. 492: Séd quid ais? unde érit argéntum quód des quóm pos-
cét patér;

ib. 511: Qui? // Quía íllim unde húc aduécta súm, malís bene
ésse sólitumst;

ib. 634: Rógitarés quis ésset aút unde ésset, quá prosápiá;
Mil. 376: Vnde éxit haéc? // Vnde nísi domó? // Domó? // Me
uíden? // Te uídeo;

ib. 958: Quíd híc? unde ést? // A lúculéntast ác festíua fémíná;
Most. 430: Vnde áduenénti sárcinam impónám sení;
ib. 547: Vnde ís? // Connéni illum únde hasce aédis émeram;
ib. 997: Verúm iam scíbo, nam éccum unde aédis fíliús;
Pers. 61: Vnde húnc ego[2]) quaéstum obtineo et máiorúm locúm;
ib. 559: Haéc unde áberunt ea úrbs moeníta múro sát erit simplicí;
Pseud. 106: Atque id futúrum unde únde dicam néscio;
ib. 399: Neque éxordíri prímum unde óccipiás habés;
ib. 414: Nunc húc concédam unde hórum sérmoném legám;

---

[1]) So richtig die Palatinen. An einem angeblichen *Vnde tu aúscultáre*
des Palimpsests (Klotz Metr. 48) ist nichts zu halten, da A nicht so, sondern
nach Schöll *VNDETE (uel ET)AUSCULTARE*, nach Studemunds
wohl zweifellos richtigerer Lesung *VNDEHAUSCULTARE* hat.

[2]) So Camerar Ritschl Ussing; *ego hunc* codd.

Trin. 155: Neu quoiquam unde ád eum id pósset pérmanáscere; ib. 878: Quíd cos quaéris? aút quis és? aut úndes? aút unde áduenis?

Truc. 62: Vnde ántepárta démus póstpartóribús.

Anscheinend korrupt ist *unde* im Fragm. V. 80: Prohibéntque moénia ália unde égo fungár meá.

Von Terenzstellen mit *unde* gehören hierher: Andr. 406: Haut. 246, 253, 534; Eun. 12, 115, 321, 555; Phorm. 333 (bis), 540, 604, 729, 748; Hec. 286, 305, 351, 825; Adelph. 242, aus den Tragikerfragmenten Enn. 3, 25; Acc. 455, 566, 677, aus den Komikerfragmenten Nov. 55.

B. vor konsonantischem Anlaut (endbetont):

Cas. 631: Párdalisca // Périi: undé meae usúrpant aúres sónitum; Enn. trag. 350: Vndé sibi pópuli et réges cónsilium éxpetúnt[1]).

II. mit langer erster Silbe:

A. vor vokalischem Anlaut des folgenden Wortes:

Fall 1: die erste Silbe steht in der Hebung:

Ampli. 424: Néscio únde[2]) haec hic spectáuit. iám ego hunc décipiám probé;

ib. 790: Vnde haec ígitur ést nisi ábs te quaé mihí donó datást;

Aul. 761: Súbrupui égo tuom? únde? aut quid id est? // Íta te amábit Iúppitér;

Bacch. 204: Hic éxeúntem me únde aspéxistis modó[3]);

ib. 539: Vnde? // Ab hómine quém mi amícum esse árbitrátus sum ántidhác;

ib. 630: Animum // Vnde habeám? mortúos pluríst[4]);

---

[1]) Die Herstellung des Verses aus der ciceronischen Prosawiedergabe bleibt natürlich immer zweifelhaft; jedenfalls ist es aber unnöthig mit Rib-beck Sibi únde pópuli etc. zu stellen, da *Vndé sibi* vollkommen unanstössig st. Cf. Bergk Philolog. XXXIII 293, Klotz Metr. 263 ff.

[2]) Denn diese Ueberlieferung ist doch wohl ohne Bedenken.

[3]) Möglich auch *mě̆ ŭnde*, dann zu III A gehörig.

[4]) So, anapästisch, Richter Studem. Stud. I 543 sehr probabel. Andere (Götz, Leo) konstituiren Trochäen, was nicht ohne Schwierigkeiten abgeht. Dann ist *unde hábeam* zu skandiren und der Vers unter I A zu setzen.

ib. 1198: Tuost: únde illúm sumére censés nisi quód tute illi
dédcris;

Cpt. 898: Vnde id? // Á me meóque gnáto // Spónden tu ístuc? //
Spóndeó;

Cas. 198: — — — únde eä tībíst[1]);

ib. 245: Vnde is, nihili? ubi fuísti? ubi lustrátu's? úbi bibísti;

ib. 623: Néscio ùnde aúxili praésidi pérfugi;

ib. 974: Quíd agis, dismaríte? // Mí uir, únde hoc órnatu áduenís[2]);

Cist. I 1. 67: A't mihi córdoliúmst // Quid id? únde est tibi cor,
cómmemora óbsecró;

ib. I 2. 16: Puerum aút puéllam alicúnde ut réperirém sibi;

ib. IV 1. 16: Nón ecástor cássa mémoro // Nam óbsecro únde
haec géntiúm;

ib. V 3: Quaésiuísse aiúnt // Ere, únde is? // Ex senátu //
Gaúdeó;

Curc. 617: Quís tibi hánc dedit mancípio aut únde emisti?
fác sciám;

ib. 629: Míles, quaéso te út mihi dícas únde illum hábeas ánulúm;

ib. 632: Quaératís chlamydem ét machaéram hanc únde ad mé
peruénerít;

Epid. 115: Quód danístæ détur únde ego illud súmpsi fénoré;

ib. 143: Díc modo: únde auférre uís me?[3]) a quó tarpézitá petó;

ib. 332: Alicúnde ab áliqui aliquást tibi spes mécum fórtunám foré[4]);

ib. 334: Quíppe tú mi aliquid aliquó modó alicúnde ab áliqui-
bús blatís;

ib. 483: Quid? nón est? // Nón est // Vnde haec ígitur géntiúmst;

Men. 783: Hábeor // Vnde? // Ab íllo quoí me mándauísti,
meó uiró;

ib. 826: Quaéso, quíd mihi técumst? únde aut quís tu homó's?

— ᴗ —;

Merc. 221: Rétinebit. rogitábit únde illam émeris, quanti émeris;

ib. 367: V́nde incédis, quíd festínas, gnáte mi? // Recté, patér;

ib. 487: Múlierém pretió // Qui pótius quam aúro expéndas? //
 V́nde erit;

Mil. 599: V́nde inimicus né quis nóstri spólia cápiat cónsili;

ib. 676: Deúm uirtútest te únde hospítio accipiam apúd me cómitér;

Most. 342: V́nde agis te? // V́nde homò / ébriús probé;

ib. 547: V́nde is? // Conuéni illum únde hasce aédis émerám;

ib. 785: Eró sèruos múltimodis suó fidus // V́nde is;

Pers. 43: Alicúnde exóra mútuóm // Tu fác idem quód rogás me;

ib. 302: Parátum iam ésse dicito únde argéntum sit futúrum;

ib. 482: Quíd agis? // Crédo [1]) // V́nde agís te. Dórdalé? [1]) //
Credó tibí;

Poen. 185: Neque id únde effíciat hábet. Vbi ín ius uénerit;

ib. 1376: Tetigit? nunc périi [1]) // V́nde haec péricrúnt domó;

Pseud. 734: Égo dabó: ne quaére aliúnde // O hóminem oppór-
tunúm mihí;

ib. 963: Quis hic homó chlamydátus ést? aut úndest? aút quem
quaéritát;

ib. 966: Ád me adít recta. V́nde ego hóminem hunc ésse dicam
géntiúm;

ib. 1095: Bonán fide ístuc dícis? // V́nde ea sít mihí;

ib. 1306: V́nde onùstám celócem ágere tè praédicèm;

Rud. 263: Puéllaè, sed úndè   Íre nòs etc. [2]);

ib. 267: Vérum lònge hinc abèst únde aduèctae húc sumùs;

ib. 687: Bonum ánimum habéte // Nam óbsecro únde (iste
áni)mus[3]) mi ínuenítur;

ib. 690: Veneris quod ámplexáe modo únde abréptæ pér uim
miseræ;

---

[1]) Hiat resp. syllaba anceps beim Personenwechsel. In der Poenulus-
stelle ist deshalb unnütz viel geändert worden (*Haec ŭndĕ* Götz-Löwe).

[2]) So Fleckeisen, Sonnenschein; *nos ire* codd., daher Schöll
Puéllae : sĕd ŭnde uós, was zu III A gehören würde, aber schwerlich richtig
ist. Andere anders, aber mit Beibehaltung von *ŭnde*.

[3]) Die Lücke ist verschiedentlich ausgefüllt worden. Die obige Ergänzung stammt von Studemund bei Bach Stud. II 227. Auch alle andern halten an *ŭnde* mit Elision der zweiten Silbe fest. Nur Bothe: *ŭndĕ
núnc mi is ánimus*, prosodisch zulässig (II B).

Trin. 878: Quid eos quaéris? aút quis és? aut únde's? aút
unde áduenís;
Truc. 604/5: Loquere únde's? quoius es? quór ausú's mi inclémentér
dicére? // Lubitúmst[1]).
Terenz Andr. 511, 748, 754, 843; Haut. 654, 658, 823;
Eun. 13, 305, 695: Phorm. 300, 418, 534, 574, 952, 967. 1018;
Hec. 81, 362; Ad. 106, 122, 302, 981; Pacuv. tr. 155; trag.
inc. 76.

Fall 2: die erste Silbe steht in Senkung des γένος ἴσον:

Bacch. 1106: Philoxéne, salue // Ét tu, únde ágis // V̄nde
hŏmŏ miser átque infórtunátus[2]);
Pers. 760: V̄nde ĕgo ŏmnis hílaros lúdentis lætificantís faciam
út fiánt[3]);
Stich. 319: V̄nde is? quid férs? quid féstinás.
Bei Terenz kein Fall.
Acc. trag. 533: V̄nde igni' cluét mortálibu' clám.

B. vor konsonantischem Anlaut resp. im absoluten
Auslaut: unde im Werth eines Trochäus:

Asin. 90: Face id út parátum iám sit // V̄ndĕ géntiúm;
ib. 258: V̄ndĕ súmam? quem interuórtam? quo hánc celócem
cónferám;

---

[1]) Siehe Bücheler in Schölls praefatio S. XLV.

[2]) Klotz Metr. S. 292 skandirt freilich ŭnde hŏmo⁴, aber durchaus unnöthiger
Weise; siehe über den Doppeldaktylus ūnde ā³gĭs ūnde hŏ⁴mŏ ihn selbst S. 283
ff. (vergl. z. B. Pseud. 603: Iam pól ego hunc strátioticum nuntíum | adué-
nientém probe pércutiám, wo Götz weit minder gut in der Diärese elidirt
und so den Vers katalektisch macht; Bacch. 1157), wegen ‿ ‿ ‿ ‿ ‿ ‿ | ‿ ‿ ‿
ebda. S. 356 und Bergk Philol. XXXIII 275 (vergleiche z. B. Pseud. 136 :
Neque ego hómines mágis ' asinós | umquám, denn „gewiss sind das, können
das nur sein Anapäste", während Götz Trochäen konstituirt). Wer doch
an der Auflösung der vierten Hebung Anstoss nimmt, schreibe mit Spengel
Ref. 244 Anm. n. A. einen anapästischen Oktonar: Philoxéne, salué // Et tu
ŭnde agis? // V̄nde hŏmŏ miser atque infortúnatús, in dem der Hiat beim
Personenwechsel nicht stört und ūn(de) beide Mal in Hebung steht.

[3]) V̄nde der Hdschr. halten Spengel Reformvorschl. 157 und Ussing mit Recht. Inde schreibt Ritschl, der auch fälschlich trochäisches
Metrum annimmt. V̄nde ĕgo ómnis zu skandiren liegt wiederum nicht der
geringste Zwang vor.

Aul. 177: Séd eccum uideo: néscio úndĕ sése homó recipít
domúm;

ib. 829: Í reddc aúrum // Réddam ego aúrum? // Rédde ut huic
reddátur // Vndĕ;

Capt. 850: Scis bene ésse si sit úndĕ // Pérn⟨ul⟩am[1] átque
ophthálmiám;

Men. 53: Sed ita út det úndĕ cúrari id possít sibí;

Most. 624: Non égo istuc cúro qui sit ⟨ille aut⟩[2] úndĕ sit;

Poen. 993: Qui sit, quoiátis, úndĕ sít, ne párserís;

Pseud. 106: Atque id futúrum unde ú n d ĕ dícam nésció;

Rud. 273: Vndĕ nòs hóstiàs ágere uóluisti huc;

ib. 412: Nunc né morae illi sím petam hinc aquam. úndĕ mi
imperáuit;

Trin. 937: Qui égomet úndĕ rédeam hunc rógitem, quae égo
sciam átque hic nésciát;

Truc. 146: Vbi nón est scriptúram úndĕ dént incúsant públicános;

Vid. 154: ◡ ◡ ◡ ◡ únde cónducàm mihí;

Terenz Andr. 750: Eun. 11, 700; Phorm. 300. 580; Hec. 831;
Ad. 413; Ennius trag. 101; Pacuv. 107(?); Caecil. 270.

So auch stets *ūndīque* z. B. Merc. 76, Most. 685, Pacuv.
tr. 415, einmal sogar mit der ersten Silbe in Senkung im γένος
ἴσον: Ennius trag. 254 *Teneór consípta, ūndīquĕ uenór.*

III. im Werthe von nur zwei Moren:

A. in Folge des Iambenkürzungsgesetzes:

Cist. I 1. 64: Indīdem ŭnde óritur fácito ut fácias stúltitiám
scpelibilem[3]);

---

[1] *pernam* codd., *sepiolam* Schöll.

[2] om. codd., add. C. F. W. Müller. Andere anders.

[3] Dieser Skansion steht an sich nichts im Wege. Dass die Theilung
der ersten Senkung durch Wortschluss gestattet ist, haben wir bereits
oben S. 35 A. 4 gegen Klotz unter Verweis auf Seyffert Berl. phil. Woch.
1891, 925 f. bemerkt. *Indīdem ŭnde óritur* ist also ein vollkommen gleicher
Fall des Iambenkürzungsgesetzes wie *intĕr ĭstás* Poen. 265, *callĕo ĕt cómmemini* Pers. 176 und ganz besonders ib. 545

  Haécĭne ĭllást furtiua uirgo? // Iúxta técum aequĕ scio.

Auf diese Weise allein ist die Ueberlieferung prosodisch zu rechtfertigen, denn an ein synkopirtes *in(di)dem* wird man nicht zu denken wagen,

ib. IV 2. 2: Nisi quid mi opis di dant, disperii nĕque ŭnde aúxi-
lium éxpetam hábeo[1]);

Curc. 608: Énimuero irascór // Dixi équidem tĭbi ŭnde ad me
hic peruénerit;

Truc. 131: Tonstricem // Mála tu féminá's! oles ĕam ŭnde's
disciplinam[2]);

Ter. Haut. 978: A'biit? náh, rogásse néllem // Quĭd? // Vnde
mi peterém cibúm[3]);

Eun. 305: Vnde is? // Égone? néscio hércle nĕque ŭnde eám
neque quórsum eám;

B. ohne Wirkung des Iambenkürzungsgesetzes:

Fall 1: vor konsonantischem Anlaut des folgenden
Wortes:

a) vor (oder hinter) dem Iktus:

Capt. 109: Vnde sáturitáte saépe ego éxiui ébriús;

Cist. II 3. 19: Vnde tĭbi talénta mágna uigintí pater;

Mil. 376: Vnde éxit haéc? // Vnde nisi domó? // Domó? // Me
uiden? // Te uídeo;

Pers. 494: Vnde tú pergrándc lucrúm faciás: faciam út mei mémi-
neris dúm uitám;

Poen. 109: Vnde sít, quoiátis, cáptane án surrúpta sit;

ib. 1055: Vnde[4]) sŭm ŏriúndus // Di dent tĭbi ŏmncs quaé uelis;

---

obgleich hier ja die synkopirende Wirkung des Accentes auch noch durch
syllabische Dissimilation (oben S. 15) unterstützt sein konnte. Auch syn-
taktisch ist kaum Anstoss zu nehmen, obgleich die bekannten einfachen Fälle
kasueller Attraktion, dergleichen z. B. Ussing zu Amph. 1002 beibringt,
nicht genau genug entsprechen und wirklich ähnliches nur ganz vereinzelt
sich findet (Merc. 511, cf. C. F. W. Müller Prosodie S. 431; Bach Studem.
Stud. II 378 und de attractione innersa, Programm des Bischöfl. Gymnasiums zu Strassburg 1888 S. 23).

[1]) Den Hiat *expĕtăm hăbeo* weiss ich nicht in probabler Weise zu beseitigen.

[2]) So Schöll im Anschluss an A (*unde tu es*). Fraglich.

[3]) Cf. Richter Studem. Stud. I 639 Anm. 11. Nicht wahrscheinlich
ist es, dass *Quid* allein die Hebung bildet (syllaba anceps bei Personenwechsel)
und demnach der Vers unter B gehört.

[4]) *Inde* A P. Die obige Skansion ist die Götz-Löwesche. Möglich
ist auch *Vndĕ sum ŏriúndus*; vergl. S. 66 Anm. 1.

Trin. 218: Vnde quídque[1]) auditum dicant nisi id adpáreát.

Bei Terenz und in den Scenikerfragmenten kein Beispiel.

b) unter dem Iktus:

? Epid. 144: Vnde lubét: nam ni ánte sólem occásum eló . . .[2]);

Mil. 687: Quaé mihi númquam hoc dicat: „Éme, mi uír, lanam
únde tibi pálliúm
Málacum et cálidum cónficiátur“;

Pers. 150: Qui sibi paréntes fúerint, únde surrúpta sít[3]).

Bei Terenz kein Beispiel.

Acc. 424: Vnde quis nón mortális flórem liberum ínuidit meúm;

? trag. inc. 19: Vnde supérstitiósa primum saéua euásit nóx forás[2]);

**Fall 2: vor vokalischem Anlaut des folgenden Wortes:
Kein Beleg!**

Der Bestand der einzelnen Abtheilungen ist also in Zahlen
folgender:

		Plautus	Terenz	Sceniker	Summe
unde (?)		34	19	7	60
únde	vor Vokal	55	23	3	81
	vor Kons.[4])	14	7	3	24
unde zwei-morig	A	4	2		6
	B 1 a	7			7
	B 1 b	3		2	5
	B 2				

Es zeigt sich hier eine zweifache Abweichung von *nempe*,
insofern nämlich einerseits Fälle vorliegen, in denen die erste
Silbe von *unde* dem Iambenkürzungsgesetz unterliegt, andererseits *unde* bisweilen im Werthe eines Trochäus vor Konsonanten

---

[1]) oder *quidquid* mit der Ueberlieferung? vergl. oben S. 9 Anm. 2.

[2]) Gegen die Skansion *Vndĕ* ist hier freilich nichts Ernsthaftes einzuwenden, siehe oben S. 35 Anm. 4 und S. 70 Anm. 3. Im ersten Falle kann
man sogar noch an *Vndĕ lŭbĕt* denken.

[3]) Die gewöhnlich vorgenommene Aenderung *surpta* ist zwar sehr
leicht, aber durchaus nicht nöthig.

[4]) abgesehen von *undique*.

und im absoluten Auslaut auftritt, wofür bei *nempe* sich auch
nicht ein Beleg fand[1]). Der erste Punkt ist für unsere Sache
gleichgiltig; er erklärt sich einfach daraus, dass vor vokalischem
Anlaut wie bei *unde* erstens betonte oder unbetonte Kürze
sich leichter einstellen kann als vor konsonantischem, weil be-
tontes Monosyllabum nie, unbetontes oft nicht Hiat macht und,
wenn es langen auslautenden Vokal hat, vor folgendem vokalischem Anlaut sich verkürzt und weil pyrrhichisch-iambische
auf Vokai ausgehende Disyllaba vor vokalischem Anlaut einsilbig werden[2]). Aber dagegen sei hier nachdrücklich Einsprache
erhoben, dass von manchen Gelehrten solche nach dem Iambenkürzungsgesetz behandelte Formen beigebracht werden, um
Kürze der ersten Silbe von *unde* zu erweisen. Ein *tĭbĭ ŭndĕ*
berechtigt ebenso wenig zur Annahme eines *ŭndĕ ⌣* oder gar *ŭndĕ*
als ein *tĭbĭ ĭntĕgrast* zur Annahme eines *ĭntĕgrást* oder *ĭnte-
grast* (vergl. oben S. 14).

Der zweite Punkt möchte vielleicht unserer Meinung, dass
zweimoriges *unde* nicht pyrrhichisch, sondern vielmehr durch
Synkopirung einsilbig sei, minder günstig scheinen, insofern
die Synkopirung bei Plautus nur zehnmal eingetreten, vierzehn-
mal (von *undique* abgesehen) unterblieben, in den Scenikerfragmenten zweimal eingetreten, dreimal unterblieben, bei Terenz
überhaupt nie eingetreten, sondern in allen sieben Fällen von
antekonsonantischem *unde* unterblieben ist. Aber hier bedenke
man ein doppeltes. Erstens, dass unsere Statistik wiederum
für jede Art pyrrhichischer Erklärung des zweimorigen *unde*
vernichtend ausgefallen ist, denn wieder stehen die Anhän-
ger solcher Erklärungsweise vor der Frage, auf die es keine

---

[1]) Nebenbei bemerke ich, dass das Fehlen eines im absoluten Auslaut
(Vers- oder Satzende) stehenden zweimorigen *nempe* (wie auch *unde inde
quippe ille iste*) für die Vertreter der pyrrhichischen Messung auch seinerseits
unerklärlich ist, zu unsern Aufstellungen dagegen vortrefflich stimmt, da,
wie dargelegt (oben S. 51 f. u. S. 57), Apokope im absoluten Auslaut nicht
stattfinden kann.

[2]) Siehe z. B. oben III A: *tĭbĭ ŭndĕ, ĕŭm ŭndĕ, nĕquĕ ŭndĕ auxilium*.
Die andere Möglichkeit mögen *nắm ŭndĕ, tĕ̆ ŭndĕ* veranschaulichen. Hier-
gegen sind *nam* und *te* vor *nempe* natürlich lang.

Antwort giebt: wieso die Verkürzung der ersten Silbe (mag sie nun rhythmisch oder grammatisch sein sollen) nur vor konsonantisch anlautenden Worten eingetreten ist[1]). Dann aber haben wir ja oben S. 49 u. 63 dargethan, dass sehr wohl bei demselben Individuum neben der synkopirten Wortform die nichtsynkopirte stehen kann, sei es dass es sich um Synkopirung des Inlauts oder des Auslauts handelt. So sahen wir oben S. 63 *atque* und *ac* bei Plautus vor Konsonanten wechseln und anderes der Art. Bei *nempe* wird der Synkopirungsprozess auch nicht in allen Sprachschichten so gleichmässig vollzogen gewesen sein wie bei Plautus und Terenz. Denn nur so erklärt es sich, wieso späterhin das volltrochäische *nempe* vor Konsonanten wieder die Oberhand gewinnen und ausschliesslich herrschend werden konnte. Es ist also auch aus dem Wechsel von antekonsonantischem *und(e)* und *unde* nicht der geringste Einwand gegen die Erklärung der Zweimorigkeit durch Synkopirung herzuleiten. Und insbesondere stimmt es gut zusammen, dass bei Plautus bereits ein leichtes Ueberwiegen der nicht synkopirten Form zu konstatiren, bei Terenz bereits diese Form die einzige antekonsonantische ist — zwei Entwickelungsphasen, die auch *nempe* u. a. durchlaufen haben muss.

Auch hier wieder ist also der Schluss unanfechtbar: der auf *unde* folgende Konsonant kann keinerlei Einfluss auf die zweitvorhergehende Silbe gehabt haben, mithin muss die erste Silbe von *unde* lang geblieben, mithin da, wo *unde* nur zwei Moren ausmacht, die zweite Silbe gleich null geworden sein. Und wenn man schliesslich die Beispiele nicht bloss zählt, sondern auch wägt, nun, dann entscheidet aufs schlagendste zu meinen Gunsten die vielgequälte Stelle Mil. 687 (oben S. 72). Dass von der Ueberlieferung des Verses von *eme* an auch nicht das kleinste Wörtchen (sei es *mi*, sei es *tibi*) ohne Beeinträchtigung des Sinnes gestrichen werden kann, wie doch oft geschehen ist und wieder in der neuen Götzschen Ausgabe, das hat Baier de Plauti fab. recens. S. 61 mit vollstem Recht hervorgehoben. Baier selbst streicht *mihi* in der ersten Vershälfte, wo-

---

[1]) Vergleiche zur Widerlegung der einzelnen Ansichten oben S. 38 ff.

zu man sich auch nur ungern verstehen wird[1]). So haben denn andere die Sache anders angefasst: Bücheler Dckl.[2] § 292 hat an *ŭndĕ tĭ*[2]) mit einsilbigem *tibi* gedacht, aber dies einsilbige *tibi*, wenn es auch in neuester Zeit wieder einige Verfechter gefunden hat, ist eine imaginäre Grösse, von vornherein zu verwerfen, wenn es durch Verflüchtigung des *b* zu Stande gekommen sein soll, denn solche giebt es im Latein nicht, für Plautus aber, auch wenn man es mit griech. *τοί*, ai. *te* identificiren wollte, durch Beispiele wie sie Bücheler a. a. O. und Leo Herm. XVIII 584f. beibringen, gewiss nicht zu erweisen[3]). Relativ am besten sind demnach mit der Plautusstelle die verfahren, welche umgestellt haben *tĭbĭ ŭnde*. Aber auch das ist gänzlich unnöthig, und wieder einmal zeigt sich die Vortrefflichkeit der Ueberlieferung, die nur verstanden, nicht geändert sein will:

Quaé mihi númquam hoc dícat: „Éme, mi uír, lanam ŭnd(e) tĭbĭ pálliúm Málacum et cálidum cónficiátur".

So haben wir denn m. E. gezeigt, dass auch *unde* unsere Erklärung nicht nur zulässt, sondern sogar fordert und dass

---

[1]) Die von **Baier** unserer Stelle zugeschriebene Beweiskraft für die Superiorität der Palatinen über den Ambrosianus würde durch unsere Darlegung noch gesteigert werden — wenn sich nur nicht durch **Studemunds** Apographon herausgestellt hätte, dass *tibi* auch in A nicht fehlt und von **Löwe** vermuthlich nur darum übersehen worden ist, weil die Reste des Wortes am Anfang einer neuen Zeile stehen.

[2]) An dem Proceleusmatikus *ŭndĕ tĭbĭ* wird wohl niemand Geschmack finden.

[3]) Man sieht nicht, was an den Messungen *tĭbĭ ístuc*, *tĭbĭst*, *tĭbi ín senecta*, *sĭbi ínmortális*, *tĭbi ínterpellátio*, *tĭbi érgo*, *tĭbi ámbo áccepti*, *tĭbi índe*, *sĭbi ésse*, *tĭbi ínpíngam*, *tĭbi árgénti*, *dei dent tĭbi ómnes quaé uelis*, *tun tĭbi hánc surréptam dícere aúdes*, *tĭbi éuenat* (vergl. *béne éuenisse* Poen. 1078, wo freilich Leo mit einem nicht minder unwahrscheinlichen *uis* für *uobis* abhilft) zu beanstanden sein soll. welche allergeläufigste Anwendungen des Iambenkürzungsgesetzes zeigen. Und da dies Gesetz wie schon öfter gesagt ein sprachliches ist, muss es eine Vokallänge so gut wie die andere getroffen haben und wird also auch ein *tĭbi aút* ganz ohne Anstoss sein (cf. **Klotz** Metr. S. 90). Cpt. 558 ist zu skandiren: *Hḗgiŏ fí̄t quod tibi ego díxi* etc.; Verkürzungen wie *Hḗgiŏ* statt *Hḗgiŏ*, hervorgerufen durch den fol-

mit Annahme derselben insbesondere eine Stelle sofort in Ordnung ist, die bisher nie befriedigend behandelt worden ist. Wir setzen die Prüfung der Annahme einer Synkopirung der Schlussilbe an *inde* fort.

§ 6.

Inde.

Inde findet sich:

I. mit unbestimmbarer Quantität der ersten Silbe:

A. vor vokalischem Anlaut:

Amph. 1000: Atque illuc súrsum escénderó[1]): inde óptume áspellám nirúm;

Aul. 709: Exfódio aulam aúri plénam : inde éxeo ilicó;

Bacch. 232: Inde égo hodie áliquam máchinábor máchinám;

ib. 1001: Inde á princípio iam inpudéns epistulást;

---

genden Accent *(fit)*, sind in Anapästen häufig (vgl. oben S. 7 Anm. 3), in trochäischen Versen aber nur da zulässig, wo allein daktylische Worte stehen dürfen, im ersten Fuss (Klotz S. 61); denn auch, dass der Daktylus hier nicht gestattet sei, hat Klotz nicht erwiesen (cf. Seyffert am oben S. 70 A. 3 angeführten Orte). Der Proceleusmatiker *Sátīn tībī īs(túc)* Cist. II 1. 33 ist auch nicht ohne weiteres zu verwerfen; wenn Abraham stud. Plaut. 228 für den Proceleusmaticus pro trochaeo das Gesetz aufstellt, dass die vierte Kürze nicht den Wortaccent tragen dürfe, so fügt sich dem auch unsere Stelle, da die Formen *illuc istuc* oft Endbetonung haben (vergl. §§ 10, 12).— Ebenso unnöthig nimmt Leo in seiner Ausgabe bisweilen *tībī* an. Amph. 718 ist der Proceleusmatiker *tībī părī(turam)* nach dem angeführten Abrahamschen Gesetze berechtigt, andernfalls wäre nach dem in § 4 dargethanen sicher mit Bentley *parturam* zu schreiben oder doch zu lesen. Bacch. 595 ist *Ne tībī hércle*, Amph. 1061 *sībī inuocat* etc. zu skandiren. Vollkommen unnöthig ist auch L. Müllers Schreibung *ti* in den Fragmenten des Ennius bei Non. 342, 31 und 512, 10, wo ebenfalls einfache Fälle des Iambenkürzungsgesetzes (*tībī īn cóncubio, tībī ēx órc*) vorliegen.

[1]) Hiat in der Diärese. — Auch Amph. 253 haben Götz-Löwe ein *inde* dieser Art eingeschoben, zwar prosodisch unanfechtbar, aber sprachlich sehr bedenklich, wie Abraham stud. Plaut. 209 zeigt.

Cpt. 508: Inde ilicó renórtor domúm pòst quam id áctùmst [1]);
ib. 644: Philocratés iam inde úsque amícus fúit mihi á pueró puér;
ib. 723: Inde ibis pórro in látomiás lapidáriás;
ib. 735: Inde éxtra pórtam ad meúm libértum Córdalúm;
Men. 401: Prándi in náui : inde húc sum egréssus ét te cón-
ueni // Écceré;
ib. 1113: Ínter hómines mé deerráre á patre átque inde áuehí;
Merc. 67: Vrbem átque extémplo inde út spectánissét peplúm;
ib. 521: Bonae hércle té frugi árbitrór; iam inde á matúra ætáte [2]);
Mil. 1151: Máxumúm periclum inde ésse ab súmmo né rusúm
cadás [3]);
Most. 103: Laudánt fabrum átque ædís probánt; sibi quisque inde
éxemplum éxpetúnt;
Poen. 665: Inde húc aufúgit quóniam cápitur óppidúm [4]);
Pseud. 333: Eádem duó gregés uirgárum inde úlmeárum adégeró;
ib. 622: Quía uidére inde ésse : nam ólim quom ábiit árgento
haéc diés;
ib. 660: Quíd nunc uís? // Inde út me accérsas érus tuós ubi
uénerit;
ib. 1282: Inde húc éxií cràpulám dum àmouérèm [5]);
Trin. 305: Quí homo cum ánimo inde áb ineúnte ætáte dé-
pugnát suó;
ib. 803: Aperí, depróme inde aúri ad hánc rem quód sat ést [6]);

---

[1]) So die Handschriften, was sich metrisch wohl verstehen lässt (iamb.
Dimeter catalect. + Dipodia bacch., vergl. K l o t z Metr. 495) und mir
auch sonst unanstössig erscheint. S c h ö l l erhält durch starke Aenderungen
ein *índe ilicó.*

[2]) *matura iam inde aetate* A P, corr. L u c h s Herm. VIII 109.

[3]) „Quod in editionibus legitur Mil. 1312:
Vbi pulcérrume égi aetátem, ⟨inde⟩ àbeo. PA. *Ém hominém tibi,*
omni fide caret" B a c h Studem. Stud. II 378.

[4]) So richtig C a m e r a r i u s statt des überlieferten *Inde nunc aufu-
git* etc., gegen das prosodisch nichts einzuwenden wäre; vergl. III B 1 a.

[5]) In Stich. 233: *Vt décumam pártem inde Hérculi pollúceám* ist *inde*
von C. F. W. M ü l l e r ergänzt.

[6]) Wenn S c h ö l l daran denkt hier *inde* als Verbalform zu fassen, so
schliesst das, wie immer er das Verbum verstanden wissen will („stecke Dir
ein" oder „lege in das Versteck zurück"?), der Zusammenhang vollkommen

ib. 939: Sed quid aís? quo inde isti pórro? // Si ánimum aduórtas,

éloquár;

Truc. 887: Quém ego ecástor máge amo quám me, dúm id quod

cúpio inde aúfero;

Fragm. V. 94: Inde híc bene pótus prímuló crepúsculó.

Terenz Andr. 368; Haut. 54, 183; Eun. 725, 781; Phorm.
181, 704, 892; Hec. 831; Pacuv. 252; Acc. praetext. 21.

B. vor konsonantischem Anlaut:

Aul. 707: Indéque spectábam[1]) ubi aúrum abstrúdebát senéx.

II. mit langer erster Silbe:

A. vor vokalischem Anlaut.

Fall 1: die erste Silbe steht in Hebung:

Amph. 429: Cádus erát uini : inde inpléui[2]) hírneam // Íngres-

súst uiám;

Asin. 357: Ílle in bálineás itúrust : inde huc uéniet pósteá;

Bacch. 315: Sed nilne ⟨huc⟩ áttulistis índe aurí domúm;

ib. 1207: Hí senés nisi fuissent nihili iam índe ab ádulescéntiá[3]);

Cpt. 282: Quíd patér? uiuitne? // Vínom quom índe[4]) abímus

líquimús;

ib. 509: Eo prótinus ád fratrem índe ubí mei súnt alii captíui[5]);

Cas. 4: Vt uós mi esse aéquos iam índe a príncipió sciam;

---

aus. Dass auf das zu *aperi* hinzugedachte Objekt ein *inde* bezogen wird,
ist so verständlich, dass es sich kaum lohnt, ähnliches beizubringen; vgl.
z. B. Mil. 711: *Sácruficánt: dant inde pártem mihi maiórem quám sibi.*

[1]) *exspectabam* codd., corr. Lambin. Cf. Ussing zur Stelle, Langen
Beiträge S. 155.

[2]) Hiat in der Diärese.

[3]) In diesem wie allen weiteren Fällen mit *iam inde* liegt die Möglichkeit vor, unter Anwendung des Iambenkürzungsgesetzes *iăm ĭnde* zu lesen.
— Uebrigens hat in V. 937 C.F.W. Müller Nachträge 98 statt des überlieferten *áb eo haec súmptae* geschrieben *ĭnde haec súmptae,* unnöthig, aber
prosodisch richtig.

[4]) Auch hier liegt die Möglichkeit vor *quŏm ĭnde* zu skandiren. Vergl.
Anm. 3.

[5]) So zuletzt Schöll und Klotz Metr. 314, aber zweifellos unrichtig wegen des in Senkung stehenden pyrrhichischen Wortschlusses *(prŏ̆)tĭnŭs.*

Cist. 1 1. 94: Índe in amicitiam insinuáuit cúm matre ét mecúm
simúl;

Men. 175: Índe usque ád diúrnam stéllam crástinám potábimus;

Mil. 506: Quodque inde inspéctauisti méum apud me hóspitém [1]);

Most. 315: Nam illi ubi fui inde   éffugi forás;

ib. 879: Béne meréns hóc preti inde[2]) ábstuli : ábii forás;

Pseud. 332: Quid eo? // Lánios inde accérsam duó cum tíntin-
nábulis;

ib. 970: Nám pol hinc tantúndem accípies // Iam índe a príncipió probé.

Terenz Andr. 137, 200 (te inde exémerim oder tĕ ĭnde
exémerim); Eun. 26, 626, 845, 846; Phorm. 90, 312, 878;
Hec. 832; Adelph. 41, 47, 440; Ennius trag. 385 (?); Pacuv. 21,
121[3]); Caecil. 47 (si inde abést oder sĭ ĭnde abést).

Fall 2: die erste Silbe steht in Senkung im γένος ἴσον:
Kein Beispiel (cf. aber Anm. 3). Pers. 760 ist mit den
Handschriften unde zu lesen (s. oben S. 69 Anm. 3).

B. vor konsonantischem Anlaut (inde also im Werthe
eines Trochäus):

Asin. 777: Neque quóm descéndat índe dét quoiquám manúm[4]);

Bacch. 431: Índe de híppodromo ét palaéstra úbi reuénissés domúm;

Capt. 490: Núnc redeo índe, quóniam mé ibi uídeo lúdificárier;

Cist. I 1. 64: Indĭdem únde óritur fácito ut fácias stúltitiám
sepelíbilém[5]);

Mir scheint in der Ueberlieferung nur das erste Wort korrumpirt zu sein,
danach aber vortreffliche Anapästen zu folgen

† Eo prótinus ád fratrem inde abii, mei ubi sunt álii cáptiui.

Doch weiss ich für Eo keine mir genügende Verbesserung zu finden.

[1]) Nicht gut, obzwar prosodisch richtig, wurde früher in V. 88 gelesen: indest miles.

[2]) pretium unde codd., was aus pretium inde mit zur Korrektur bei-
geschriebenem i entstanden scheint.

[3]) Vielleicht anapästisch, dann zu Fall 2 gehörig.

[4]) Aul. 775 ist Götz mit Unrecht der Lesart der Plautushandschriften
(ib eo quóiumst inde pósces) gefolgt, statt indipisces aus Nonius aufzunehmen.
Siehe Abraham stud. Plaut. 188.

[5]) Vergl. oben S. 70 Anm. 3.

Curc. 722: A'd praetórem, nam índe rém soluo ómnibús quibus
débeó[1]);

Merc. 651: Iam índe[2]) pórro aufúgies? deinde item íllinc, sí
idem cuénerit:

Mil. 234: lúxta mécum méa consília // Sálua súmes índidém;

ib. 666: Vél hilarissumúm conuíuam hinc índidem éxpromám tibí;

ib. 711: Sácruficánt : dant índe pártem míhi maiórem quám sibí;

Most. 865: Augént èx pauxíllò, ⟨thensaúrum in⟩de páriùnt[3]);

Pseud. 740: Quíd si opus ést ut dúlce prómat índidem, écquid
habét? // Rogás;

Rud. 600: Neque eás erípere quíbat índe : póstibí;

ib 1252: Sed quom índe súam quisque íbant díuorsí domúm[4]);

Terenz Eun. 521; Phorm. 1006; Hec. 377 (auch mě índe
möglich); Ennius trag. 207; Atta 24 (nach Ribbecks höchst
zweifelhafter Vermuthung).

III. *Inde* im Werthe von nur zwei Moren:

A. in Folge des Iambenkürzungsgesetzes.

Ausser einer Reihe bereits aufgeführter Verse, die auch eine
andere Auffassung zulassen[5]), gehören als sichere Fälle hierher:

Pers. 394: Dabúntur dótis tĭbi ĭnde séscentí logí:

Rud. 960: Quĭd? ĭnde aéquomst dári mihi dímidiúm;

Caecil. 206: Quem néque quo pácto fállam néc quĭd ĭnde aúferám.

B. ohne Wirkung des Iambenkürzungsgesetzes:

1. vor konsonantischem Anlaut:

a) vor (resp. hinter) dem Iktus:

Amph. 156: Inde crás e prómptuáriá cellá deprómar ád flagrúm;

---

[1]) Noch zwei andere Möglichkeiten liegen hier vor: *nă̄m ĭnde* nach dem
Iambenkürzungsgesetz zu lesen oder Hiat in der Diärese anzunehmen und
inde zweimorig zu messen. Entscheidet man sich für das letztere, so gehört
der Vers unter III B 1 b.

[2]) Cf. S. 78 Anm. 3.

[3]) Das eingeklammerte fehlt in den Handschriften.

[4]) Auch *quóm ĭnde* und *quom inde* (zweimorig) *sŭắm* ist möglich.

[5]) Uebrigens wird *iam inde* noch an einer weiteren Stelle überliefert
(Stich. 175). wo aber Götz u. A. *inde* mit Recht getilgt haben, cf. Abraham
a. a. O. 209 Anm. 2.

Aul. 366: Inde cóctam súrsum súbducémus córbulís;
ib. 679: Indeque óbseruábo ⟨ego⟩ aúrum ubi ábstrudát senéx;
Cpt. 128: Inde mé contínuo rúrsum récipiám domúm;
Most. 744: Inde férritérium, póstcá ⟨— // Pol pér tua té g⟩cnua
óbsecró;
Poen. 2: Inde míhi princípium cápiam ex éa tragoédia[1]);
ib. 1153: Inde pórro ad púteum atque ád robústum códicém;
Pseud. 588: Inde me ét simul pártícipés omnís meos praéda one-
rábo atque ópplebó;
Phorm. 681: Inde súmam; uxóri tíbi opus ésse díxeró.

b) unter dem Iktus:

? Cas. 902: Postquám decúbuisti, índe uoló memoráre quíd est
fact(um) — ⌣ [2]);
? ib. 932: Índe forás[3]) tacitús proficíscor[4]) hóc ornátu quó uidés;
Poen. 902: Íbidem gnátust, índe surrúptus[5]) fére sexénnis,
póstibí;
Stich. 67: Síquis[6]) me quaéret, índe uocátote áliqui aut iam
égomet híc eró.

Ueber Curc. 722 und Rud. 1252 ist unter II B gesprochen.

2. vor vokalischem Anlaut:
Kein Beispiel.

---

[1]) Ueber V. 665 vergleiche I A.

[2]) Den Proceleusmatiker uŏlŏ mĕmŏ(rare) wird man der Messung ĭnd uŏlo wohl ebenso wenig vorziehen, wie die Einsetzung der Unform ŭlo (Becker Studem. Stud. I 150). Aber der Vers ist überhaupt kaum mit Sicherheit herzustellen ,(cf. Bach ebda. II 365).

[3]) Ĭndĕ fŏrás ist nicht ausgeschlossen (s. oben S. 35 Anm. 2 u. S. 70 Anm. 3).

[4]) proficíscor habe ich mit Geppert für die Korruptel der Handschriften gegeben, aber für sicher halte ich auch diese Vermuthung nicht. Da nach Seyfferts glänzender Restitution (Berl. phil. Woch. 1891 Sp. 110) V. 930 f. iambische Oktonare sind und desgl. 933 nach der tadellosen Ueberlieferung, so wird wohl auch 932 nichts anderes sein. Der Vers müsste dann begonnen haben: Ĭndĕ fŏras tácitus — ⌣ — und würde also zu I B gehören.

[5]) surptus zu schreiben ist hier ebenso wenig nöthig wie Persa 150 (oben S. 72 Anm. 3).

[6]) Sĭquĭs? cf. oben S. 9 Anm. 2.

Wieder ist die Statistik mit dem Ergebnis, dass nirgends vor Vokal ein *ĭnde* sich findet, vernichtend für jede pyrrhichische Erklärung des zweimorigen *ĭnde*. Hier die Zahlen:

		Plautus	Terenz	Sceniker	Summe
	ĭnde	25	9	2	36
ĭnde	vor Vokal	14	13	4	31
	vor Kons.	13	3	2	18
ĭnde zwei-morig	A	2		1	3
	B ⟨ 1 ⟨ a	8	1		9
	b	2 (2 ?)			2 (2 ?)
	2				

Wie sich diese Zahlen zu unserer Erklärung verhalten, braucht nicht mehr im einzelnen auseinandergesetzt zu werden; was wir am Schlusse des vorigen Paragraphen über die dortige Tabelle gesagt haben, lässt sich vollkommen auch hier anwenden. Nur eines hebe ich hervor. Wie dort einem leichten Ueberwiegen der nichtsynkopirten Form bei Plautus ein vollständiges Fehlen der synkopirten Form bei Terenz gut entsprach, so ist ein ähnlicher Fortschritt auch hier zu bemerken: bei Plautus stehen 12 synkopirte, 13 nichtsynkopirte (volltrochäische) *ĭnde*, bei Terenz drei Formen der letzteren, nur eine der ersteren Art. Bei Plautus bilden die synkopirten Formen noch 18 % der *ĭnde* überhaupt, bei Terenz nur noch 3,85 %.

§ 7.

Proinde und *deinde*.

Hoffentlich ist der Leser durch die Thatsachen, die wir sprechen zu lassen bemüht waren, schon davon überzeugt, dass Plautus vor Konsonanten stets *nemp(e)*, häufig *und(e)* und *ind(e)* sprach. Der dann in den Auslaut tretende Konsonant blieb bei diesem Vorgange natürlich auch nicht unberührt, sondern musste sich den für die Gruppe „Nasal + Verschlusslaut + Konsonant"

geltenden Gesetzen unterwerfen. Für *nempe* resultirte aus diesen
der Verlust auch des *p*, ausser wo eine Liquida, *s* oder *t* folgte,
und wenn also M. Warren (Amer. Journ. of Philol. II 79) sagt:
„Doubtless a Roman soldier in the first Samnite war might
have said *nem quem* [für *nempe quem*]", so ist damit das Richtige
getroffen, freilich unbewusst, denn was Warren über die Ur-
sprünglichkeit dieses *nem* gegenüber *nempe* und über seine Ver-
dumpfung zu *ne* vorbringt, ist haltlos. Entsprechend musste
bei synkopirtem *und(e)* und *ind(e)* auch das auslautende *d* in
Wegfall kommen und dies zwar fast ausnahmslos, da es höchstens
etwa vor anlautendem *r*, nicht aber vor *l, s* und *t* sich halten
konnte.

Nachdem dies vorausgeschickt ist, können wir eine ortho-
graphische Thatsache ins Feld führen, die jeden etwaigen Rest
von Zweifel an der Synkopirung von *inde* und *unde* und folge-
weise auch von *nempe* benehmen muss — eine Thatsache, die
freilich von anderer Art ist als die Zufälligkeiten der Minuskelschrift, in denen man „indicia" der pyrrhichischen Natur von
nempe gefunden hat[1]). Wir wollen uns die Frage vorlegen, in
welchem Verhältnis bei den archaischen Schriftstellern die mit
inde komponirten *deinde* und *proinde* zu *dein* und *proin* stehen.
Bereits Cicero hat sich über diese Frage geäussert. Er stellt
im Orator § 154 das Verhältnis von *deinde* (und *exinde*) zu *dein*
(und *exin*) auf eine Linie mit dem von *aisne* zu *ain, non nelle*
zu *nolle*, sieht also in *dein* eine Verstümmelung von *deinde*.
Diese Meinung hat neuerdings z. B. Hand aufgenommen (Tursell.
II 239) und Corssen auch für *proinde* näher zu begründen gesucht (Nachtr. 219, Vok. II² 604 u. ö.). Sie lassen das *deinde*

---

[1]) Bei *nempe* selbst kann ich einen orthographischen Beweis für die
Synkopirung nicht führen. Denn wenn Studemund Cas. III 4. 9 (599) aus
A notirt:

$$ic$$
$$et$$
$$pe$$
$$NEM|||||UTE$$

(Schöll will freilich das volle *NEMPETUTE* gelesen haben), so wird man
darin doch wohl kaum ein *NEMPTUTE* und einen orthographischen Beweis
für unsere Thatsache suchen wollen. Zwar so viel Beweiskraft wie die *nepe*
der Minuskelschrift hat jene Studemundsche Lesung immer noch.

resp. *proinde* genau in derselben Weise zunächst das *e*, dann das *d* verlieren, wie wir dies vorhin für *inde* und *unde* annahmen. Gegen diese Anschauung erhob Ritschl (opusc. II 457) Widerspruch: auf demselben Wege, meint er, würde ja dann auch *in* zu einer Abkürzung von *inde*. Wie nichtssagend diese Argumentation ist, würde ich nicht erst darthun, wenn es nicht Ritschl wäre, der sie angewendet hat. Es ist erstens fraglich, ob das *in* von *inde* mit der Präposition *in* etymologisch etwas zu schaffen hat. Insbesondere leidet die Verbindung von *inde* mit griech. ἔνθα unter der Möglichkeit, dass dies Wort zu ἔνθεν in näherer Beziehung stehe und sein *a* also vielmehr = n sei (cf. Osthoff z. Gesch. d. Perf. 337 ff.). Aber selbst wenn *a* hier = idg. *n* ist und sonach dem auslautenden lat. *ĕ* entsprechen kann oder wenn man die Identification von *inde* mit *ἔνθε* vorzieht, so ist diese Deutung von *inde* zwar möglich, aber durchaus nicht zwingend. Vielmehr bietet sich noch ein anderer Weg zur Erklärung von *inde* bequem genug (siehe Bréal-Bailly dict. ét.² 134, [Wharton Et. Lat. S. 47 und 27]). Indess zugegeben selbst, dass *inde* zur Präposition *in* in Beziehungen steht, so würde natürlich die Präposition das erstvorhandene sein müssen, *inde* eine Zusammensetzung dieser Präposition mit enklitischem -*dĕ*, und ein hieraus durch Apokope entstandenes *in* müsste in der Bedeutung von der Präposition *in* sich ebenso sehr unterscheiden wie *inde*, mag es in der Form ihm auch so sehr gleichen, wie wir das von plautinischem synkopirten *inde* oben S. 83 angenommen haben. Gegen die Entwicklungsreihe *in* (Präposition) > *inde* > *in* (d. i. plautinisches synkopirtes *inde*) ist aber auch morphologisch nichts einzuwenden. Denn es ist keineswegs ohne Beispiel, dass von einer Form A eine Ableitung B geschaffen und aus dieser Ableitung dann, sei es durch lautliche Veränderungen, sei es durch sogenannte retrograde Derivation ein Wort C gewonnen wird, das, formell gleich A, in Wirklichkeit vielmehr ein Enkel desselben ist. Als solche „Enkelform" habe ich z. B. de nom. lat. suff. -*no*- ope formatis S. 23 Anm. 1 ovidisches *lassus* erwiesen. Dergleichen findet sich öfters. Ein Kompositum wie *flucti-uagus* oder *multi-cauus* enthält sicher nicht das Adjektivum *uagus* oder *cauus* im zweiten Glied, sondern ein retrogrades Derivat aus dem Denominativ *uagari* oder *cauere,* denn in guter Zeit ist Komposition von Substantiv mit Adjektiv ohne Beispiel, Komposition von Adjektiv mit Adjektiv äusserst selten und nur zulässig, wenn das erste Glied zum zweiten in genetivischem Verhältnis steht (*multi-capidus* Varro Men. 545 B., *omni-peritus* eleg. in Maec. I 110). Nachklassisches griech. καιάκοσμος ist kein Bahuvrihikompositum, sondern ein Derivat aus dem Verbum καιακοσμεῖν, die Entwicklungsreihe also κόσμος > (καια)κοσμεῖν > (καιά)κοσμος [1]).

Aber nicht bloss dass die Hand-Corssensche Erklärung von *dein* und *proin* zulässig ist, können wir gegen Ritschl erweisen, sondern auch dass sie allein zulässig ist. Betrachten wir zunächst den Gebrauch von *proinde* und *proin* bei Plautus. Hier erscheint *proinde* 31 mal, *proin* 18 mal. Ich gebe die Umgebung, in der sich die beiden Worte finden, kurz an [2]). *Proinde* erscheint:

1. vor *ut* (*uti*) Amph. 63, 214, 517, 558, 757, frg. XIII 1; Capt. 307, 933; Cas. 96, 157; Men. 953; Most. 96; Pseud. 679; Stich. 284, 759; Trin. 65, 659, 677;

2. sonst vor Vokalen: Amph. 583 (*proínde ác*), 685 (*proínde appéllas*), 960 (*proínde erí út*), 982 (*proínde adeo ut*); Asin. 27 (*Proínde áctutum*), 644 (*Proínde ístuc fácias*); Cpt. 292 (*proínde áliis út credát uidé*), 314 (*proínde íllum*), 794 (*proínde íta ómnes ítinera ínsistánt*); Poen. 845 (*Proínde habét orátiónem*); Stich. 100 (*Proínde* [*Perínde* die Palatinen] *habétis quási*); Truc. 324 (*Si proínde améntur*).

Es bleibt ein einziger Fall übrig, in dem *proinde* trochäisch

---

[1]) Nicht immer entspricht die „Enkelform" der ersten vollkommen. In griechischen Zauberpapyri (Dieterich Abraxas, Leipzig 1891, S. 187 Z. 20) findet sich das Wort ἀμαυρά = ἀμαύρωσις. Aus dem Denominativ ἀμαυρόω von ἀμαυρός ist also ein Substantiv erschlossen nach Analogie der Verhältnisse κορυφόω : κορυφή, γεφυρόω : γέφυρα etc. (L. Meyer vergl. Gramm. II 34, Sütterlin z. Gesch. der gr. Verba denom. I S. 118 ff.).

[2]) Nicht ganz vollständig ist die Fuhrmannsche Sammlung Fleckeis. Jahrb. 1868, 852 ff. (es fehlen Amph. 685, 757, frg. XIII V. 1). Cf. Langen Beitr. 296. Auf Fuhrmanns sonstige Ausführungen ist nachher zurückzukommen. — Nicht in Betracht gezogen habe ich Cist. fol. 248 r 5, wo ein *PROINDI* ;!!!!! erscheint, das ebenso gut *proin di* ... wie *proinde* bedeuten kann. Bacch. 929 konjiciert Ussing *Non proinde id térmentó fuit* wenigstens der Wortform nach nicht unrichtig.

vor konsonantischem Anlaut erscheint: Amph. 973. Hier ist überliefert und wird in den Ausgaben geschrieben:

Récte lóquere et proínde diligéntem ut úxorém decét.

In dieser Ueberlieferung bietet das trochäische *proinde* nicht den einzigen Anstoss; vielmehr entbehrt der Vers auch der Diärese. Ich würde kaum eine Aenderung der Ueberlieferung vorzuschlagen wagen, wenn bloss der eine oder bloss der andere Anstoss vorläge (vergl. insbesondere wegen des zweiten Klotz Metr. S. 209 ff.), aber beide zusammen sind wohl geeignet bedenklich zu machen. Auch ist die Besserung so leicht!

Récte lóquere et diligéntem proínde ut úxorém decét — das empfiehlt sich auch noch durch den Zusammentritt von *proinde* und *ut*, der das weitaus häufigere ist. Und Klotz' Entschuldigung der Ueberlieferung, drei- und viersilbige Worte seien im Vers schwer unterzubringen, will hier, wo der Dichter es so leicht anders machen konnte, gar nicht recht verfangen.

Wie immer man über die Amphitruostelle denke, das wird nach dem Gesagten jeder zugeben müssen, dass Konjekturen wie Useners (Greifswalder index lect. 1866 S. 15) *res proíndĕ cádunt* (anapästisch, Pseud. 577) oder Camerars *Proíndĕ sé domi contíneant* (Curc. 298) statt *Proin sesé d. c.* (*Proin se* codd.) oder Parcus' *Proínde tú deum húnce* (Cpt. 865) statt *Proin tu dínom hunc* (*Proin tu deum hunc* codd., cf. Abraham stud. Plaut. 204) verfehlt sind, sowie dass Pers. 570, wo Ritschl und Ussing mit den Palatinen schreiben:

Proíndĕ tú tibi iúbeas cóncludi aédis fóribus férreis,
vielmehr nach dem Palimpsest mit Hiat in der Diärese zu lesen ist:
Proín tu tíbi iubeás conclúdi aédis fóribus férreis[1]).

Wir wollen nunmehr in ähnlicher Art die Belege für *proin* zusammenstellen. *Proin* steht

1. vor *tu* (*tute*): Amph. 311; Bacch. 739, 1061; Cpt. 551, 855, 865 (s. oben); Cas. 113; Epid. 455; Men. 327, 782; Pers. 570 (s. oben); Pseud. 1197; Rud. 1331; Stich. 668; Trin. 977;

---

[1]) Etwas anders Fuhrmann a. a. O. S. 854. — *Proinde* der Palatinen ist vielleicht nur graphische Variante wie *atque* statt *ac* oben S. 53.

2. sonst vor Konsonanten: Capt. 63 (*Proin síquis*); Curc. 298 (*Proin sesé domi contíneant*, s. oben); Mil. 780 (*proin, Palaéstrio*).

Es ergiebt sich also, dass *proin* immer nur vor Konsonanten, *proinde* immer nur (oder höchstens mit einer Ausnahme unter 31 Fällen) vor Vokalen steht. Ausgeschlossen ist dadurch, dass *-de* eine Verlängerungssilbe sei, die an das historische *proin* angetreten ist, denn warum sollte dieser Antritt immer nur gerade vor Vokalen erfolgt sein? Vielmehr muss bei *proinde* offenbar eben der Vorgang graphischen Ausdruck gefunden haben, den wir für *inde* nur mit Hilfe der Grammatik und des Versbaus erschliessen konnten: das schliessende *e* ward vor Konsonanten synkopirt und infolge dessen musste dann auch das *d* fallen [1]).

Indem wir so das Verhältnis *proinde*: *proin* als aus einer rein lautlichen Differenzirung entstanden ansehen, treten wir in Gegensatz zu dem citirten Fuhrmannschen Aufsatz, dessen Verfasser einen Bedeutungsunterschied zwischen beiden Formen konstatiren zu können meint: *proin* sei „Aufforderungspartikel bei Ermunterungen und Ermahnungen in Verbindung mit dem Konjunktiv oder Imperativ“, *proinde* dagegen „das demonstrative aduerbium similitudinis“. Wir wollen an dieser Ansicht nicht vorübergehen, ohne uns mit ihr auseinanderzusetzen, obgleich aus dem von uns gewonnenen Resultate wohl schon einleuchtet, dass sie unmöglich richtig sein kann [2]). Fuhrmann hat selbst gesehen, dass sich seiner Regel durchaus nicht alle Fälle fügen: bei *proinde* kommen auf 21 (24) Fälle der Regel sieben der Ausnahme (wobei ich Cpt. 865, Curc. 298, Pers. 570, in denen auch wir *proinde* als verkehrt erkannten, bereits abgezogen habe). Er setzt nun an diesen sieben Stellen *proin tu*

---

[1]) Wir haben im Eingang dieses Paragraphen die Möglichkeit angedeutet, dass das *d* vor folgendem *r* sich halten konnte. Bei Plautus (und, wie ich gleich hinzufügen will, auch bei Terenz und in den Scenikerfragmenten) finde ich indess kein Beispiel eines anlautenden *r* nach einem Kompositum von *inde*.

[2]) Auch an eine nachträgliche Bedeutungsdifferenzirung der anfangs nur formell geschiedenen Doppelheit, dergleichen wir oben S. 63 berührten, ist, wie sich sogleich zeigen wird, für das alte Latein nicht zu denken.

für *proinde* ein, und Götz-Löwe haben diesen Vorschlag zu Asin. 27 mit einem „tortasse recte" bedacht. Aber offenbar ist Fuhrmann dadurch getäuscht worden, dass im Aufforderungssatze *proinde* das Pronomen der zweiten Person unmittelbar an sich zu ziehen liebt: die so entstehende Gruppe *proinde tu* musste lautgesetzlich *proin tu* ergeben (15 Fälle). Da nun zufällig noch in drei weiteren Fällen der Aufforderung auf *proinde* ein konsonantisch anlautendes Wort folgt, so ergeben sich insgesammt 18 Fälle der Aufforderung mit *proin*. Andererseits hat es sich wieder — nicht etwa rein zufällig, sondern weil *ut* auf *proinde* unmittelbar zu folgen pflegt (17 mal oder, bei Einrechnung von Amph. 973, 18 mal) — so gefügt, dass auf *proinde*, wo es Vergleichungspartikel ist, nirgends ein konsonantisch anlautendes Wort folgt, und infolge dessen erscheint *proin* nie als Vergleichungspartikel. Es entpuppt sich also der angebliche Bedeutungsunterschied als ein durch das folgende *tu* resp. *ut* bedingtes Ueberwiegen von resp. *proin* und *proinde* in Aufforderungs- resp. Vergleichssätzen.

Wir können nunmehr den Sprachgebrauch des Terenz und der Scenikerfragmente zum Vergleich mit dem plautinischen heranziehen. Die letzteren stimmen vollkommen mit Plautus überein. Wir finden *proinde* bei Naev. trag. 49 (*proinde húc — cétte*), 63 (*proinde apérte dice*); Acc. 623 (*Proinde istáec tua aúfer*); trag. inc. 112 (*Proinde íta parént se*), *proin* bei Acc. tr. 309 (*Proin tu id cui fíat, nón qui fácias cómpará*), praet. 32 (*Proín uidé*); trag. inc. 29 (*Proin démet ábs te*); Afran. 186 (*Proin tú cum quaéram né requíram té uidé*). Es ist also auch hier *proinde* durchweg antevokalische, *proin* antekonsonantische Form, *proinde* hier sogar in allen Fällen in der Aufforderung gebraucht, *proin* dagegen einmal im Aussagesatze, wenn trag. inc. 29 Lachmanns Konjektur *Proin démet* für *Proinde* et der Pseudo-Censorinushandschriften (S. 95, 12 Jahn) das Richtige trifft. Dann hätten wir also hier einen Fall, wie wir ihn oben als bei Plautus durch Zufall fehlend bezeichneten. Bei Terenz erscheint zunächst *proin* an folgenden Stellen: Andr. 408 (*proin tu fác*), Haut. 177 (*proin tu — mittas*), Eun. 56 (*Proin tú — cógitá*), 106 (*Proin tá — dicitó*), ferner *proinde* Andr. 707 (*pro-*

inde hinc uos ámolímini), Phorm. 382 (*proinde éxpiscáre*), Hec.
218 (*ut uos mihi domi éritis, proínde ego eró*), also jenes viermal in Aufforderungssätzen, *proinde* zweimal in solchen, einmal
im Vergleichssatze. Aber *proinde* erscheint in unseren Ausgaben auch zweimal antekonsonantisch, nämlich Haut. 65:

> *Seruós complúres: proínde quási nemó siet,*
> *Ita atténte tút illórum officia fúngere,*

wo man nicht *proin quasi* zu ändern versuchen darf, da Terenz
nur *quăsĭ* kennt, und Phorm. 668:

> *Sescéntas proínde scríbitó iam mihi dicás,*

wo allerdings die Calliopiani neben *proinde* auch als Variante
potius haben, was nicht übeln Sinn giebt. Terenz dürfte also
auch hier wieder in der Einführung der nichtsynkopirten Form
vor Konsonanten einen Fortschritt gemacht haben.

Dem Verhältnis von *proinde* zu *proin* vollkommen parallel
geht das von *deinde* zu *dein*. Nur findet sich hier auch bei
Plautus schon vor Konsonanten die nichtsynkopirte Form.
Deinde vor Vokal steht Amph. 223 (*Deinde utríque*), 1002
(*Deinde illi*); Aul. 379 (*Deinde égomet*); Capt. 488 (*deinde ad
álios*); Merc. 651 (*deínde item íllinc*); Stich. 86 (*deínde ut ánimus*);
fragm. 37 (*deínde affigatúr cruci*); *dein* ist nur antekonsonantisch:
Amph. 1008 (*Dein súsum*)[1]); Bacch. 967 (*dein púgnam cónserui
seni*). Das nichtsynkopirte *deinde* erscheint erstens beim Personenwechsel, also in pausa, in vortrefflichster Uebereinstimmung
mit dem, was wir oben S. 51 f., 57, 58 Anm. 1 und 73 Anm.
1 über die Pausaformen bemerkten[2]), Amph. 1098 (*Quíd fit
deindĕ? || Dum haéc agúntur*) und Poen. 655 (*Quid deindĕ? ||
Sérmonem ibi nobíscum cópulát*), zweitens stets vor *porro* (Amph.
1119, Epid. 726, Trin. 945 zweimal); endlich noch in zwei andern
Fällen: Mil. 124:

---

[1]) *Deinde* codd., was wie *proinde* oben S. 86 Anm. und zweimoriges
atque oben S. 53 gefasst werden kann.

[2]) Wie nie vor Vokalen, so erscheint *dein* (*proin*) auch nie in pausa
d. h. am (Satz- oder) Versende (selbstverständlich spreche ich nur von der
archaischen Latinität).

Ne se appellárem. Deinde, póstquam occásiost
und Stichus 545:
Deinde sénĕx ille illi dixit, quoius cránt tibicinæ[1]).

Terenz hat *dein* ebenfalls nur antekonsonantisch: Andr. 79
(*dein quaestum*) und 562 (*dein fácile*), zweisilbiges *deinde* einmal
antevokalisch (Eun. 593 : *deinde cum in lecto illæ cóllocárunt*),
fünfmal antekonsonantisch resp. in pausa (Andr. 441 *deíndĕ
désinet*; Haut. 3 *deíndĕ quód neni éloquár*, 19 *deíndĕ fácturum*, 864
quid deíndĕ? || *Mé factúrum esse ómniá*; Hec. 143 *Quid deíndĕ
fít?*)[2]), ausserdem einmal in Baccheen am Versschluss dreisilbiges
deínde, was bei den alten Scenikern ohne gleichen ist (Andr. 483).
In den Scenikerfragmenten steht *dein* nur einmal u. zw. richtig
antekonsonantisch, aber durch unsichere Konjektur (*Dein senis*)
bei Enn. trag. 282, *deinde* viermal antevokalisch (Acc. 235
Deinde ómni stírpe, 257 *Deinde ab íugulo*, praet. 23 *Deinde eíus
germanum*: Afran. 373 *Deinde áliquid*), einmal antekonsonantisch
(Turpil. 193 *Deinde cum úd te rédierit res*).

Also es ist auch bei dem Verhältnis *deinde: dein* klar zu
erweisen, dass in der archaischen Latinität die kürzere Form
nur vor Konsonanten heimathsberechtigt war und nur miss-

---

[1]) Im zweiten Falle liegt es sehr nahe, mit Bothe, der freilich durch
einen ungenügenden Grund geleitet wurde (er nahm an *sénĕx* Anstoss), *Dein*
zu schreiben. Beachte, dass auch Amph. 1008 (siehe S. 89 Anm. 1) *Deinde*
fälschlich statt *Dein* geschrieben ist. — In der Milesstelle geben CD, die im
Miles vielfach den Vorzug vor B verdienen, *dein*. Nichtsdestoweniger wird
man wohl kaum wagen dürfen, das *est* vor *occasio* zu stellen. Jedenfalls aber
ist nicht etwa daran zu denken, dass das anlautende *p* von *porro* und *postquam* die Ursache der Nichtsynkopirung gewesen sein könnte. — Most. 862
ist Ritschls Einfügung von *deinde* vor *fugiunt* zu verwerfen.

[2]) Man könnte sich fast versucht fühlen, hier innerhalb der terenzischen
Stücke einen Fortschritt zu konstatiren. Die synkopirte Form findet sich nur
noch im ersten Stücke. — Wie sich der Gebrauch der Doppelformen *proin
proinde, dein deinde* späterhin entwickelt hat, bleibt zu untersuchen. Bereits
Varro scheint das Verständnis für den Unterschied so weit verloren zu haben,
dass er *dein* (und *exin*, vergl. S. 91 f.) auch vor Vokalen setzte, siehe de r. r. I
28. 2, Men. 282 B. (?), Keil zu r. r. II 4. 10. Andererseits ist es vielleicht
nicht ohne Bedeutung, dass bei Catull 5, 7 ff. der Archetypus dreimal antekonsonantisches *deinde* hatte, wo unsere Ausgaben des Metrums wegen *dein*
schreiben.

bräuchlich in nacharchaischer Zeit auch vor Vokale verschleppt
wurde, dass folglich nicht *deinde* eine Verlängerung von *dein*
sein kann, sondern letzteres eine Verstümmelung des ersteren
sein muss.

Noch ein weiteres Kompositum von *inde*, nämlich *exinde*,
hat eine gekürzte Nebenform (*exin*). Dass diese nur vor Konsonanten erscheint, hat schon Lachmann zu Lucrez S. 148 bemerkt. Gemeinhin erklärt man diesen Gebrauch von *exin*
damit, dass der auslautende Nasal so schwach gewesen sei, dass
man ihn vor Vokale nicht habe setzen wollen. Vergeblich habe
ich mich indess nach einem zweiten Beispiel solch zarter Rücksichtnahme auf Schwäche des auslautenden Nasals umgesehen,
und da nun wirklich der Befund bei den archaischen Scenikern
vollkommen mit der Lachmannschen Beobachtung und mit dem
Resultate stimmt, das sich uns für *proin* und *dein* ergeben
hat [1]), so kann wohl kein Zweifel sein, dass auch hier die kürzere Form nur durch Synkopirung aus der längeren entstanden
ist. Doch bleiben zwei Punkte fraglich: erstens, woher die
Schreibung *exim* neben *exin*. zweitens, wie lagen die Betonungsverhältnisse, die zur Synkopirung von *exinde* führten? Für
die Schreibung *exim* hat Ritschl opusc. II 455 ff. Beispiele gegeben und danach auch für *dein* ein älteres **deim* voraussetzen
zu dürfen geglaubt. Aber das historische *dein* kann nie ein
auslautendes *m* gehabt haben, denn auslautendes *m* bleibt im
Lateinischen, was es ist, und wird nie zu *n*. Vorausgesetzt
also, dass wirklich *proin(de)* und *dein(de)* ein altes **im* (zu *is*
gehörig wie *illim* zu *ille* etc.) enthalten (s. oben S. 84), so werden
wir auch hierdurch wieder gezwungen *dein* und *proin* als Ema-

---

[1]) Es steht *exin*, nur antekonsonantisch. Epid. 49 = Poen. 754 *éxim uélum
nórtitúr*, Most. 227 *Vt fámast hómini exin solét pecúniam inuenire*, Acc. praet. 25
Exím prostrátum térra, *exinde* antevokalisch Truc. 82 *éxinde ímmonit locó*
(oder was sonst für ein Kompositum von *monere* gefolgt sein mag; jedenfalls
unrichtig setzt Spengel antevokalisches *exin*), Acc. trag. 74 *quaé scibo éxinde
aúdiés*, Terenz Andr. im unechten Schluss V. 17: *Stúdium éxinde út erit*,
antekonsonantisch Curc. 363 *exinde me ilicó protinúm dedi*, Pseud. 680 *átque
exinde sápere eum ómnes dicimús*.

nationen von *deinde* und *proinde* anzusehen, da nur in diesen das *m* von **im* lautgesetzlich zu *n* werden konnte.[1] An der Unursprünglichkeit von *dein* und *proin* bleibt also auch unter diesem Gesichtspunkte kein Zweifel übrig. Und wie wir die Unursprünglichkeit bei ihnen früher schon daraus erschlossen, dass sie rein antekonsonantisch sind und unmöglich an *proin* und *dein* gerade immer nur vor Vokalen ein Suffix *-de* angetreten sein kann, so müssen wir den Schluss auch bei *exin* ziehen. Wo demnach *exim* wirklich vorliegt (wie Poen. 754 in AP; anderes bei Ritschl), kann dies nur eine analogische Umbildung von *exin*, der regelrechten Kurzform zu *exinde*, sein. Die Muster dieser Umbildung sind leicht gefunden: es müssen eben jene *illim istim olim interim*[2] sein. Warum bloss *exin*, nicht auch *dein* und *proin* dieser Umbildung anheim gefallen sind, ist nicht schwer zu sagen. *Exin* war zweisilbig und liess das schliessende *-in* rein hören, während *proin* und *dein* durchaus einsilbig sind. — Hiernach bleibt darüber, dass der Eigenaccent des Wortes die Synkopirung hervorrufen konnte, wofern an eine Wirkung des im folgenden Worte stehenden Accentes nicht zu denken wäre, kaum etwas zu sagen. Dass *exinde* den Accent auf der Mittelsilbe trug, scheint mir Schöll act. soc. phil. Lips. VI 69 f. gegen ein paar alte Grammatikerzeugnisse und Corssen Vok. II² 843 dargethan zu haben. Da genügt denn *usurpo* = **usú-rapo*, um zu zeigen, dass der Accent, auch wo er auf einer Mittelsilbe stand, die Synkopirung des Vokals der folgenden Silbe veranlassen konnte.

Mir soll es indess auf das, was ich über *exin* gesagt habe, nicht weiter ankommen; dass aber das, was wir über *proin* und *dein* vorgebracht haben, weit festere und konsequentere Herleitungen sind als die Ritschls, wird einem unbefangenen Blicke hoffentlich einleuchten. Haben wir somit in *proin* und *dein* durch Synkopirung entstandene Kurzformen von *proinde* und *deinde* nachge-

---

[1] So schliesst in der That Schweizer-Sidler Gr.² § 237.

[2] Man beachte, dass diese nie Nebenformen auf *-in* zeigen. Das ist besonders bedeutsam bei *interim*, welches eben wirklich ein Kompositum mit **im* ist, nicht mit *inde* wie *proin(de) dein(de) exin(de)*.

wiesen, so kann auch an der Richtigkeit unserer Annahme eines synkopirten *inde*, das nur eben nie durch die Schrift uns bezeichnet wird, wie immer es Plautus selbst damit gehalten haben mag, kein Zweifel mehr obwalten. Von den eingangs angeführten Partikeln bleibt sonach nur noch für *quippe* zu erweisen, dass der angeblich pyrrhichische Gebrauch sich bloss antekonsonantisch findet.

— ——

§ 8.

Quippe.

Zwar glaube ich, dass man auch ohne vorhergehende Widerlegung der bisherigen Ansicht über zweimoriges *quippe* nach allem Vorhergehenden schon geneigt sein wird, die Synkopirung des Wortes, wenn sie zur Erklärung der Thatsachen ausreicht, der pyrrhichischen Messung vorzuziehen, aber doch wollen wir der Sicherheit wegen, bevor wir die Richtigkeit der eigenen Erklärung prüfen, zunächst die bisherige mit ein paar allgemeinen Erwägungen beseitigen.

Allererstens ist klar, dass es ein Nachtheil der bisherigen ist, dass sie, um die Möglichkeit eines pyrrhichischen *quippe* (und, fügen wir bald hinzu, *ille*) zu erweisen, eine ganz neue Reihe von grammatischen Sätzen ins Feld führen muss, die von den bei *nempe inde unde* angewandten über Nasalverklingung durchaus verschieden sind. Wir dagegen sind in der glücklichen Lage, mit denselben grammatischen Thatsachen sowohl zweimoriges *nempe inde unde* als zweimoriges *quippe ille*[1]) (und zweimoriges *iste*, für welches die bisherige Auffassung sogar noch eines dritten Erklärungsmittels benöthigt) zu deuten. Das ist um so weniger zu unterschätzen, als *nempe* und *quippe* so bildungsähnlich sind (sie enthalten doch anscheinend beide ein Enklitikon *-pe*), dass sie mit verschiedenem Maasse zu messen sich offenbar gar nicht empfiehlt. Vielmehr legt eben die Gemeinsamkeit jenes Elementes *-pe* schon den Gedanken nahe,

---

[1]) Das nähere hierüber weiterhin in §§ 9 und 12.

es möchte in ihm irgendwie die gemeinsame prosodische Eigen-
thümlichkeit der beiden Worte begründet sein.

Und nun wollen wir jener angeblichen grammatischen Thatsache, durch die sich pyrrhichisches *quippe* (und *ille*) erklären soll,
einmal ins Gesicht schauen. „Bis auf Ennius, heisst es, wurden ja
Konsonanten nicht gedoppelt“. Aber wieder und wieder haben
ja bedeutende Kenner des Altlateins auf den Fehler hingewiesen,
der in dieser Argumentation liegt: die Verwechslung eines orthographischen Faktums mit einem Faktum der Aussprache! So
C. F. W. Müller Prosodie S. 253 f., Luchs Studem. Stud. I 74,
Havet de versu Saturnio S. 12 f. Anm. u. S. 150 Anm. 3, so
neuerdings wieder Klotz Metr. S. 92 [1]). Etwas anderes aber
ist zur Erklärung von *quĭppĕ* wenigstens nie angeführt worden,
während das angebliche *illĕ* freilich noch mehr hat über sich
ergehen lassen müssen, worüber im folgenden Paragraphen zu
sprechen sein wird.

Auch hier also ist grammatisch zur Erklärung eines pyrrhichischen *quippe* nichts auch nur halbwegs genügendes beigebracht,
und wenn sich doch etwas beibringen lassen sollte — mir ist
freilich nichts ersichtlich —, dann ist mit dieser Erklärung
auch hier nichts geholfen, denn auch zweimoriges *quippe* erscheint nur vor Konsonanten. *Quippe* findet sich nämlich:

**I. mit unbestimmbarer Quantität der ersten Silbe (die erste
Silbe steht in Senkung ausserhalb des γένος ἴσον).**

Nur antevokalisch.

Amph. 37: Quippe ílli iníqui iús ignórant néque tenent;
Epid. 367: Quippe égo qui núdiustértiús meis mánibus dínumeráui;

II. mit Länge der ersten Silbe.

A. Die erste Silbe steht in Hebung:

1. vor vokalischem Anlaut des folgenden Wortes:

Epid. 618: Hábe bonum ánimum // Quíppe ĕgŏ quoí libértas in
mundó sitást;

---

[1]) Wenigstens Luchs’ Worte will ich hierher setzen: „inde quod ueteres
consonantes non duplicauerunt, minime sequitur eas syllabas, quae consonantem
postea duplicem, tum simplicem praecesserint, ideo omnes olim correptas pronun-

Merc. 386: Quíppe haud étiam quícquam inépte féci amántes
ùt solént;

Mil. 604: Quíppe illí si résciuére inimíci cónsiliúm tuóm [1]);

Poen. 553: Nós tu né curássis: scímus rem ómnem, quíppe
omnés simúl;

Pseud. 1274: ⌣ ⌣ _ . ex díscipulína, quíppe ĕgŏ quí probe
Iónica pérdidicí [2]);

Trin. 1049: Qui nil mériti: quíppe eōrum éx [3]) ingénio ingénium
horúm probánt;

Ter. Phorm. 362: Si illúm minus nórat: quíppe homó iam grándiór [4]);

2. vor konsonantischem Anlaut (*quippe* also im Werthe
eines Trochäus):

Amph. 22: Scibát factúros, quippĕ qui íntelléxerát;

Aul. 348: Horúnc tibi ístic nil euéniet : quíppĕ quí;

Bacch. 369: Nam équidem haud áliter ésse dúco : quíppĕ quó
nemo áduenít;

Capt. 886: Quíppĕ quándo míhi nil crédis quód ego díco séduló;

Pers. 699: Eadém statúra // Quíppĕ quí fratér siét;

Rud. 384: Tamen súbrupiúntur : quíppĕ quí quem illórum obsér-
uat fálsust;

ib. 979: Quíppĕ quom éxtemplo ín macéllum písces prólatí siént;

Truc. 68: Ea nímiast rátio : quíppĕ quí certó scíó;

---

tiatus esse —. Nam si *Maccius* (*sagitta* etc.) non solum item scriptum, sed
etiam pronuntiatum est atque *Mācius* (*sagīta* etc.), non intelligitur cur tandem
Macius scriptura non conseruata sit".

[1]) So Götz; *quippe hi* A Studem.; das Pronomen fehlt ganz in A
Löwe und P, daher früher gelesen wurde *Quíppĕ si resciuerint*. Falls diese
Lesung richtig, gehört der Vers zu 2.

[2]) Anapästischer Rhythmus scheint mir ausser Frage zu stehen; es ist
der einzige, dem sich die Ueberlieferung ohne weiteres fügt. Für den ersten
Fuss bieten die Handschriften *Nĩmĕ*, mit dem ich nichts zu machen weiss.

[3]) *ex eorum* P, was für uns sich gleich bleibt.

[4]) Wir könnten hier auch alle Belege für *quĭppĭam* (nur diese Messung
kennen die Sceniker) anführen, das vielleicht dieselben konstituirenden Elemente
wie *quippe* (nämlich *quid* + *pe*) enthält. Aber doch eben nur vielleicht, denn
ich kann nicht finden, dass Stolz lat. Gr.² S. 305 f. Ribbecks (z. Lehre
v. d. lat. Part. S. 17 f.) und Corssens (Vok. II² 846) Deutung von *quippe*
aus *qui-pe* widerlegt hat.

Ter. Haut. 389: Quíppĕ fórma impúlsi nóstra nós amátorés colúnt;
ib. 538: Ego néro laúdo // Récte sáne // Quíppĕ quí.

Ferner immer in *quīppīni*, das stets den Werth eines Kretikus hat (Aul. 81; Bacch. 839; Men. 948, 1109; Poen. 436,
731, 732, 738, 739, 740, 743: Pseud. 361; Truc. 206, 414).

B. Die erste Silbe steht in Senkung des γένος ἴσον:
Pseud. 917: Quippe égo te ní contémnam.

III. im Werthe von zwei Moren:

A. Vor konsonantischem Anlaut:

1. unter dem Iktus:

Kein Fall[1]);

2. vor (resp. nach) dem Iktus:

Amph. 745: A'n etiam íd tu scís? // Quippe qui éx te audíui ut
úrbem máxumám[2]);
Asin. 66: Quippe quí mage amíco utántur gnáto et béniuoló[3]);
Epid. 334: Quippe tú mi aliquíd aliquó modó alicúnde ab áli-
quibús blatís;
Men. 586: Quippe quí pro illís loquántur quí male fécerínt.

B. Vor vokalischem Anlaut:

Kein Fall.

Der Schluss aus diesem Material muss ganz entsprechend
denen in den vorigen Paragraphen sein: die Annahme pyrrhichischer Messung von *quippe*, ohnehin grammatisch nicht aus-
reichend zu stützen, erklärt nicht, warum dies zweimorige *quippe*
nur vor Konsonanten steht. Wenn aber somit die erste Silbe nicht

---

[1]) Es empfiehlt sich also auch aus diesem Grunde nicht die Ussingsche
Schreibung von Truc. 878 = 888 Sch.:
Quíppe (Que B, que CD) quom múltum abstúlimus, haúd id etc.,
die ganz vereinzelt wäre. Denn auch Capt. 886 (oben II A 2) wird man
schon wegen des Verstosses gegen das Dipodicengesetz nicht lesen mögen:
Quipp' quandó mihi nil crédis etc.

[2]) Zur Rechtfertigung dieser so vielfach geänderten Ueberlieferung
braucht wohl kein Wort mehr verloren zu werden.

[3]) Ob der Vers mit Recht obelisirt ist, berührt uns nicht; auf Grund
der Prosodie von *quippe* darf er nicht verdächtigt werden.

kurz sein kann und also allein ebensoviel Moren ausgefüllt hat wie das ganze Wort, dann muss die zweite Silbe für den Vers ohne Geltung d. h. synkopirt gewesen sein.

Die synkopirten Formen sind hier schon bei Plautus stark in der Minderheit; Terenz verwendet sie überhaupt nicht mehr. In den Scenikerfragmenten findet sich *quippe* nicht.

§ 9.
Ille.

Wir haben die Musterung desjenigen, was man zur Rechtfertigung der pyrrhichischen Messung von *ille* vorbringen zu können geglaubt hat, bereits im vorigen Paragraphen begonnen und dort gesehen, dass die vorennianische Einfachschreibung der Doppelkonsonanten nur mit Unrecht herangezogen worden ist. Die Fortsetzung der Musterung ergiebt nicht günstigere Resultate. Corssen Vok. II² 627 hat, auf das Zeugnis des Plinius bei Prisc. inst. I 38 (GLK II 29, 8) sich stützend, behauptet, in der Gruppe *ll* habe das zweite *l* einen dünnen Laut gehabt, dieser dünne Laut des zweiten *l* sei „unmessbar kurz oder irrational" gewesen, habe daher „bei den altrömischen Dichtern nicht die Zeitdauer einer halben metrischen Zeitweile" gehabt „und zusammen mit der halben Zeitweile des ersten *l* und der ganzen Zeitweile des *i* nicht zwei Zeitweilen" ausgefüllt, also nicht Position gebildet. Ich will hier gar nicht erst die Frage aufwerfen, wieso denn, da Plinius offenbar doch jene Natur der Gruppe *ll* für seine eigene Zeit bezeugt, nie bei Dichtern der plinianischen Zeit ein *ille* erscheint, ich will kein Gewicht darauf legen, dass die weitaus überwiegende Menge der Corssenschen Beispiele für *ille* (so alle die Fälle mit *Quĭd ĭll* . . ., *V̆bi ĭll* . . ., *Ăn ĭll* . . ., *Quĭs ĭll* ‿‐; *V̆t ĭll* ‿‐ etc.) sich nach dem Iambenkürzungsgesetz erklärt [1]),

---

[1]) Schon Ritschl proleg. CCLX bemerkt: „Ceterum talium qualia sunt *dé íllo, ét íste,* multitudine sciendum est omnino usitatam illorum pronominum correptionem longe maxima ex parte contineri. Multo enim rariora haec sunt

also für das, was Corssen will, gar nichts beweisen kann, ja ich will nicht einmal erst des Näheren darlegen, dass Plinius überhaupt das nicht bezeugt, was ihn Corssen bezeugen lässt, sondern dafür auf Seelmann Ausspr. 115 ff. verweisen, der auseinandersetzt, dass gerade in der lateinischen Aussprache die Doppelkonsonanz voll zur Geltung kam. Aber ausführlich will ich hier wieder einmal die Statistik reden lassen. Etwa 285mal finde ich die erste Silbe von *ille* im Plautus in der Senkung ausserhalb des γένος ἴσον so gestellt, dass über die Quantität derselben nichts ausgemacht werden kann. Diese Fälle kommen bei Beurtheilung der Quantität also gar nicht in Frage. Aber auch die weiteren 750 Fälle. in denen die erste Silbe bei vorausgehender Kürze [1]) und vorausgehendem oder folgendem Iktus, also regelrecht nach dem Iambenkürzungsgesetz sich gekürzt zeigt [2]), haben hier auszuscheiden. Gerade wie oben S. 73 für *unde* geschehen ist. müssen wir es entschieden zurückweisen, wenn z. B. Klotz Metr. S. 47 als Beweis für angeblich von vornherein vorhandene Kürze des *il-* z. B. Epid. 326 *Hercle ĕgo illŭm* oder Amph. 660 *Năm quŏd ĭlle hŭc* (sic!) und anderes der Art anführt. Hier handelt es sich nur um denkbar einfachste Fälle des genannten Gesetzes. Und wenn Klotz seine Anwendung an den citirten Stellen darum ausgeschlossen zu glauben scheint, weil es sich um innere Senkungen handelt, so setzt er sich damit in Widerspruch mit seinen eigenen Aufstellungen S. 79. wo er für die inneren Senkungen sogar solch schwere Kürzungen wie *ĕ⁵rĭpe ĕx ŏ⁶re* (Stich. 716), *dŭ⁵mquĕ se ĕxŏ⁶rnat* (Stich. 696). *nĕ⁵ quis mi ŏbsti⁶terit* (Cpt. 791) zulässt, vor allem aber — da wir wenigstens zwei von diesen drei Stellen oben S. 9 Anm. 2 u. 46 Anm. 2 anders und hoffentlich besser erklärt haben

---

ut Trin. 137 *Ille qui mandauit*, u. 809 *Lepidăst illa caŭsa"* etc. Sein Versuch diesen Unterschied zu erklären ist recht unglücklich ausgefallen.

[1]) Nicht immer braucht diese Kürze ein Monosyllabum zu sein. Z. B.
     Mil. 1388: *Ipsŭs illic sése iam inpediuit in plagis*
und Stich. 679: *Inter illud tămen negótiŭm meis curáui amícis*
übt die betonte Schlusskürze eines zweisilbigen Wortes die verkürzende Wirkung auf *il-*. Vergleiche ähnliches (*Aufĕr ĭstacc, intĕr ĭstás* etc.) oben S. 56 Anm. 3.

[2]) Um die Statistik für mich möglichst ungünstig zu gestalten. habe ich alles hierher gerechnet. was diese Auffassung irgend zuliess.

und die dritte somit kaum noch Beweiskraft hat [1]) — mit seinem ausdrücklichen Zugeständnis S. 76, dass „gerade diese Kürzungen [nämlich der ersten Silbe eines mehrsilbigen Wortes nach vorausgehendem Monosyllabum wie nĕque ărgénti] in einem ziemlich erheblichen Umfange auch in den innern Senkungen der Iamben und Trochäen erscheinen". Jene 750 Fälle dürfen also selbst von Klotz nicht als ein Beweis dafür angesehen werden, dass ille auch ohne Wirkung des Iambenkürzungsgesetzes seine erste Silbe verkürzen könne.

Nach Ausscheidung der besprochenen zwei Gruppen findet sich ille in weitaus den meisten Stellen mit ausgesprochen langer erster Silbe und zwar nicht bloss, wo diese in Hebung steht (670mal), sondern auch in verschiedenen Lagen, wo die Quantität jener Silbe auch in der Senkung sich bestimmen lässt, also

erstens in der Senkung des γένος ἴσον: Bacch. 1079, 1149, 1154. 1192a, 1198, 1199; Curc. 141: Men. 984 = Most. 860; Mil. 1053 bis, 1083, 1085, 1093; Pers. 783; Pseud. 602(?), 1120; Trin. 276; Truc. 104; [2])

zweitens in der vorletzten Senkung iambischer und katalektischer trochäischer Verse und in der zweiten Senkung vor der Diärese iambischer Langverse, wo vor einem schliessenden iambischen Worte durchaus nicht wieder ein iambisches, sondern nur ein spondeisches resp. anapästisches stehen darf. Hierher gehören

a) Schlüsse iambischer Senare: cum illa⁵ cuba⁶t Amph. 112; illa⁵d dole⁶t Cpt. 152; quae illi⁵ dedi⁶ Cist. 1 2. 26; illae⁵c te anu⁶s ib. II 3. 14; quom illu⁵c aeni⁶t Men. 29; illo⁵c modo⁶ ib. 317; cum illo⁵c aga⁶m ib. 568; illae⁵c capra⁶ Merc. 240; illa⁵st capra⁶ ib. 266; illi⁵ tibi⁶ ib. 751; illi⁵ seni⁶ ib. 780; cum illo⁵ cuba⁶nt Mil. 65; Quo

---

[1]) Natürlich auch Merc. 176 nicht, wo nicht zu lesen ist Tŭquĭdem ex ore, sondern Tŭquĭdem ex óre. Büchelers oben S. 9 berührte Entdeckung scheint Klotz unbekannt geblieben zu sein. — Ueber Stich. 696 eine Vermuthung in § 13 I.

[2]) Dabei kann man gern zugeben, dass hiervon manche Verse nicht sicher hergestellt sind, andere, in denen dem ille ein elidirbares Monosyllabum vorausgeht, auch andere Skansion zulassen (z. B. Pseud. 1120 Ne illic homo oder Ne illic homo mit erlaubtem Hiat und Anwendung des Iambenkürzungsgesetzes).

illu⁵m sequa⁶r Pers. 717: *postilla⁵ data⁶st* Poen. 467; *postilla⁵ lucro⁶*
ib. 750; *quom illo⁵ fui⁶t* ib. 1052; *ä't ĕrga illu⁵m fui⁶t* Pseud. 1020:
illu⁶m patre⁶m Rud. 104; *illi⁵s ⸗ Ita⁶st* ib. 152; *illu⁵c modo⁶* ib. 786;
dum illi⁵c bibi⁶t Stich. 764; *quae illae⁵c sie⁶t* Trin. 6; *illi⁵ sciu⁶nt*
ib. 209; *nam illu⁵m tibi⁶* ib. 455; *illu⁵nc agru⁶m* ib. 520;

b) Schlüsse trochäischer Septenare: *eccilla⁷m domi⁸*
Aul. 781; *illi⁷ tace⁸nt* Cpt. 479; *illa⁷s fori⁸s* Cist. III 7; *illu⁷c redi⁸*
Men. 616; *illa⁷m mea⁸m* Merc. 480 [1]); *illu⁷c // Sapi⁸s* ib. 882; *eccillu⁷m*
domi⁸ Pers. 247; *illi⁷ gere⁸* ib. 605; *tu illu⁷m uide⁸s* ib. 670; *illi⁷st*
// Scio⁸ Poen. 336; *illi⁷ dato⁸* Pseud. 647; *illi⁷ // Lice⁸t* ib. 652;
gratula⁶re illi⁷ // Sequo⁸r [2]) Truc. 512;

c) Diäresenschlüsse im iambischen Septenar: *Oue¹m*
tibi e²ccilla³m dabo¹ Merc. 524 [3]).

Das wären im Ganzen also fast 60 Fälle von Länge der ersten
Silbe von *ille* in Senkung, zusammen mit den 670 Hebungsfällen
etwa 730 Belege unbezweifelbarer Länge des *il-*. Was hat man
diesen 730 Belegen gegenüberzustellen gewusst? Die Verkürzung der ersten Silbe soll für *ille* nach der üblichen Annahme nicht bloss

α) durch solche Stellen gewährleistet werden, in denen *ille*
ebenso wie *nempe* unter dem Iktus oder ganz in der Senkung
stehend pyrrhichische Geltung hat, sondern — und damit kom-
plicirt sich diese Frage beträchtlich gegenüber der nach der
Prosodie von *nempe unde inde quippe* —

β) auch durch solche Stellen, in denen *ille* mit der ersten
Silbe in der Senkung, mit der zweiten in Hebung stehend da
erscheint, wo ein Wort der Form ‿ ‿ im Allgemeinen nicht
zulässig ist.

Fälle der Art α zähle ich 80 (dabei ist abgesehen von
allem, was nicht nothwendig so gefasst werden muss), Fälle
der Art β 86. Ob nun ein Grammatiker sich finden wird, der
zugiebt, dass, wenn in 730 Fällen die erste Silbe eines Wortes
lang gebraucht ist, sie in 166 ohne jede ersichtliche Verschiedenheit der Ton- und Lautverhältnisse und ohne jeden metrischen

---

[1]) Anders, aber unrichtig, Götz. Cf. Richter Studem. Stud. I 627.
[2]) Schöll schreibt *illic* gegen die Hdschr.; warum, weiss ich nicht.
[3]) Auch hier mag das oben S. 99 Anm. 2 gemachte Zugeständnis gelten.

Zwang kurz gebraucht werden könne, möchte ich bezweifeln, und ich dächte, schon die Zahlen würden ihn dazu bestimmen zu sagen: jene 730 Fälle geben die Norm, an der unbedingt festzuhalten ist; die 166 Fälle aber, die sich in solcher Minderheit befinden, können, wenn anders der Ueberlieferung zu trauen ist, so lange nicht für genügend erklärt gelten, als ihre Erklärung mit jener Norm in Widerspruch steht.

Dieser Widerspruch aber wird noch viel sprechender werden, wenn wir etwa nur die Zahl der in Hebung „verkürzten“ *ille* mit der Zahl der in Hebung langen *il-* vergleichen: es kommen dann auf die 670 Fälle der letzteren Art nur 54 der ersteren. Bedenkt man weiter, dass Länge in der Senkung doch nur sporadisch zu konstatiren sein kann, weil die Quantität dort bloss im γένος ἴσον und in der vorletzten Senkung iambisch-trochäischer Verse zu fassen ist, so wird man wohl geneigt sein, den 60 Fällen, wo das möglich wurde, ein ganz anderes Gewicht zuzuschreiben als den 26 (α) + 86 (β) Fällen angeblicher Verkürzung des *il-* in der Senkung.

So erweist also die Grammatik sowohl wie der plautinische Gebrauch, dass die erste Silbe von *il-* lang ist und dass der Annahme einer Verkürzung derselben von den Thatsachen auf das Entschiedenste widersprochen wird. Wenn nun aber trotzdem *ille* sich theils im Werthe von zwei Moren (α) theils an Stellen findet, wo zweisilbige Worte mit langer erster Silbe im Allgemeinen unzulässig sind (β), so werden wir nach dem Gesagten nicht erst mehr zu erweisen brauchen, dass *il-* auch hier lang ist, sondern werden nur zu erklären haben, wie der Gebrauch α und β mit der Länge der ersten Silbe sich in Einklang bringen lässt. Dieser Paragraph soll die Erklärung für das zweimorige *ille* zu geben versuchen.

Bevor wir indess dazu übergehen, muss noch in Kürze ein Irrthum Klotz' und damit eine weitere Reihe von ihm angeführter Beispiele für die angebliche Kürze des *il-* beseitigt werden. Klotz sagt (Metr. S. 45), dass *ille iste ipse* auch „in ihren dreisilbigen casus obliqui ihre aus kurzem Vokal bei einfacher [?] Doppelkonsonanz [resp. kurzem Vokal + *st*, *ps*] bestehende Silbe verkürzen können“, und führt S. 46 dafür *illĭus* Bacch. 494, *istĭus* Trin. 552 an. An diese Messung glaubte freilich einst Ritschl (opusc. II 678 ff.), der jenen Genetiven, wie man weiss, wiederholte Behandlung hat zu Theil werden lassen, ohne einen befriedigenden Abschluss der Untersuchung zu erzielen. Dieser ist erst durch Luchs' bekannten trefflichen Aufsatz „zur Lehre von der Genetivbildung der lateinischen Pronomina" (jetzt in Studem. Stud. II 318 ff., vergl. bes. S. 354 ff.) gegeben worden. Klotz hat diese Abhandlung entweder nicht gekannt oder nicht gewürdigt; ich meine, dass in derselben mit Evidenz dargethan ist, dass *illius* etc. öfters nur einen Fuss füllen, nicht weil *il-*, *ist-*, *ips-* verkürzt sind, sondern weil jene Genetive in plautinischer Zeit eine zweisilbige Nebenform hatten [1]. *Illius istius* beweisen also endbetont nichts gegen, anfangsbetont sogar für die Länge des *il-*.

Was nun die Beispiele angeht, die hiernach für *a* übrig bleiben, so werden wir wohl jedem Zweifel an ihrer Deutung enthoben sein, sowie sich darthun lässt, dass in jener angeblich pyrrhichischen Geltung nur solche Formen von *ille* vorkommen, die in der zweiten Silbe einen kurzen Vokal haben, der synkopirbar ist, ohne dass durch die Synkope unerträglich harte Konsonantengruppen entständen. Wenn also von *ille* nur folgende Formen sich als „pyrrhichisch" oder besser: als zweimorig erweisen lassen: *ille illa* (Nom. Sing. Fem. und Nom. Acc. Plur. Neutr.) *illud illic* (Nom. Sing. Masc., der bei Plautus bekanntlich stets das *i* der zweiten Silbe kurz hat, Luchs comment. prosod. I 9 f.), dann können wir, ja müssen wir offenbar den „pyrrhichischen" Gebrauch von *ille* genau so erklären, wie wir den von *nempe inde unde quippe*, den von *atque* und *neue* und vieles andere der Art im Vorhergehenden erklärt haben: durch Synkopirung des Vokals der zweiten Silbe.

Zum Beweise, dass wirklich andere Formen von *ille* sich nicht „pyrrhichisch" gebraucht finden, genügte es hier eigentlich den einen Satz aus Klotz' Metrik auszuschreiben (S. 49): „Natürlich kann auch eine solche Kürze wie die erste Silbe von *illaec* oder *illum* vor Konsonanten, nicht eine s. g. breuis breuians sein, d. h. ein solcher Iambus kann unter keinen Umständen durch

---

[1] Der sprachwissenschaftlichen Erklärung dieser Erscheinung durch Luchs kann man freilich heute nicht beitreten.

das metrische Kürzungsgesetz [d. h. das Iambenkürzungsgesetz] zum Pyrrhichius werden." Warum das „natürlich" ist, wird uns leider nicht auseinandergesetzt; ein Unbefangener wird es eher widernatürlich finden. Denn wenn *illĕ* für Plautus prosodisch genau den gleichen Werth wie etwa *bŏnŭs* hatte (nach Klotz' Annahme sagte er ja *illĕ qui* oder *illē qui* so gut wie *bŏnŭ' qui* oder *bŏnŭ' qui* und setzte er *illum* vor der Diärese des iambischen Septenars so gut wie *bŏnum*), dann ist auch nicht ein Schimmer eines Grundes abzusehen, der Plautus hätte verhindern können, *illos* oder *illos* ⌣ (Acc. Plur.) so gut pyrrhichisch zu messen wie *bŏnŏs* (Acc. Plur.) oder *bŏnŏs* ⌣. Es liegt hier offenbar ein unlösbarer Widerspruch in der bisherigen durch Klotz vertretenen Anschauung, und andererseits giebt gerade das, was in dieser Anschauung widerspruchsvoll ist, der unsrigen die sicherste Bestätigung. Plautus kennt „Kürze der ersten Silbe" d. i. zweimorige Messung bei *ille* nur dann, wenn auch die zweite Silbe kurz ist, d. h. er hat diese zweite Silbe gelegentlich synkopirt.

Wir wollen uns aber nun nicht bloss auf jenen Klotzischen Ausspruch verlassen, sondern auch selber im Plautus Umschau halten, zumal wir, um die Richtigkeit der Synkopirungstheorie völlig darzuthun, doch auch hier erst wieder noch nachweisen müssen, dass sich nie *ille* (resp. *illa illum illam illi illo*) mit Kürze der ersten und Elision der zweiten Silbe vor vokalischem Anlaut des folgenden Wortes findet[1]). Da ergiebt sich denn zunächst thatsächlich, dass ein *illŏs illās illā* (Ablativ) *illī illūnc illīc* (Adv.) etc. oder ein antekonsonantisches *illūm illām* im Plautus anzunehmen nichts nöthigt. Die Fälle, wo die Ueberlieferung dergleichen zu geben scheint, sind allermeistens einfach durch Streichung des dem Pronomen angehängten -c in Ordnung gebracht. So Amph. 249 (überliefert *illic* st. *illi*), 534 (desgl.), 594 (desgl.); Aul. 705 (*illuc* oder *illic* überliefert st. *illo*); Cpt. 94 (überl. *Nam Aetólia haéc est, illic est captus in Álide*)[2]); Mil. 288

---

[1]) Dagegen würde es für uns nichts verschlagen, wenn synkopirtes *illic* und *illud* sich sowohl antevokalisch wie antekonsonantisch fänden. Es ist aber nur das erstere der Fall.

[2]) Diese Ueberlieferung ist in Ordnung, sowie man das -c von *illic* streicht und entweder mit Leoscher Verschleifung *cápt' in Álidé* liest (der Daktylus

(überliefert *illic* [*illa* [1]] aus *illas* B] statt *illi*); Pers. 746 (überl. *illic* st. *illi*); Pseud. 758 (desgl.) [2]). Wie gering in diesen Fällen die Autorität der Handschriften anzuschlagen ist, geht aus zwei Thatsachen hervor. Erstens differiren die Handschriften öfters an einer und derselben Stelle unter einander im Gebrauch der Formen mit und ohne -*c* [3]), zweitens geben die Handschriften oft das -*c* nicht, wo es entweder der plautinische Sprachgebrauch [4]) oder der Vers [5]) entschieden verlangt. Zudem liegt anscheinend bei allen vorhin angeführten Stellen eine planmässige Abänderung durch einen Korrektor vor, der an Stelle der späterhin ungebräuchlichen Adverbien *illi* und *illo* die ihm

---

cáptŭs in ist jedenfalls unzulässig) oder, was man wohl vorläufig vorziehen wird, mit **Brix** das *in* tilgt. Vergl. V. 330: *illic ápud nos séruit cáptus Álide.*

[1]) d. i. *illei?* cf. **Löwe** anal. Plaut. 197, 207, 213; **Baier** de Plauti fab. rec. S. 87, 103.

[2]) Ein paar weitere Stellen, an denen *illic* für *illi* überliefert ist, siehe bei C.F.W. **Müller** plaut. Prosod. 331, wo ich auch die meisten von den obigen bereits zusammengestellt finde.

[3]) Hier Beispiele: Amph. 417 (*illic* BDJ. *illi* E), 766 (desgl.), 780 (*illi* BE, *illĭ* D, *illic* J); Asin. 295 (*illaec* die Plautuscodd., *illa* Non. 232, 16); Cas. 804 (*illaec* die Plautuscodd., *illae* Fest. 377, 29); Capt. 323 (*illi* BDE, *illi uel lic* J, *illi* V und sub uerbo „*l c*“ V² [**Schöll** praef. Cas. S. XXVIII]); Merc. 570 (*illuc* B, *illo* CD), 584 (*illi* CD, *illic* B); Most. 73 (*illuc* B¹C, *illud* B²D), 586 (*illum* A, *illunc* P), 610 (*ille* B², *illic* rell.), 792 (*illi* B¹, *illic* AB²CD), 1069 (*illo* A, *illoc* P); Pers. 190 (*illic* B, *illi* rell.), 738 (*illunc* B, *illum* ACD); Stich. 471 (*illi* A¹, *c* supra lineam add. tachygraphus).

[4]) Cf. **Luchs** Herm. VI 278 ff., Studem. Stud. I 368 Anm.; **Brix** krit. Anhang zu Mil.² 63. Leider ist es bis jetzt nicht geglückt, abgesehen von solch einzelnen Beobachtungen, Gesetze für den Wechsel der -*c*-haltigen und -*c*-losen Formen auch im Singular des Demonstrativpronomens zu finden. Diese Gesetze würden freilich hier, wo dem -*c* anders als im Plural (s. oben S. 54) meist Vokale vorausgehen, kaum wie dort lautlicher Natur sein können.

[5]) In einer grossen Reihe von Fällen ist durch Einsetzung von -*c* unstatthafter Hiatus zu beseitigen (Aul. 671; Bacch. 196, 577, 799, 913; Cist. I 2. 4; Ep. 535; Men. 304, 828, 842, 952; Poen. 614, 1302; Pseud. 1019; Rud. 1354; Trin. 776; Truc. 200; noch anderes bei **Brix** zu Miles² 352). Wenn eine Anzahl dieser Stellen wieder bei **Klotz** Metr. S. 102 ff. paradirt, um Zulässigkeit verschiedener Hiate zu beweisen, so haben unsere Zusammenstellungen in den vorhergehenden beiden Anmerkungen wohl gezeigt, dass ihre Beweiskraft gleich null ist.

geläufigeren Formen *illic* und *illoc* resp. *illuc* setzte. Bezeichnend sind für diese Thätigkeit von den in Anm. 3 auf S. 104 aufgezeichneten Stellen namentlich Amph. 780, Capt. 323, Stich. 471.

Die Stellen, wo es mit der Streichung von -*c* nicht abgethan ist, sind ganz vereinzelt und nachweislich korrumpirt, ja bisweilen erst durch die modernen Kritiker in eine Form gerathen, die zur Annahme von *illăm* u. dergl. nöthigt [1]). Zwölf solche Stellen findet man bei C. F. W. Müller Prosod. 337 gesammelt; ich weiss ihnen kaum etwas hinzuzufügen. Sie müssten schon dadurch verdächtig werden, dass sie 91 andern (s. oben S. 100) gegenüberstehen, die, wie wir sehen werden, der Annahme der Synkopirung sich ohne weiteres fügen; sie sind aber meist auch aus andern Gründen sehr bedenklich oder gar zweifellos unrichtig. So der aus der besseren Ueberlieferung des Ambrosianus hergestellte Vers Stich. 162 in den Palatinen. Ebenso leitet Rud. 559 der Palimpsest auf Fleckeisens *Quíd illuc óbsecró negótist* statt des *Quid íllŭc ĕst óbsecró negóti* der Palatinen. Sicher gebessert sind ausserdem Men. 793 (*Si* statt *Sine*, cf. C. F. W. Müller Fleckeis. Jahrb. 83, 262). 308 (*Habes* statt *Habitas*): Most. 205 (durch Streichung von *Solam*, das sinnlos und aus 204 eingedrungen ist); Trin. 495 (durch Streichung von *An*, cf. Richter Studem. Stud. I 420): Pseud. 880 ist *illos* unverständlich, Bergks *tuos* statt *tu illos* sehr wahrscheinlich (cf. Bach Studem. Stud. II 324). Trin. 792 zeigt die Ueberlieferung

---

[1]) Um des löcherigen (oben S. 98 f.) Gesetzes willen, dass Iambenkürzung von den inneren Senkungen iambisch-trochäischer Verse möglichst ausgeschlossen sei, muthet Klotz Metr. 57 für Merc. 435 dem Plautus nicht nur die monströse Messung *ĕcce íllum uídeo* mit doppeltem starkem Verstosse zu, sondern überhaupt einen Vers, der kein Vers ist. Er bricht sein Citat leider hinter *uídeo* mit einem „etc." ab; ich wüsste auch nicht, wie er weiter hätte kommen wollen: *Éccíllum uídeo iŭbet quinquĕ me* (Iliat) *áddere* etc.? Natürlich steht der Vers bei Götz vollkommen richtig:

Éccíllŭm uídeó: iŭbĕt quinque

und ist ein sprechender Beweis, wie wenig an der Kürzung in innerer Senkung Anstoss genommen werden darf. Es würde hier Kürze des *il-* höchstens auf Grund des Dipodieengesetzes behauptet werden können. Darüber unten § 10.

auch in *perdidit* einen Schaden: Lachmann schrieb, wenigstens prosodisch tadellos:

Ille quem hábuit périit, álium póst fecit nouóm,

was der neueste Herausgeber Niemeyer verschlimmbessert, indem er *periit* aufnimmt, aber *Illum* der Handschriften stehen lässt. Merc. 385 hat Brix Philol. XII 654 das *Iam* m. E. mit Recht als sinnlos bezeichnet und gestrichen (vergl. auch Bach a. a. O. 360). Epid. 714 bietet auch abgesehen von *illuc* Schwierigkeiten, cf. Richter a. a. O. S. 470 f. [1]). Danach bleiben die drei Stellen Men. 897. Most. 1155 und Pseud. 1098. welcher ganze Vers mehr als einmal verdächtigt worden ist. Dass heute Jemand an einer von diesen drei Stellen die Ueberlieferung ungeändert passiren liesse, ist mir nicht bekannt. und in jedem Falle sind drei Verse gewiss nicht geeignet den Klotzischen Satz umzustossen: „die erste Silbe von *ille* ist keine breuis breuians". Wir aber dürfen uns erlauben als zunächst erreichtes Resultat den Satz in diesen Worten wiederzugeben: „Zweimorig sind nur die synkopirbaren Formen von *ille*".

Die nächste Frage, die wir uns vorlegen müssen, ist, wie oben S. 101 angedeutet, die, ob jemals *ille* vor Vokal mit Elision der zweiten Silbe im Werthe von nur einer More erscheint. Einen Vers, in dem die Ueberlieferung dergleichen giebt, führt Müller a. a. O. an, Most. 362:

Sed ego súmne ille ínfélix quí non cárro cárriculó domúm,

wo *il-* sogar als breuis breuians erscheint. Ueber diesen Vers sagt Kellerhoff Studem. Stud. II 54 unter anderm: „*Ille* ab sententia ac loquendi usu Plautino abhorret". Daher ist es bei Lorenz [2] mit Recht getilgt. Ausserdem ist mir nur ein Fall noch

---

[1]) **Richter** folgt der Personentheilung der Handschriften:
EP. *Abi modo intro.* AP. *Ei, non illuc témerest.* PER. *Adserua istum,*
Apoécidés
und erklärt *Ei* für den Imperativ. Ist das richtig, so liesse sich der Vers am einfachsten durch Einführung von zweimorigem *ill(u)d* für *illuc* herstellen, nur dass dies *ill(u)d* doch im Allgemeinen, besonders aber hier Bedenken einflösst, worauf nachher zurückzukommen ist.

bekannt, den man hierher könnte rechnen wollen [1]), Epid. 135, überliefert:

Illam amabam olim: nunciam alia cura inpéndet péctori.

Götz' Vermuthung, dass 135 ff. unecht seien, scheint mir nicht genügend begründet, kann auch schliesslich nicht der Nothwendigkeit überheben den einzigen metrisch-prosodischen Anstoss in diesen Versen zu beseitigen oder zu erklären. Langen Beitr. S. 287 will *nunc iam* gegen den ständigen plautinischen Gebrauch (gegen den Capt. 266 mit dem auffälligen Subjektswechsel und der Prologvers Amph. 38 nur schwache Instanzen sind) zweisilbig lesen, ist aber jedenfalls entschieden gegen *illam*. Müller a. a. O. vermuthet *nunc mi alia*. Mir ist zweifellos, dass hier die Messung, die Müller aus der Korruption der Ueberlieferung erklärt [2]), die echte richtige ist: *āmăb(am)*. Dass zunächst an der Kürzung in innerer Senkung kein Anstoss zu nehmen ist, haben wir oben S. 98 f. und S. 105 Anm. gezeigt [3]). Des weitern würde die Verkürzung von *amábam* ohne Elision der

---

[1]) Müller behandelt ihn Nachtr. 38, ohne dieser Möglichkeit zu gedenken. — Nicht erst erwähnt habe ich gelegentliche verkehrte Skansionen wie *Illam inúltum sínam seruom hóminem* Epid. 328 bei Zander uersus Italici S. CV, dessen Anstoss an Götz' Messung *Illam inúltum sínam séruom hóminem* mit einem Choriambus statt des Kretikus an letzter Stelle freilich berechtigt ist (cf. Spengel Reformvorschl. 74), oder wie *culcitúlam íllum ópórtet* Most. 894, wo die Ueberlieferung überhaupt kein *illum* giebt, bei Spengel a. a. O. S. 301.

[2]) Auch sonst dürfte hin und wieder eine Messung, die Müller nur ironisch anführt, vollkommen ernsthaft zu nehmen sein. So Merc. 782 (cf. Müller Prosod. S. 444):

Sĕquĭmínī   Fortásse tŭ íllam mirari coquom.

Dies *Sĕquĭmínī* im Verseingang vergleicht sich genau den *Nĕmĭnĕm, Ĕnĕās* etc., über die Klotz S. 61 ff. trefflich handelt. Im Innern, iambisch-trochäischer Verse können *ĕnĕās* etc. so wenig sich finden wie *turbĭda, sĕquĭmĭnī* so wenig wie etwa *Mĭnĕrŭā*, das doch nach der einleuchtenden Vermuthung von Havet cours élém. d. métr.[2] § 134 (cf. Verf. de nom. suff. -no- ope form. S. 7 Anm.) Bacch. 893 im Verseingang steht. Hier war also auch ein *sĕquĭmĭnī* so gut gestattet wie in den Anapästen Cas. 165 (cf. *sĕquĭmĭnī ∸* in Anapästen Bacch. 1205).

[3]) Speziell bei Elision der letzten Silbe eines Trisyllabums nimmt auch Klotz selbst einmal Behandlung des Wortstumpfes nach dem Iambenkürzungsgesetz in innerer Senkung an (Bacch. 51, cf. Metr. S. 83).

letzten Silbe freilich auch ich für kaum denkbar ansehen. Denn
hier scheint mir Klotz S. 91 u. ö. im allgemeinen mit Recht
hervorzukehren, dass die zu kürzende Silbe nicht den Sprachaccent tragen dürfe [1]). Aber in der Verbindung *amabam olim*,
wie sie in jenem Verse steht, liegt ein starker Accent auf dem
ó(lim), und sonach scheint mir hier die Verkürzung des ver-
balen Stammauslauts gerade auf der Stufe zu stehen wie in
Vĕrĕbámini bei Terenz Phorm. 902, wo ich mit Klotz, der passend
călĕfíeri vergleicht [2]), die Überlieferung für weitaus vorzüglicher
halte als alle alten (cf. codd. D²BCP) und modernen Konjekturen. Und mit umsomehr Zuversicht trete ich für diese Ueberlieferung ein, als mir ein Zweifel an der sprachlichen Natur

---

[1]) Widersprochen hat Seyffert Berl. phil. Woch. 1891, 880. Die Frage
bedarf genauerer Untersuchung, statt deren hier ein paar Andeutungen genügen
mögen. Mil. 69 ist Klotz' Vermuthung (S. 82) *Mŏlĕstae hae sunt* freilich
schlecht, aber auch *Mŏlĕstaé sunt* verstösst nicht gegen sein Gesetz, da *sunt* hier
zweifellos enklitisch war, der Iktus also dem Wortaccent entspricht. Für
sĭmĭllŭmae sătĕllĭtes ist freilich Klotz' Hinweis auf die „Natur des *l* mouillé“
(S. 92) eine Verirrung, aber um so berechtigter sein Hinweis auf eine ältere
Betonungsweise. Langen (de grammat. Lat. praecept. quae ad accent. spect.
Diss. Bonn 1857, S. 17 ff., Philol. XXXI 109 ff. und XLVI 412) hat erwiesen,
dass in plautinischer Zeit für Wörter der Form ‿ ‿ ‿ ∸ noch Betonung
auf der ersten Silbe Regel ist, worin man natürlich ein Residuum des älteren
Accentes (oben S. 40 f.) zu sehen hat. Da nun dieser ältere Accent in Fällen
wie *sĭmĭllŭmae sătĕllĭtes* nach dem Iambenkürzungsgesetz Kürzung der zweiten
Silbe hervorbringen muss, so treten solche Worte in die plautinische Periode
in dem prosodischen Werthe ‿ ‿ ‿ ‿ ein und können in dieser folglich
den Accent auf der ersten Silbe so gut behalten wie *mălitia mĭseria*. Ebenso
ist bei Plautus *săgĭtta* kein Beweis dafür, dass er die Tonsilbe gekürzt habe
(weshalb es auch von Klotz 87 f. nicht beanstandet werden durfte); es kann
für ihn ein Proparoxytonon sein so gut wie *légite*. Das sind Gesichtspunkte,
die bei der Durcharbeitung des Materials nicht ausser Acht zu lassen wären. —
Uebrigens wird man ja die Verkürzung von *ămáb(am)* um so eher zugestehen,
je weniger man an Nichtverkürzung der Tonsilbe glaubt.

[2]) So auch *ămĭcĭtia pŭdĭcĭtia* zweifellos richtig überliefert (Müller Prosod.
266 f., 275; Klotz M. 89; wegen Epid. 541 siehe Bach Studem. Stud. II 295
Anm. 2). Wenn die Schlusssilbe des Verbalstamms im Imperfektum nur selten
verkürzt erscheint (wohl nur noch *Vĭdĕbátur* Rud. 601), so bedenke man, dass
die nicht auf dieser Silbe betonten Imperfektformen (also Plural des Aktivums
und die Mehrzahl der Passivformen) bei Plautus überhaupt ungemein wenig
gebraucht werden.

des Iambenkürzungsgesetzes ausgeschlossen scheint (vergl. oben S. 7 Anm. 1 und 47 Anm.). Dann nämlich muss bei der Ton- und Quantitätslage in *nĕrĕbámini* nothwendig Verkürzung der zweiten Silbe eingetreten sein; zarte Rücksichtnahme auf die ursprüngliche Quantität hätte es hier vielleicht für den Dichter geben können, giebt es aber nicht für die Sprache. Ich denke also, wir sind durchaus berechtigt zu skandiren:

Íllam ămābam ólim: núncĭam ália cúra inprândet péctori.

Umso weniger kann natürlich ein Zweifel daran bestehen, dass in Fällen wie Epid. 565:

Ũt emerétur: ílle eam rem ádeo sóbrie ĕt frugáliter

oder ib. 221:

Eã praestŏlabátur illum apud pórtum || Víden uenéficám

zu skandiren ist *ílle ĕām* (oder *ēãm*) *rem ádeo* resp. *illum ăpŭd pórtum*, nicht etwa *ílle ĕãm rem ádeo* oder *íllum ăpŭd pórtum*.

Zwei Thatsachen haben sich uns sonach ergeben:

I. Zweimorigkeit von *ille* findet sich nur in den synkopirbaren Formen (oben S. 106) und

II. Zweimorigkeit von *ille* findet sich immer nur vor Konsonanten, wird nie etwa vor Vokalen zur Einmorigkeit.

Die pyrrhichische Auffassung des zweimorigen *ille* vermag weder das eine noch das andere Faktum zu erklären. Das kann nur die Annahme einer Synkopirung der zweiten Silbe. Und bevor wir nun das plautinische Material durchmustern, dürfen wir wohl darauf hinweisen, dass das von uns anzunehmende *il(le)* in romanischen Pronominalformen seine Bestätigung erhält. *Il renórtitur*, wie wir es bei Plautus finden werden, kann genau dem span. *el reverte* und (vom Verbum abgesehen) dem franz. *il revient* entsprechen. Auch für das Fem. *il(la)* scheinen die romanischen Sprachen der Analogieen nicht ganz zu ermangeln; siehe z. B. Aust Beitr. z. französ. Laut- und Formenlehre, Diss. Breslau, S. 39 No. 47 [1]). Nach

---

[1]) Herr Dr. Appel verweist mich auf seine „Provenzalischen Inedita“, Leipzig 1890, S. XVIII, wo Fälle des weiblichen Artikels *l. l'* (enklitisch) zusammengestellt sind, mit dem Bemerken: „*a* kann lautgesetzlich im Proven-

allem dem kann wohl ein Zweifel an der Beurtheilung der folgenden Zusammenstellungen nicht mehr obwalten.

I. *Ille.* Nöthig erscheint es einige Worte über die Verbindung *ille quidem* vorauszuschicken, die auch für *illāquidem* (Femin.) Geltung haben. Wo diese beiden Verbindungen in iambisch-trochäischen Versen mit dem Ton auf der ersten und, wo diese nicht elidirt ist, vierten Silbe sich finden [1]), scheinen sie gegen das Gesetz zu verstossen, dass zweisilbige Senkung nicht durch Wortschluss getheilt werden darf, und daraus hat man denn wohl geschlossen, dass in solchem Falle beide Silben von *ille* resp. *illa* in die Hebung fallen, das Pronomen also pyrrhichisch (vielmehr nach unserer Auffassung einsilbig) sei. Es ist allerdings möglich, dass *ĭlquidém* gesprochen wurde, aber aus jenem Gesetze folgt es nicht. Denn das Gesetz wird auch durch *ĭllĕ quĭdém* nicht verletzt, da diese Verbindung zweifellos als ein Wort galt, wie Luchs (Hermes VI 277 Anm., comment. prosod. II 3 ff., cf. oben S. 9 Anm. 2) dargethan hat. *Ille-* und *illaquidem* können hier also ausser Betracht bleiben. Hiervon nun abgesehen findet sich zweimoriges *ille* [2]):

A. unter dem Iktus:

Amph. 660: Méus uir híquidemst // Séquere hac tú me // Nám
quid íll(e) reuórtitúr;

Aul. 656: Périi hercle: íll(e) nunc íntus túrbat. húnc si amítto,
hinc ábierít;

---

zalischen nicht fallen." — So schlagend, wie es beim ersten Blick wohl scheinen könnte und wie Quichérat (siehe § 14) geglaubt hat, ist leider die Identifikation der plautinischen und romanischen Formen nicht; es lassen sich letztere wohl sämmtlich auch als lautgesetzlich in den Einzelsprachen entstandene Vertreter lateinischer zweisilbiger Grundformen fassen (span. *el* == *illo(m)*, aber nicht == *ille*, denn dies ist gemeinromanisch durch *illi* ersetzt, A. Darmesteter mélanges Renier S. 152 f.). Aber wahrscheinlich genug bleibt m. E. die im Text vorgetragene Ansicht.

[1]) Die Belege bei Luchs an den gleich zu citirenden Stellen; *illaquidem* Nom. Sing. nur Mil. 483.

[2]) Sämmtliche hier und weiterhin folgenden Stellen sind mit einer Unmenge unnützer Konjekturen überschüttet worden, die zu erwähnen zwecklos wäre.

ib. 710: Videó recípere sé senem: íll(e) me nón uidét;

Bacch. 886: Et égo te et íll(e) mactámus ínfortúnió;

ib. 950: Doli égo depréusus sum: íll(e) mendícans paéne inuéntus
interít [1]);

Cas. 432: Vt íll(e) trepidábat, út festínabát misér;

Cist. I 1. 97: Coépi amáre cóntra ego íllum et íll(e) me // O
méa Seléniúm [2]);

Men. 57: Epidámniénsis íll(e) quem dúdum díxeram;

Mil. 262: Nam íll(e) non pótuit quín sermóne suo áliquem fá-
miliáriúm;

ib. 830: Nego hércle uéro: uam íll(e) me uótuit dícere;

ib. 1233: Ergo íste métus me mácerat quod íll(e) fastídiósust [3]);

Trin. 672: Íll(e) qui aspéllit, ís compéllit; íll(e) qui cónsuadét,
uetát;

ib. 853: Íll(e) qui mé condúxit, úbi condúxit, ábduxít domúm [4]);

B. vor (resp. nach) dem Iktus:

Ampl. 988: Ill(e) náuem sáluam núntiát aut írati áduentúm senís;

Asin. 637: Ill(e) quí illas pérdit sáluos ést: ego quí non pérdo péreo;

---

[1]) Anfang und Schluss nicht ganz sicher, aber *ill(e)* scheint unzweifelhaft.

[2]) So der Palimpsest. Die Palatinen fügen noch / *Quid est* an, das
früher zu maucher falschen Aenderung verleitet hat. — In dem lückenhaft
überlieferten Verse ib. IV 2. 73 schreibt Bothe:
At enim *ill(e)* quidam árgentum éxpetit 〈/ At enim éxpetit nequicquam〉.
Hier ist die zweite Hälfte unrichtig ergänzt, die erste unsicher.

[3]) Das letzte *t* fehlt in B, was kein genügender Grund ist, um *illest* zu
konjiciren, zumal bei der Beschaffenheit von B im Miles (oben S. 90 Anm. 1).

[4]) In einer Anzahl weiterer Verse ist die Messung *ill(e)* zwar nicht nöthig,
aber doch theils wahrscheinlich theils wenigstens möglich. Hierher gehören
erstens solche Fälle, in denen die Messung *Íllĕ* zur Ansetzung durch Wortschluss getheilter Senkung im ersten Fuss trochäischer Septenare führt (vergl.
oben S. 35 Anm. 4 und S. 70 Anm. 3):
Bacch. 550: Ille quod in se fúit, adeúratum hábuit quód possét mali (l.
Íl quod oder Íllĕ quŏd in oder auch Íllĕ quŏd in se; B hat Ipse für Ille,
was Bach Studem. Stud. II 344 für richtig hält);

. Capt. 463: Ille miserrumúst qui, quom ésse †cupit, quód edit nón
habet (l. Íl misérrumúst oder Íllĕ misérrumúst oder auch Íllĕ misérrumúst);

Curc. 356: Ille suom ánulum ópposiuit, inuocát Planésiúm (l. Íl sŭom
ánulum oder Íllĕ sŭom ánulum oder auch Íllĕ sŭom ánulum);

Capt. 105: Ill(e) démum antíquis ést aduléscens móribús;

Cist. 1 3. 20: Ill(e) clam óbseruáuit séruos - ⌣ – ⌣ – [1]);

Epid. 336: Nec míhi plus ádiuménti dás quam ill(e) quí num-
quam étiam nátust [2]);

Merc. 532: Ill(e) tĕ hŏmo: ita édepol déperít: atque hódie prímum uídit;

Mil. 120: Ill(e) ⟨quí⟩ [3]) me cépit, dát me huic dóno mílití;

Most. 210: Tu iám quod quaérebás habés: ill(e) té nisi amábit
últro;

Poen. 72: Ill(e) quí surrípuit púerum Cálydonem áuchít;

Mil. 179: Ille mihi ábiens ita respóndit sé sectári símiám (l. Íl míhi
ábiens oder Íllĕ míhi ábiens oder auch Íllĕ mi ábiens);

ib. 713: Ille misérrumúm se rétur mínumum qui misit mihi (l. Íl misérrumúm
oder Íllĕ misérrumum oder auch Íllĕ misérrumúm, cf. oben Capt. 463);

ib. 1192: Ille iubébit me íre cúm illa ad pórtum, ego ádeo ut tú sciás
(l. Íl iubébit oder Íllĕ iŭbébit);

Poen. 563: Ille negábit: Mílphiónem quaéri cénsebit tuóm (l. Íl negábit
oder Íllĕ nĕgábit).

Aber auch im Versinnern sind bisweilen Doppelskansionen möglich:

Bacch. 281: Perii hércle: lémbus ill(e) mihi laedít latus oder: íllĕ mí;

ib. 898: Vt iúrat: séruat me ill(e) súis periúriis oder: íllĕ súis;

Capt. 399: Nón tuóm tu mágis uidére quam ill(e) súom gnatúm cupít
oder quam íllĕ súom;

Merc. 446: Númquam edepól fuit neque fíet ill(e) senéx insániór oder
íllĕ sĕnĕx;

Poen. 620: Et ill(e) chlamydátus quisnamst qui sequitúr procúl oder
Ét íllĕ chlámydátus;

Stich. 559: Hércle qui aéquom póstulábat ill(e) senéx, quandóquidém
oder íllĕ sĕnĕx (cf. oben Merc. 446).

[1]) Der Schluss des Verses fehlt in den Handschriften.

[2]) Schreibt man mit Götz die erste Vershälfte wie oben, so muss am
Schluss *nátust* aus B aufgenommen werden, um anapästisches Metrum zu erzielen. Setzt man *nátŭs ést* mit E (Götz praef. Curc. pg. XII) und J, so
muss nothwendig mit B in der Versmitte *ádiuménti ădés* geschrieben werden,
damit der dann iambische Vers reine vierte Senkung habe. Die erstere
Möglichkeit scheint sich mehr zu empfehlen; *ill(e)* wird von der einen wie
von der andern erfordert.

[3]) *qui* fehlt in den Hdschr.

ib. 119: Ill(e) quí ädoptávit húnc pro filió sibí [1]);
ib. 182: Ill(e) mé censébit quaéri: cóntinuó tibí;
Rud. (141: Ill(e) quí uocávit núllus uénit // Ádmodúm) [2]);
ib. 1240: Ill(e) quí consúlte, dócte atque ástuté cauét:
Trin. 137: Ill(e) quí mandávit éxturbásti ex aédibús.

II. *Illic* (Nom. Sing.). An der Ansetzung einer synkopirten Form *il(li)c* wird um so weniger Anstoss zu nehmen
sein, als die Synkope zwischen *l* und *c* zu den leichtesten gehört. Als interessantes Beispiel sei hier *fulca* (neben *fulica*)
genannt, wie in dem Vers des Furius Antias bei Gellius XVIII
11. 4 (Bährens poet. lat. fragm. S. 277; cf. Fleckeisen Jahrb.
97, 574; Hertz opusc. Gell. S. 106 Anm.) vielleicht nicht zu
schreiben, aber jedenfalls zu sprechen ist:

  Sicut *ful(i)ca* lenis uolitat super aequora classis.

Das Romanische setzt manches derartige voraus: *pul(i)cem*
puell(i)cellus sil(i)cem al(i)cunus u. a., wofür die Belege bei Körting
lat.-roman. Wörterb. s. v. Zweifellos ist also die Annahme eines
il(li)c weit sprachgemässer als der einst von Luchs, welcher
eben auch an der Kürze der ersten Silbe von *ille* zu zweifeln
scheint, gemachte Vorschlag (Studem. Stud. I 363 Anm.), für *illic est*,
wo es nur einen Fuss füllt, zu sprechen *illic 'st* (und entsprechend
istic'st). Dass dieser Aussprache „nichts entgegensteht", kann ich
nicht mit Luchs finden; nur dann wäre sie überhaupt denkbar, da
ein Vokalverlust dieser Art im Latein unerhört ist, wenn man mit
Havet mém. d. l. soc. d. lingu. V 159 glauben dürfte, dass
im Latein von jeher neben der Flexion *es est* eine vokallose
s st bestand. Aber das kann man nicht glauben, da jenes
vokallose *s, st* sich nur nach Vokalen resp. Vokalen $+ s$ oder
Vokalen $+ m$ findet [3]), und Luchs' *illic'st* ist also abzulehnen,

---

[1]) Der diiambische Versausgang ist verdächtig; der Versanfang wird
dadurch aber nicht berührt.

[2]) So wurde bisher meist geschrieben. Die Handschriften geben *Illu*
(*l*) *tui*. Schölls Vermuthung *Ita '/ Qui* etc., die auch Sonnenschein
aufgenommen hat, ist recht ansprechend.

[3]) Die Parallelität des Verhaltens nach *s* und nach *m* übersieht auch W.
Schulze KZ XXVIII 268, der *nanctust* aus *nanctu[s e]st, nanctu'ss* (s. oben
S. 60 Anm.) aus *nanctu[s e]ss[i]* durch syllabische Dissimilation (s. oben

selbst wenn man davon absieht, dass in dieser Weise nur ein kleiner Theil der prosodisch auffälligen Formen von *ille* erklärt wäre [1]).

Wir treffen zweimoriges *illic*:

A. unter dem Iktus.

1.) Hierher gehört mit Sicherheit wenigstens ein Theil der 18 Beispiele der Verbindung *illic homó*, für die man die Belege bei Luchs Hermes VI 278 f. sehe (doch ist Pseud. 1120 zu streichen, der von Götz richtig anapästisch skandirt worden ist und daher *illíc hómö* verlangt, und dafür Truc. 593 einzufügen, in dem Fleckeisen und Schöll zwei katalektische iambische Tripodieen sehen:

Séd quisnam íl'c homóst   qui ípsus sé comést) [2]).

nämlich die vier Fälle, in denen *illic homó* im Versinnern erscheint, weil hier, wie öfters schon bemerkt, Wortschluss innerhalb der Senkung nicht gestattet ist [3]): Cas. 967; Pseud. 667;

S. 15) entstehen lässt. Leo ind. lect. Rostoch. 1887/88 hat hier einleuchtend seine Hypothese über Wegfall eines wortschliessenden *s* auch vor vokalischem Anlaut (siehe oben S. 43 Anm.) verwerthet. Es würden sich nach dieser *bonust* (= *bonu[s] est*) und *bonumst* vollkommen gleichstehen, sowie man für letzteres annehmen darf, dass das *m* mehr der Etymologie als der Aussprache zu Liebe geschrieben ist. — Brugmann Grundr. I § 656, 1 lässt aus den durch Vokalverschleifungen entstandenen *itast sitast* ein *st* abstrahiren und mit diesem *autemst situmst* bilden. Da fragen wir aber wieder: warum nie *par'st luc'st sol'st* u. dergl.? warum vielmehr *st* gerade immer nur nach Vokal und nach den beiden vor vokalischem Anlaut wegfallenden Konsonanten *m* und *s*?

[1]) Nur eine Stelle scheint für Luchs' *illic'st* direkt einzutreten, ist aber bei näherer Betrachtung auch nicht geeignet unsere Einwände irgendwie zu erschüttern. Die Stelle ist Aul. 655, so überliefert:

Mane mane: quis illic est quis hic intus áter érät tecúm simúl.

Hier wäre die Skansion: *Mánĕ mánē: quis illíc'st* freilich sehr bequem, aber sollte denn nicht auch diese möglich sein: *Mánĕ mánē: quĭs íllic ést,* wo der Proceleusmatikus an sich nicht stört (cf. oben S. 75 A. 3) und vielleicht zudem noch nach § 13 I (*Mán' mánē* wie *cau* oben S. 58) zu beurtheilen ist?

[2]) Rud. 147 ist *illic homo* zwingende Vermuthung von Luchs statt des *ille homo* der Hdschr. Men. 98 ist Schölls Konjektur *Nam ⟨illi⟩ ill(i)c homo hómines nón alit, uerum éducát* nicht überzeugend, aber doch manche Restitution denkbar, durch die *ill(i)c homó* verlangt würde.

[3]) Man wird nicht einwenden wollen, dass etwa *illic homo* gerade wie *illequidem* als nur ein Wort gegolten habe. Denn nicht nur sind *illic* und

Rud. 147; Truc. 593. Hiernach wird es sehr wahrscheinlich, dass auch in den weiteren 14 Fällen, wo *illic ho(mo)* den ersten Fuss trochäischer Verse bildet, der Dichter nicht von der Freiheit dieses Fusses (oben S. 35 Anm. 4 u. ö.) Gebrauch gemacht, sondern auch hier *íl'c hŏmŏ̄* gesprochen hat.

2.) Einsilbiges *il'c* verlangt ferner die stehende Wendung *I¹llic hinc a²biit* (Aul. 265, 460; Capt. 901: Epid. 81; Pers. 200 [*Illic (h)abiit hinc* codd.]; Poen. 917) und *Postquam i¹llic hinc ábiit* (Pseud. 394 und danach und nach den voranstehenden und unten unter No. 3 folgenden Parallelen [Mil. 586, Poen. 445; cf. Brix zu Trin. 998] gewiss mit Recht von Kiessling rhein. Mus. 24, 119 auch Trin. 998 und Pers. 711 hergestellt, wo die Handschriften *Postquam ille hinc abiit* und *Postquam illic abiit* geben). Hier wie bei *illic homo* ist der Sprachgebrauch ein so fester und so gar kein Grund zur konsequenten Aenderung eines ursprünglichen *ille homo* oder *ille hinc abiit* in alter Zeit ersichtlich, dass dadurch auch die folgenden Stellen mit der gleichen Prosodie von *illic* von jeher jedem Zweifel an der Richtigkeit der Ueberlieferung hätten enthoben sein sollen.

3.) Amph. 148: Sed Ámphitruónis íll(i)c est séruos Sósiá; Capt. 39: Huius íll(i)c, hic íllíus hódie fért imáginem ¹);

Mil. 271: Nam íll(i)c est Phílocomásio cústos, méus conséruos qui ít forás;

Pseud. 908: Sed ubi íll(i)c ²) est? súmne ego homo ínsipiéns qui haec mécum egomét loquar sólus;

---

homo bisweilen durch andere Worte getrennt (Rud. 851, 1298), sondern es ruht hin und wieder auch ein Accent auf der ersten Silbe von *hómo* (Epid. 45: *Quŏt íllīc hŏmo animós habét* und 671: *Quŏt íllīc hŏmo hodié me exémplis*), während ein Wort der Form $\smile\,\smile\,\smile\,\smile$ nie den Iktus auf der dritten Silbe tragen kann. — Contraindicirt ist auch eine andere in Betracht zu ziehende Möglichkeit, dass nämlich nie *íllic homó*, sondern immer *íllīc hŏmŏ̄* betont worden sei. Das würde zu oft grosse Härten herbeiführen als dass es wahrscheinlich sein könnte (*hŏmo aédis* Asin. 272. *hŏmo aúrum* Aul. 185, *hŏmŏ̄ sŏcium ád* Asin. 288).

¹) Ib. 1014 ist überliefert:
Illic indicium fécit, nam húnc ex Álide húc redúcimus,
aber hier ist *illic* korrupt; Schöll schlägt *Illi* (Adv.) vor, Bach Studem. Stul. II 343 *Ipsc.*

²) So hatte nach den Spatien auch A (Studem.). Uebrigens könnte man

Rud. 79: Sed sếruos ill(i)c est ếius qui ếgreditúr forás;
ib. 1058: Quid negótist? // Vir scelếstus ill(i)c est // Quid fecit tibí;
Truc. 599: Nóui hominém nihili ‿ ‿ [1]) // Ill(i)c est //
Me íntuitúr gemếns.

B. vor (resp. nach) dem Iktus.

Asin. 676: Ill(i)c hánc mihi sếruandám dedít: i sáne, bếlla, bếlle;
Capt. 751: Ill(i)c ést abdúctus rếcta in phýlacam ut dígnus ést;
Mil. 586: Ill(i)c hínc abscếssit, sát edepól certó scio;
Poen. 445: Ill(i)c hínc irátus ábiit, núnc mihi caútióst;
ib. 680: Ill(i)c ést ad ístas rếs probús quas quaếritás;
Pseud. 444: Ill(i)c ést patếr patrem ếsse ut aếquomst fílió;
ib. 954: Íllicinếst? // Ill(i)c (ípsus) [2]) ést // Mala mếrcist // Ílluc
sís uidế;
Rud. 887: Ill(i)c in colúmbum crếdo lếno nórtitúr;
Vid. 178: Ill(i)c ést adulếscens quếm tempếstas ⸗ ‿ ‿.

Ich finde hier eine unverächtliche Unterstützung der Synkopirungstheorie darin, dass *ill(i)c* (gesprochen natürlich *ilc*) nur
vor Vokalen erscheint [3]). Vor Konsonanten würde *ilc* meist
unerträglich hart gewesen sein.

III. *Illa* (Nom. Sing.).

Pers. 232: Íl(la) milítia mílitátur múlto mágis quam pó. nderế;
Stich. 159: Nam il(la) mế(d) [4]) in áluo mếnsis gếstauít decếm;
Trin. 809: Lepidást il(la) caúsa, ut cómmemoráui dícerế [5]).

---

hier als in Anapästen auch an die Messung *illĭc ĕst súmne* nach dem Iambenkürzungsgesetz denken, nur dass dies die Analogie der übrigen Fälle widerräth,
in denen *illĭc ĕst* einen falschen Daktylus ergeben würde.

[1]) Die zweite Dipodie ist noch nicht sicher hergestellt.

[2]) add. Ritschl, om. codd.

[3]) Unrichtig also konjicirt Schöll Rud. 1259: *Nam ill(i)c sếruos si*
etc. Wenn C. F. W. Müller Pros. S. 429 Beispiele eines *illĭc* „vor Vokalen
und Konsonanten" erwähnt, so kann sich das wohl nur auf die von ihm
S. 335 angeführte Stelle Mil. 1388 beziehen, die wir oben S. 98 Anm. 1 erklärt haben.

[4]) *me* die Hdschr. Fast ebenso einfach ist freilich die Aenderung *Nam
illaéc me in áluo.*

[5]) Mehr oder weniger unsicher sind einige andere Stellen:
Cas. 936: *Sed cóncrepuếrunt fóres | Ehó, num illa mế nunc sếquitur;*
hier ist *eho* Einschub von Schöll, der auch zuerst, soviel ich weiss, einen

IV. *Illud.*

Asin. 123: Nam ego ill(u)d argéntum tám parátum filió;

Mil. 757: Fít pol íll(u)d ad íll(u)d exémplum: ut dócte et pér-
specté sapít;

Most. 280: Vérum ill(u)d ésse máxuma ádeo párs nostrórum
intéllegít:

ib. 626: Quod íll(u)d argéntumst? // Huíc ⟨quod⟩ débet Philolachés;

Trin. 259: Quamquam íll(u)d est dúlce esse ét biberé.

In dreien dieser Verse ist freilich mit der Aenderung von
illud in *illuc* jede Abnormität beseitigt (Asin. 123 *Nam ĕgo íllŭc*,
Mil. 757 *Fít pŏl íllŭc ăd íllŭc exémplum*, Most. 626 *Quŏd íllŭc
argéntumst*) und die Gewähr der Handschriften gerade in diesem
Punkte, wie oben S. 104 gezeigt, eine sehr geringe: Trin. 259,
den man mit absoluter Sicherheit als anapästisch bezeichnen
kann, lässt eben darum auch die Messung *íllŭd ĕst dúlce* mit
Anwendung des Iambenkürzungsgesetzes (cf. Spengel Reformvorschl. 239) zu. Rechnet man aber nicht mit Epid. 714 (oben
S. 106 Anm.), so ergiebt sich doch auch hier wieder eine Unterstützung für die Annahme der synkopirten Form daraus, dass
diese nur vor Vokalen erscheint[1]. Gleichwohl verkenne ich
nicht, dass *ill(u)d* relativ von allen Kurzformen von *ille* (abgesehen von No. V) am schwächsten bezeugt ist. Wer es ganz
leugnet, wird für Most. 280 kaum mit einer leichten Aenderung
davonkommen.

Reizianus konstituirt hat. *Eho* hat Plautus sonst gerade vor *num* nicht,
Terenz nur einmal vor *numquidnam* (Richter Studem. Stud. I 443 ff.). Ver-
unglückt ist Klotz' Messung der Stelle (Metr. 524), die ebenfalls *íllă* voraussetzt.

Merc. 451: *Póst autém commúnest illa mihi cum álio quódam . qui sció*;
so die Ueberlieferung. Anders Ritschl - Götz.

Pers. 450 kann sowohl *Solét ill(a) récte súmmanús succéderé* als *Sŏlĕt
íllă* gemessen werden.

Trin. 934 schrieb Ritschl nach B:
Ého, an etiam Árabiást in Pónto? // Est, nón ill(a) cúbi tus gignitur,
doch ist man heute wohl darin einig, dass *cubitus* nur eine Verschreibung
für *ubi tus* der übrigen Handschriften ist.

[1] Leider findet sich *illud* sonst weder mit *exemplum* noch mit *argentum*
unmittelbar verbunden, so dass durch solche Parallelen sich das *illuc* oder
illud an obigen Stellen sichern liesse. Nur Asin. 244 steht *nĭsi íllŭd pérdo
argéntum.*

V. *Illa* (Neutr. Plur.).

Hier ist die Synkope gar nicht bezeugt. Denn Asin. 715:

Atque illa sibi quae hic iússerát, mihi státuis súpplicásque

ist die Skansion *ill(a) sibí* in nichts besser als *illá sibí*.

Neben den synkopirten Formen gebraucht Plautus auch hier die nichtsynkopirten. Und zwar weitaus überwiegend bei *illa* und *illud*. wie nicht erst näher dargelegt zu werden braucht. Dagegen bei *ille* kommen auf die 28 sichern Fälle der Synkopirung nur 36 sichere der Nichtsynkopirung [1]), wobei selbstverständlich bloss die Fälle von antekonsonantischem *ille* herangezogen sind, in denen die erste Silbe den Accent trägt [2]). Dies

---

[1]) Amph. 26, 185, 387. 618, 624. 625, 1103; Aul. 18. 324; Bacch. 896. 963; Cist. IV 2. 22, 40; Epid. 57, 411; Men. 69. 649. 792. 1119; Merc. 444, 445, 530, 536; Mil. 82; Most. 204; Pers. 403. 544; Pseud. 923. 924. 1215; Rud. 16, 1076; Stich. 515. 552, 553, 560. Siehe ausserdem die Fälle, die beide Skansionen zulassen. oben S. 111 f. Anm. 4.

[2]) Ausserdem findet sich *ille* antekonsonantisch:

1. neunmal mit dem Ton auf der zweiten Silbe u. zw. sechsmal in der Verbindung *illé quidem* (Luchs comm. prosod. II 4). ausserdem
   Stich. 24: *Néque illé sibi méreat Pérsarúm.*
   ib. 133: *Plácet illé meus mihi mendícus, súos rex régináe placét*
   und Trin 624: *Eunt utérque: illé repréhéndit hánc prióem pállio.*
   Für Truc. 309: *Estne ítém nioléntus ut tu?* *Nón enim ille meretrículis* liegt sowohl die Möglichkeit *nón énim illé méretrículis* als *nón enim ill(e) meretrículis* zu skandiren vor. Unnütz ist jedenfalls die Aenderung von *ille* in *illic*;

2. etwa 100 mal mit Verkürzung der ersten Silbe nach dem Iambenkürzungsgesetz, wobei Synkopirung der zweiten Silbe nie eintritt (wenigstens wird wohl niemand Skansionen wie *nám ill(e) me nótuit* Mil. 830 u. ä. probabel finden). Dies Faktum kann nicht etwa für eine auch ohne Wirkung des Iambenkürzungsgesetzes pyrrhichische Natur von *ille* beweisen. Zur Erklärung kann man entweder daran denken, dass es der (unter dem Kürzungsgesetz natürlich verloren gehende) Eigenton von *ille* war, der sonst die Synkopirung bewirkte (s. oben S. 61 f.). oder dass es der auf die synkopirte Silbe folgende, seiner (expiratorischen) Natur nach mit dem Sprachaccent identische Versaccent war. Denn dieser konnte auf eine Silbengruppe ⏑ ⏑ wie sie *nám ill(e)* ausmachen würde. im γένος διπλάσιον und ἴσον nirgends unmittelbar folgen. im γένος ἡμιόλιον nur vereinzelt (⏑ ⏑ – ⏑ ' ⏑ resp. ⏑ ⏑ – ·), so dass das Fehlen eines Falles wie *séd ill(e) qui* um so weniger Wunder nehmen kann. als die aufgelöste Hebung an dieser Stelle nie, soviel ich sehe, durch zwei einsilbige Worte gebildet wird.

Nebeneinander ist gerade so berechtigt und gerade so zu erklären wie das von trochäischem und einsilbigem *atque neue inde
unde quippe* etc. vor Konsonanten.

Aber man wird bei *ille* vielleicht mit dem formalen Unter-
schiede einen semasiologischen verbunden zu treffen hoffen, so
dass etwa die eine Form nur als Pronomen der dritten Person,
die andere nur als Artikel gebraucht wäre, wie beispielsweise im
Italienischen *egli* und *il* geschieden sind. Und diese Hoffnung
wird vielleicht um so reger sein, als man, worauf in § 10 zurückzukommen sein wird, beide Verwendungen von *ille* deutlich bereits
bei Plautus nachweisen kann. Aber darüber ist eines von vornherein nicht zu vergessen: ist ein semasiologischer Unterschied
wirklich nachzuweisen, so kann er nur etwas sekundäres sein;
es liegt uns dann eine nachträgliche Nutzbarmachung einer ursprünglich rein formellen Differenz vor, dergleichen wir oben
S. 63 berührt haben [1]). Denn da die Entstehung der synkopirten
Form nur vom Sprechtempo abhing, so war ein *ille seruos* nicht
mehr oder weniger vor Synkopirung geschützt als ein *ille qui*
oder ein *ille uenit*. Erst nachdem in beliebiger Umgebung
ill(e) > *il* entstanden und dies, wie wir uns oben S. 49 aus-
drückten, vom Sprachtempo abstrahirt war, so gut wie etwa
an eine solche Abstraktion ist (S. 59), erst dann konnte man
beginnen, den Satzdoppelformen verschiedene Bedeutung zu ver-
leihen. Dazu stimmt gut, dass diese Bedeutungsverleihung in
den romanischen Sprachen eine schwankende ist (z. B. ital.
egli funktionell = provenzal. *el*).

Die Frage nun, ob bei Plautus schon eine derartige Differenzirung stattgefunden hat, darf man nicht zu bejahen wagen.
Denn es zeigt sich freilich unter den 28 Beispielen *ill(e)* 13 mal
rein adverbal, 11 mal alleinstehend vor einem Relativum, zweimal mit Substantiv verbunden vor einem Relativum (so wohl

---

[1]) Dass etwa der Artikel und das Personalpronomen verschiedene Ton-
stärke gehabt und die stärker betonte Form synkopirt worden sei, dafür ist
kein Anhalt zu gewinnen. Damit alle Möglichkeiten erwogen seien, sei auch
noch bemerkt, dass Plautus nicht etwa *ill(e)* bloss in rascherer Rede oder
rascherer Versart (etwa Anapästen) gebraucht. Nur im γένος ἡμιόλιον hat er
sich der synkopirten *nempe unde inde quippe ille* durchaus enthalten.

auch in dem heut unvollständigen Verse Cist. I 3. 20) und nur
an einer Stelle mit Substantiv verbunden ohne folgendes Relativum, wo man auch aus andern Gründen schon an *ille* gezweifelt
hat (Merc. 532. cf. Luchs Hermes VI 280), während bei *ille*
die entsprechenden Zahlen 17, 6, 6. 7 sind. Aber wenn man
schon von vornherein in der Verschiedenheit dieser Zahlenver-
hältnisse nicht mehr als einen Zufall zu sehen geneigt sein wird,
so wird diese Ansicht noch dadurch befestigt, dass für den
Artikel sowohl wie für das Pronomen der dritten Person als
für das vollwichtige Demonstrativum sich *ill(e)* und *ille* gleichermassen verwendet finden [1]. Plautus hat demnach *ill(e)* und *ille*
gerade so wie *ind'* und *inde*, *und'* und *unde*, *ac* und *atque* antekonsonantisch ohne Bedeutungsunterschied neben einander verwendet. Noch ist er aber hier nicht so weit vorgeschritten wie
bei dem Verhältnis *an : anne*, dass er nämlich auch aus der
antekonsonantischen Stellung des synkopirten *ille*, wo natürlich
die Doppelkonsonanz sich wie bei *ann(e) ess miless* vereinfachen
musste, ein einsilbiges als eine Kürze geltendes *il* abstrahirt
und vor Vokale verschleppt hätte.

Wie durch die aufgeführten Beispielreihen die Existenz eines
zweimorigen *ille* bei Plautus allem Zweifel entrückt ist, so lag
für Conradt (metr. Kompos. der Komöd. des Terenz S. 147 f.,
184, 210) nicht der mindeste Grund vor, die entsprechenden
und relativ ebenso häufigen [2] Fälle bei Terenz anzutasten. Und
auch bei Terenz erweist sich durch das Fehlen von *ille* vor
Vokal sowie von *illōs illā* (Abl.), antekonsonantischem *illūm* usw.
unsere Erklärung der Zweimorigkeit als die einzig zulässige.
Von Korruptelen ersterer Art habe ich mir kaum etwas an-

---

[1] Z. B. steht *ill(e)* als Personalpronomen Cas. 432; Mil. 830, 1233;
Poen. 182 u. ö., *ille* im selben Sinn Epid. 411; Men. 792; Merc. 530 u. ö.;
ill(e) als Artikel Men. 57. (Cist. IV 2. 73? siehe oben S. 111 Anm. 2. Bach
Studem. Stud. II 298), *ille* im selben Sinne Pseud. 923 (*ille Iuppiter*. cf. Bach
a. a. O. S. 297); Merc. 445; Stich. 552 f. Im Gegensatz zum Pronomen einer
andern Person steht ebenfalls sowohl *ill(e)* (z. B. Bacch. 950, Cist. 1 1. 97)
als *ille* (z. B. Men. 1119).

[2] Acht *il(le)* und ein *il(la)* in 6000 Versen, bei Plautus 28 *il(le)* und
drei *il(la)* in 21000.

gemerkt [1]); als Korruptel letzterer Art notirt Müller Pros. 337 *postīllă* aus Andr. 936. So misst kein neuerer Herausgeber, und — wenn man denn dergleichen überhaupt noch ernsthaft widerlegen will — es verbietet sich einfach schon dadurch, dass das daktylische Wort im iambischen Verse unzulässig ist, wie auch Ritschl opusc. II 271 hervorhebt [2]). Sonst findet sich zweimorig nur *ille* und *illa* Nom. Sing. (cf. Müller a. a. O. 338, 426; Conradt a. a. O.; Spengel Andria[2] S. XXVI). Die Belege sind:

1. für *ille*:

A. *Ill(e)* unter dem Iktus:

Eun. 618: Mílitém rogat út íllam admitti iúbeat: il contínuo irásci;

Adelph. 863: Íl súãm sémper égit uítam in ótio, in conuíuió [3]).

Nicht nothwendig (cf. S. 35 A. 4, 70 A. 3 u. ö.) ist die Annahme der Synkopirung

Hec. 465: Ílle reuíniscét iam númquam et támen utrúm malís scio.

B. *Ill(e)* vor (resp. nach) dem Iktus:

Phorm. 109: Il quí íllam amábat fidicínám tantúm modó;

Hec. 120: Il prímo sé negáre; séd postquam ácriús;

Adelph. 72: Il quém beneficio adiúngas éx animó facit;

ib. 213: Ego nápulándo, il uérberándo usque ámbo défessi sumús;

---

[1]) Ueber Hec. 485 hat Müller a. a. O. S. 338 das anerkannt Richtige gesagt. Auch Phorm. 266 (vergl. Dziatzko[2] krit. Anh., Conradt a. a. O. S. 148) ist man über die Unhaltbarkeit der Ueberlieferung wohl einig.

[2]) *postilla nunc* ς, *POSILLAHU(NC)* A; „hiernach kann man auch *postilla hoc* oder *hic* vermuthen" Spengel[2] krit. Anh. Andere schreiben *postibi* (falsch aus demselben Grunde wie *postīllă*) oder *postid*. Lorenz zu Most.[2] 141 notirt merkwürdigerweise *postilla* aus der Andriastelle ohne Bemerkung.

[3]) An dieser Ueberlieferung ist also kein Anstoss (Dziatzko Terent. pg. XL) zu nehmen. Familie δ hat freilich *gessit* statt *egit*, aber dass „damit der ganze Versanfang zweifelhaft" würde, wie Conradt S. 210 meint, glaube ich ebenso wenig, wie dass die Stelle im Eun. durch seine „metrische Untersuchung verdächtig geworden" sei.

ib. 395: Tu quántus quántu's nil nisi sapiéntiá's,

    ll sómniúm. ‿ ' ‿   ' ‿   [1]);

ib. 476: Il bónus uir nóbis psáltriám si dís placét   Paránit;

2. für *illa* (Nom. Sing.):

nur Eun. 343: Il(la) sése intérea cómmodum húc aduórterát [2]).

Auch bei Terenz ist volltrochäisches *ille* nur um weniges häufiger als das synkopirte; letzteres findet sich sicher acht-, ersteres sicher zwölfmal [3]).

Aus den Scenikerfragmenten sind anzuführen [4]):

Enn. tr. 228: Íl trauérsa ménte mi hódie trádidít repágulá [5]);

inc. tr. 210: Vós enim iúuenes ánimum géritis múliebrem, il(la)

                                      uirgó uirí;

Caecil. com. 55: Quid il(lu)d est púlcritátis.

In dem letzten Falle wird sich freilich wieder gegen die Aenderung *illuc* (*Quid illúc*) nichts Entscheidendes einwenden lassen; man erkenne aber wenigstens an, dass eine Wahl nur

---

[1]) Der Schluss des Verses ist in der Ueberlieferung gestört, worauf für uns nichts ankommt.

[2]) In einer Anzahl weiterer Fälle ist entsprechende Messung zwar nicht nöthig, aber doch möglich. So Haut. 197: *Immo il fúit sénéx inportúnus* oder *Immo illé fúit sénéx* etc., Eun. 974: *Sed éstne il nóster* oder *Sed éstne illé nóster*, Phorm. 638: *Vt ést il bonús uir* minder wahrscheinlich als *Vt ést illé bónus uir*, Ad. 265: *Vbíst il sácrilegús?* // *Me quaérit* oder *Vbíst illé sácrilegús?* // *Me quaérit.*

[3]) Andr. 58, 787; Haut. 14; Eun. 159, 163, 587; Phorm. 144, 341, 582; Ad. 44, 412, 915.

[4]) Falsche Messungen sind hier nirgends überliefert. Wenn Ribbeck Pacuv. 322 skandirt:

    Nós íllum íntérea próliciéndo própitiáturós facut,

so merkt er doch dazu an: „Iambos *nos íllum* eqs. flagitat Buechelerus", eine Forderung, deren Berechtigung heut allgemein zugestanden werden dürfte.

[5]) Inc. trag. 93 ist mit Bach Studem. Stud. II 295 zu lesen: *Hicinest illé Télamo* etc. Ib. 151 will Bach a. a. O. Anm. 2 lesen:

    Nimirum hicinest ille uir (d. i.: *il uir*) *tális tántis ópibus praépotens* (überliefert ist *hic est ille talis uir tantis*, Ribb. *hic ille ést uir t. t.* mit falscher Messung von *hic*), giebt aber selbst zu, dass noch viele andere Herstellungen denkbar sind. Mit Afran. 285 wird auch niemand etwas für die Prosodie des Nom. Sing. *illa* beweisen wollen.

zwischen dieser Aenderung und der Annahme der Synkopirung gegeben ist. Vergl. übrigens S. 117[1]).

§ 10.
Ille und das Dipodieengesetz.

Ist es uns im vorigen Paragraphen gelungen nachzuweisen, dass jede zweimorige Messung eines ganz in Hebung oder Senkung stehenden *ille* (Fall α auf S. 100) nur auf Synkopirung beruhen kann, so wird es jetzt umsoweniger einem Zweifel unterliegen, dass, wenn Casus von *ille* auf Senkung und Hebung vertheilt dem sogenannten Dipodieengesetz widersprechen (Fall β auf S. 100), dies seinen Grund nicht in der sonst nicht zu erweisenden Kürze der ersten Silbe von *ille* haben kann, sondern auf irgend eine andere Weise, die vielmehr mit der Länge dieser Silbe rechnet, erklärt werden muss. Jenes Gesetz, zuerst von G. Hermann elem. doctr. metr. S. 141 und 151 angedeutet, dann neuerdings von Draheim Hermes XV 240 und besonders von W. Meyer Abh. d. bayr. Akad. 1884 S. 36 ff. behandelt, geht dahin, dass in die Senkungen iambisch-trochäischer Verse, die bei den Griechen nicht durch eine lange Silbe gebildet werden dürfen, bei den Römern nicht die erste Silbe eines spondeischen[2]) Wortes oder Wortschlusses fallen darf. Dies Gesetz ist für alle, welche Länge der ersten Silbe von *ille* bisher behauptet haben, ein Stein des Anstosses gewesen, über den sie nicht einmal mit solcher Geschicklichkeit wie über die übrigen Schwierigkeiten der Prosodie von *ille* hinwegzukommen gewusst haben. Ich kenne zwei Versuche dieser Art. Der eine ist der von C. F. W. Müller

---

[1]) Auch bei Lucilius frg. 552 Bähr. ist noch einmal *il(le)* zu finden:
Ille contra ómnia ínter plúres sénsim ac pédetemptim foris.
Daran ist prosodisch kein Anstoss zu nehmen, denn Lucil theilte in Buch 26—29 auch die übrigen prosodischen Eigenthümlichkeiten der Sceniker, wie ich in Kurzem an anderem Orte nachweisen werde.

[2]) Man begreift unter den spondeischen hier immer die trochäischen mit. Das Wesentliche ist nur die Quantität der vorletzten, nicht die der letzten Silbe.

Prosodie S. 339 ff.: Müller ändert alle widerstrebenden Fälle durch
Wortumstellung oder andere Mittel der Konjekturalkritik. Er weiss
freilich a. a. O. und Nachträge 45 f. aus Plautus und Terenz nur
30 solch widerstrebende Fälle anzuführen, und dieser Zahl gegenüber könnte sein Verfahren erlaubt scheinen; ich habe indess allein
aus Plautus gegen 80 notirt. und es leuchtet ein. dass da
Aenderung. wenn überhaupt gestattet. dann jedenfalls nur ultima
ratio sein kann, der jede andere Möglichkeit vorzuziehen ist.
Einen andern Weg hat O. Brugmann (quemadmodum in iamb.
senar. Romani ueteres uerb. accent. cum numeris consociarint
S. 23) eingeschlagen: „constat, sagt er, *iste* pronominis priorem
uocalem non solum in lingua euanuisse. sed etiam in litteris
(cf. Lachm. ad Lucr. 197 et 232. lectiones nar. ad Trin. 1080)
atque fere idem in *ille* uoce factum esse multi animaduerterunt.
Accidit igitur sine dubio iam apud scaenicos ueteres. quod postea
in linguis quas dicimus romanicas inualuit, ut uocales priores
illorum pronominum omnino non pronuntiarentur; quamquam du-
bitare licet. utrum scribendae sint necne“. Man ist wohl heute
ziemlich allgemein der Ansicht. dass die Formen *stac stae lum
li* etc.. die man eine Zeit lang in die alten Sceniker einzuführen
liebte. ein Heimatsrecht dort nicht haben. nirgends durch den
Vers gefordert werden[1] und in den Handschriften. wo nicht
durch gewöhnliche Schreibfehler. da durch das Eindringen später
Vulgärformen zu Stande gekommen sind[2]. Aber selbst der-

[1] Z. B. nicht an den von Brugmann a. a. O. S. 24 und 40 angeführten
Stellen Trin. 114 und Ter. Phorm. 257, wo *et illum* und *quid istuc* nach dem
Iambenkürzungsgesetz fraglos in Ordnung sind. Noch viel weniger war
L. Müller berechtigt im Nonius z. B. S. 343, 24 (= Afran. V. 67 Ribb.. siehe
auch de re metr. S. 304) aus der Korruptel des Lugdunensis Kapital zu
schlagen. Ueber Trinummus 1080, wo noch Ritschl[3] *stac* giebt (*ste* B. om.
ceteri), vergleiche C. F. W. Müller Nachtr. 117. 158 f., die sonstige von Schöll
z. Stelle verzeichnete Litteratur. besonders aber Bach Studem. Stud. II 237 f.,
wo nachgewiesen ist. dass an jener Stelle das Pronomen *iste* dem Sinne nach
überhaupt nicht passt.
[2] Was solche Schreibungen werth sind. zeigt Trin. 333, wo B *storum*
hat, das Metrum aber *istorum* fordert. — Dagegen ist nicht zu leugnen. dass
bisweilen. wenn die erste Silbe von *ille* den Wirkungen des Iambenkürzungsgesetzes ausgesetzt war, sie der Vokallosigkeit bereits in plautinischer Zeit
stark zuneigte, s. § 13 II.

jenige, der sich auch heute noch die *stur* und die *hm* für die alten Sceniker nicht rauben lässt, wird mit ihnen die prosodischen Schwierigkeiten beider Worte nicht aufzuklären wissen. Brugmann schickt der angeführten Bemerkung freilich voraus: „saepe occurrunt casus pronominum *iste* et *ille*, quibus antecedunt uerba in uocales exeuntia". Aber leider ist dies saepe kein semper; es finden sich Verse folgender Art:

Cpt. 600: Cru^{1}cior la^{2}pidem no^{3}n habe^{4}re mē^5 ūt illi^6 masti^{7}giae^8;

Curc. 337: Me^{1}d [1]) illo^2 frustra a^{3}dueni^{4}sse. fo^{5}rte adspi^{6}cio mi^{7}lite^{8}m;

Mil. 348: Se^{1}d hic illi^2 suppa^{3}rasita^{4}tur se^{5}mper. hi^{6}c eae pro^7-xumu^{8}st;

ib. 669: Qui^{1}d ad illa^{2}s arti^{3}s opta^{4}ssis, si o^{5}ptio e^{6}uenia^{7}t tibi^8;

Poen. 898: Dua^{1}s illa^{2}s et Gi^{3}ddeni^{4}nem nu^{5}tricem ea^{6}rum te^{7}rtia^{8}m;

Pseud. 1243: Ni^{1}mis illi^{2}c morta^{3}lis do^{4}ctust, ni^{5}mis uorsu^{6}tus, ni^{7}mis malu^{8}s;

Stich. 133: Plä^{1}cĕt ille^2 meus mi^{3}hi mendi^{4}cus, su^{5}os rex re^{6}gi-nae^7 place^{8}t;

Trin. 374: Sö^{1}rör illi^{2}st adu^{3}lta ui^{4}rgo gra^{5}ndis: ea^{6}m cupio^7, pate^{8}r;

Truc. 745: Qui i^{1}nuide^{2}nt. ege^{3}nt; illi^{4}s [2]) quibus i^{5}nuide^{6}tur, i^7 rem habe^{8}nt.

Verse die zerstört werden, sobald man einsilbiges *li. las* etc. einführt. Es würde demnach auf diesem Wege ebenfalls des öfteren konjekturale Aenderung nöthig werden, die wir doch auch hier wohl wieder als ultima ratio bezeichnen dürfen. Ausserdem verliert natürlich jede Erklärung der ungesetzlichen *ille* an Wahrscheinlichkeit. wenn sie nur für einen Theil der Fälle genügt — um wie viel mehr also eine von vornherein so fragwürdige. Brugmanns Gedanke empfiehlt sich demnach wenigstens in der Form, wie ihn Brugmann selbst giebt, gar nicht, und doch liegt er, wie wir zeigen werden, vom Wahren nicht gar zu weit ab.

---

[1]) *Me* codd., corr. Guyet.

[2]) oder *illi*^{4}? cf. Bach de attractione S. 32 Anm. 2.

Man könnte nun, da W. Meyer eine Reihe unerklärter Ausnahmen des Dipodieengesetzes, besonders für die erste Senkung des trochäischen Septenars, zugelassen hat, zunächst daran denken, es handele sich hier einfach um solche willkürliche Uebertretungen von seiten des Dichters. Es wäre indessen dann wieder einer Erklärung bedürftig, warum unter diesen gerade *ille* so oft sich findet. Dazu kommt, dass seit W. Meyers Behandlung der Frage sich erwiesen hat, dass die Ausnahmen des Gesetzes nicht rein zufällig oder willkürlich sind, sondern eine Unterbringung unter gewisse Regeln gestatten. Diese Regeln sind nach theilweisem Vorgang anderer von Klotz (Bursians Jahresber. XLVIII 135 ff., Metr. 323 ff.) formulirt worden. Es sind ihrer drei, die wir jetzt durchmustern müssen, um zu sehen, welche davon auf unser *ille* passt.

1. Es kann sich um längere, besonders schwerfällige Worte handeln, deren Unterbringung im Verse dem Dichter Schwierigkeiten macht (Klotz Metr. 324 ff.). Diese Möglichkeit bleibt bei *ille* ausser Betracht.

2. „Die schwere Senkung [wird] dadurch einigermassen aufgehoben, dass eine benachbarte Hebung in zwei Kürzen aufgelöst ist" (bereits angedeutet von Ritschl proleg. S. CCXXXV, C. F. W. Müller Prosod. S. 341 [zu Rud. 1278]). Dies möchte für eine nicht kleine Zahl von gesetzwidrigen *ille* ausreichen, z. B. von den obigen Cpt. 600; Mil. 348, 669; Pseud. 1243; Stich. 133; Trin. 374, auch wohl Poen. 898, aber für Curc. 337 und Truc. 745 ist so nichts geholfen, und das sind nicht die beiden einzigen Fälle ihrer Art; vergl. z. B. noch:

Bacch. 1018: Eadem i^{1}stacc ue^{2}rba du^{3}dum illi^4 dixi o^{5}mnia^6;
Men. 426: Pa^{1}llam illa^{2}m quam du^{3}dum de^{4}deras, a^{5}d phry-
gio^{6}nem ut de^{7}fera^{8}s;
Most. 1073: Ve^{1}rba illi^2 non ma^{3}gis dare ho^{4}dic qui^{5}squam qua^{6}m
lapidi^7 pote^{8}st;
Rud. 966: Ni^{1}hilo po^{2}l pluri^{3}s tua ho^{4}c quam qua^{5}nti illu^{6}d
refe^{7}rt mea^8;
Trin. 1048: Ma^{1}le fide^{2}m serua^{3}ndo illi^{4}s quoque a^{5}broga^{6}nt
etia^{7}m fide^{8}m [1]).

---

[1]) Diese Beispiele genügen zugleich auch, um eine andere Vermuthung im Keime zu ersticken, nämlich dass etwa, wo dem *ille* in der Senkung ein

3. Als letzte Möglichkeit bleibt sonach folgendes. Spondeische Worte und Wortausgänge sind an den betr. Stellen zulässig, wenn sie den Sprachaccent nicht auf der vorletzten, sondern auf der letzten Silbe tragen (Ritschl prolegom. CCXXII, CCXXVI f., CCXXXVII: O. Brugmann a. a. O. S. 22 f.: Mohr de iamb. apud Plaut. septenar., Leipzig 1873, S. 18: Köhler de uerb. accent. cum num. rat. in troch. sept. Plaut. consoc., Halle 1877, S. 35 Anm. u. ö.: Klotz Metr. 323 f.). Solche Betonung kommt zustande:

a) durch Syn- und Apokopirung sowie durch Kontraktion, also durch Vorgänge, die sich innerhalb eines Wortkörpers abspielen. So steht *addúc adhúc* für *addúce* *adhúce (siehe betreffs der Betonung die Grammatikerzeugnisse bei Schöll act. soc. phil. Lips. VI 141 ff. und vergl. hierzu wie zum folgenden Langen de grammat. Latin. praeceptis quae ad accent. spectant. Bonn 1857, S. 32 ff.), *munít audít* (Perf., cf. Schöll und Langen) für *muni(u)it audi(u)it*. *Tempestás*, das hiernach für *tempestátis stünde wie bekanntermassen *Arpinás summás* für **Arpinátis summátis*, erklärt nach Klotz' hübscher Vermuthung (Metr. S. 92) die anscheinende Verletzung des Dipodieengesetzes Rud. 901 [1]);

b) durch Tonzusammenschluss mit dem folgenden Worte [2]). Hierbei kann

α) das sich anschliessende Wort seine Silbengeltung behalten. Hierher gehören die Fälle wie *posse*[4]*ntne* Cpt. 917 (während *posse*[4]*nt* unmöglich wäre), *proptér (me)*, *proptér (ĕas)*, *intér (se)*, ad-

---

elidirbares Monosyllabum vorausgeht, dies hiirt haben und so ein erlaubter Anapäst entstanden sein möge, also Mil. 974 etwa *Qui*[4]*n tŭ ĭlla*[2]*m ĭube a*[2]*bs le abí*[4]*re*, Pseud. 783 *Eheu*[1] *quŏm ĭlli*[2] *rei ego étiam núnc sum páruolús* etc.

[1]) Doch kann sehr wohl auch in der Verbindung *tempestás est* Euklise von *est* vorliegen. Klotz wirft beide Möglichkeiten durch einander.

[2]) Bisweilen ist dem Dipodieengesetz gerade auf entgegengesetztem Wege zu seinem Rechte zu verhelfen, nämlich indem man nicht als eine Toneinheit fasst, was wir als solche zu fassen gewöhnt sind. Curc. 502 würde *nobiscum*, Amph. 818 *mécum* das Gesetz verletzen; es ist daher zu trennen *nobis cum* und *me cum*, wie Mohr a. a. O. S. 21, Klotz M. 324 bemerkt haben. Da ist es interessant zu sehen, dass auch ital. *nosco vosco* ein lat. *nóbiscum vóbiscum* voraussetzen (d'Ovidio Ztschr. f. rom. Phil. VIII 100). Und vielleicht ist uns gar aus dem Latein selbst die Zwischenstufe zwischen diesen lateinischen und den italienischen Formen belegt in dem *nobiscum, non noscum; uobiscum, non uoscum* der appendix Probi GLK IV 199, 15, aber auch nur vielleicht, da

norsúm (te Stich. 589), *multó (post, plus,* siehe Ritschl prolegom. CCXXII und zu Bacch. 852), *tantúm (rem), magnám (rem),* für die man die Belege an den angeführten Stellen der neueren Litteratur finden wird.

β) Es kann aber das angeschlossene Wort, falls es einsilbig ist, noch durch früher besprochene Vorgänge seinen Vokal verlieren. Dadurch entstehen Oxytona wie *audín* = *audisne, tantón* = *tantóne, audistín* = *audistíne, horúne* = *horúmce, monstratúst, missúst* usw.

Dass nun gewisse Formen von *ille,* nämlich die mit dem enklitischen *ce* zusammengesetzten, hierher und zwar unter b. β) fallen, liegt auf der Hand und wäre wohl schon öfter und nachdrücklicher betont worden, wenn man es nicht um der angeblichen Kürze der ersten Silbe willen für überflüssig gehalten hätte. Es sind uns auf das Gewisseste durch mehrere Grammatikerzeugnisse gesichert Betonungen wie *illóc illác illíc* [1]) *illínc* und, damit ich das bald hier anfüge, *istúc istác istíc istínc* (Schöll a. a. O. testim. XCIVᶜ, XCVIᶜ, XCVIIᶜ und ᶠ; Seelmann Ausspr. S. 25 f.) [2]), deren Berechtigung sich aus der Entstehung

---

es sich hier auch um einen bekannten syntaktischen Vulgarismus handeln könnte, der auf pompejanischen Inschriften (CIL IV 221 *cum sodales,* 275 *cum discentes,* 698 *cum discentes suos*), in der Oribasiusübersetzung (Hagen z. Gesch. d. Philol. S. 291) und sonst sich findet (cf. Thomsen in den opusc. philol. ad Madvigium missa S. 262 f.).

[1]) Das Adverbium ist gemeint. Denn da das zweite *i* des Nom. Sing. *illic* im alten Latein seinem Ursprunge gemäss kurz ist, so ist für diesen zunächst eine Betonung *illíc* ebenso wenig anzunehmen, als etwa je bei den alten Scenikern *illéne* betont ist (stets *illene* Langen Philol. XXXI 109).

[2]) Langen de gramm. lat. praec. a. a. O. will freilich diese Zeugnisse nur für die „posterior linguae aetas" gelten lassen, weil Plautus und Terenz oft paroxytones *illuc illanc* etc. haben. Dabei übersieht er erstens, dass die Oxytonirung hier der Natur der Sache nach das Ursprünglichere sein muss, und leugnet zweitens mit Unrecht, dass auch bei den Fällen *audin nostin* Doppelheit der Betonung (*audín* und *audin*) bereits in archaischer Zeit bestanden haben muss, wie sowohl die von ihm S. 33 ohne Grund angefochtenen terenzischen Belege als besonders der von ihm gar nicht besprochene plautinische Gebrauch (Klotz Metr. S. 323 unten) erweisen. Unmöglich also darf man an der Doppelheit *illánc* und *illanc* für jene Zeit Anstoss nehmen. Es hat eben bereits damals Ausgleichung des Accentes nach Seite des Ueblicheren hin d. i. Ersetzung der Oxytonese durch die Paroxytonese begonnen.

jener Formen von selbst erweist (*illi-ce *illâ-ce etc.). Hiernach sind trotz der Länge der ersten Silbe von *ille* völlig ohne Bedenken:

Amph. 432: Fáctumst illud út ego illi⁴c uini hirneam ébiberím merí;

Cpt. 954: Áge tu illi²c procéde, bóne uir, lépidum máncupiúm meúm;

Men. 828: Víden tu illi²c ¹) oculós lurére? ut uiridis éxoritúr colós;

ib. 842: V¹t ego illi²c ¹) oculós exúram lámpadis ardéntibus;

Merc. 570: Nam núnc si illu²c²) intro ieris, ámplectí uolés;

Most. 1045: Ábii illa²c³) per ángipórtum ad hórtum nóstrum cláneulúm;

Rud. 676: Quid ést? quae illae²c orátióst;

ib. 1034: Vbi tu hic hábitas? // Pórro illi⁴c longe úsque in cámpis últumís;

Stich. 675: Quid ego hínc, quae illi²c habito, éxeám faciám uos cértióres;

Trin. 575: Natúst quam illu²c⁴) est 'spóndeó' natúm mihí.

Und wie wir neben *audín* (b. β) ein *posséntne* (b. α) als gegen das Dipodieengesetz nicht verstossend anführen konnten, so haben wir hier einen Fall von *ille* in der fünften Senkung und sechsten Hebung eines trochäischen Septenars, wo durch enklitisches vor Vokal voll erhaltenes *ce* der Anstoss behoben wird:

Stich. 131: Aút nunc nón aequómst abdúci, páter, illísce abséntibús⁵).

Was aber wird nun aus den Fällen, wo anscheinend ungesetzliches *ille* nicht durch angehängtes -c oxyton ist? Soll man es etwa wagen, da in diesem Punkt die Autorität der Handschriften nachgewiesenermassen (siehe oben Seite 104)

---

¹) *illi* codd. mit unstatthaftem Hiat.

²) So B, *illo* CD.

³) *illa* P und, nach dem Raume zu urtheilen, auch A (Stud.), vergl. Brix zu Mil.² 63.

⁴) *illud* codd.

⁵) Wir können als unter dieselbe Entschuldigung b.) fallend auch noch die Verse hier hinzufügen, in denen Formen von *ille* mit folgendem *est* verschmolzen sind (vergl. oben *missúst* u. dergl.): Amph. 1045 *Se'd ubi ille²st*, Epid. 156 *Se'd ubi illa²st*, Merc. 730 *Ista'quidem illa²st*, Trin. 374 *So'ror illi²st*.

gering ist, alle solchen *ille* durch Konjektur mit einem -*e* zu schwänzen[1]) und in den wenigen Fällen, wo das nicht angeht (z. B. Truc. 745: *Qui inuidént, egént; illi*[4]*s quibus i*[n]*nuide*[e]*tur i rem habént*), doch die -*e(e)*-Form als die ursprüngliche ansehen, die nur sich hier lautgesetzlich vor Konsonanten in die -*e*-lose gewandelt habe wie wir dies oben S. 54 bei *his has* etc. gesehen haben?

Dieses Verfahren wäre trotz der Geringfügigkeit der jedesmaligen Aenderung wohl kaum besser als das C. F. W. Müllersche, das auch an jeder Stelle eine Konjektur fordert (oben S. 123 f.), und es wird jedenfalls eine Erklärung, die gar keine Aenderung im Gefolge hat, weitaus den Vorzug verdienen. Auf eine solche nun werden wir durch folgende Erwägung geführt. Wir haben oben verschiedene andere Erklärungen darum abgewiesen, weil sie nur für einen Theil der erklärungsbedürftigen *ille* genügten. Wie nun, wenn wir hier einmal den entgegengesetzten Schluss zögen, dass, was für einen Theil richtig ist, auch für das Ganze zutreffen möge? Die mit -*e* versehenen Formen von *ille* fanden ihre Entschuldigung gegenüber dem Dipodieengesetz in der Oxytonese; wie also, wenn auch -*e*-loses *ille* unter Umständen oxyton gewesen wäre?

Wir besitzen eine — bei Schöll a. a. O. fehlende — Vorschrift des Grammatikers Pompeius GLK V 248. 2 ff., lautend: „Sed uide ne producas ultimam syllabam et dicas *illó*, quia Latini in ultima syllaba accentum non habent. Sed ne forte dicas: 'quare ergo dicimus *istúc*?' sed illud per apocopen dicimus". Wie sich hieraus wieder ein Zeugnis für die Betonung *istúc* ergiebt, so noch etwas anderes, was ich mit den Worten Langens a. a. O. S. 35 wiedergebe: „ex eisdem uerbis apparet nonnullos etiam in *illo* aduerbio ultimam pronuntiando acuisse, cui haud dubie *illi isti* aliaque eiusmodi aduerbia sunt consocianda cum propter similitudinem tum propter Donati uerba ad Hec. I 2. 19: 'Legitur et *illi* ut sit circumflexus accentus et significet *illic*'". Man wird gegen das Zeugnis des Pompeius nicht einwenden dürfen, dass er ja die Betonung *illó* verwirft: giebt doch z. B. auch die appendix Probi, wie wir oben S. 48 sahen, Ausdrücke

---

[1]) Das that Bothe des öfteren; vergl. Ritschl proleg. S. CXXXIV Anm.

als verwerflich an, die der lebendigen Sprache angehören,
und haben doch dergleichen Vorschriften überhaupt nur Sinn,
wenn sie sich gegen einen wirklich vorhandenen Usus wenden.
Ferner aber liegt gar kein Grund vor anzunehmen, dass die
Oxytonirung sich auf die Adverbien beschränkt habe. Denn
verursacht kann sie nur sein durch die Stellung im Satze, also
durch Tonanschluss, und wieso diesem die Adverbien mehr unterworfen gewesen sein sollten als die übrigen Formen von *ille*,
ist nicht ersichtlich.

Für diese letzteren liegt uns nun freilich ein Grammatiker-
zeugnis nicht vor[1]), aber wir kennen ein Faktum, das uns
das Fehlen der Grammatikerzeugnisse leicht verschmerzen lässt:
das ist die Gestaltung des Pronomens *ille* in den romanischen
Sprachen. Dass aus *illum* nicht *lo*, aus *illam* nicht *la*, aus *ille*
nicht *le* usw. werden, mit andern Worten: dass die in den genannten romanischen Formen geschwundene Silbe nicht hoch-
tonig gewesen sein kann, liegt auf der Hand und ist von
den Romanisten von jeher ausgesprochen worden. Schwinden
konnte die erste Silbe von *ille* nur dann, wenn aus irgend welcher
Veranlassung der Ton auf die zweite trat. So ist *illórum* zu
ital. *loro*, franz. *leur* etc. geworden, so das Adverbium *illic* (über
diese Betonung ist oben gesprochen) zu ital. *li* etc. (W. Meyer
Gramm. I § 603, Körting lat.-roman. Wörterb. No. 4079). Es
brauchte aber die Veranlassung zur Tonverschiebung nicht im
Pronomen selbst zu liegen, sondern konnte sich, wie gesagt,
auch dadurch ergeben, dass *ille* mit dem folgenden Wort unter
einen Ton trat. Nach Seelmann Ausspr. S. 49 f. „hat die spätere
Volkssprache speciell bei *iste ipse ille* einen Unterschied der
Accentstelle eintreten lassen. Das stark deiktische *iste ipse ille*
behält den angestammten Accent, das einfach andeutende oder
gar nur den modernen Artikel vertretende Fürwort schiebt ihn
auf die letzte Silbe: *isté ipsé illé*. Es ist hier also das eingetreten, was wir für die Fälle des Hochlateins zweifelhaft liessen.

---

[1]) Dagegen haben wir ein solches für *isté*, das ich hier bald anmerken
will, da es in gewissem Grade ja auch für *illé* mitbeweist, das des Plotius
Sacerdos GLK VI 451, 10 (Schöll S. 149, Seelmann Ausspr. S. 57): „[Barba-
rismus fit] per accentum, ac si dicas *iste* et *te* acuas, cum *is* debeas".

und was von andern direkt als Willkür oder sprachwidrig
abgewiesen worden ist". Wenn die Erscheinung hier erst der
späteren Volkssprache vindicirt wird, so geschieht das natürlich
nicht, weil für die archaische Latinität ein negatives Zeugnis
vorläge, sondern nur weil bis jetzt für diese überhaupt keines
vorlag. Und wenn wir ihr bereits jene Accentverschiebung zuschreiben, so fühlen wir uns dazu insbesondere noch dadurch
berechtigt, dass schon in dieser Periode *ille* genau die gleiche
Verwendung wie im Romanischen, nämlich als bestimmter Artikel
und als Pronomen der dritten Person, zeigt. Dafür kann man
jetzt, statt auf vereinzelte und mangelhafte Beobachtungen früherer wie Schmilinski (de proprietat. sermon. Plautini usu lingu.
Roman. illustr., Halle 1866, S. 15 f.), auf die sorgfältige Darstellung von Bach Studem. Stud. II 296 ff. 311 ff. verweisen [1]).

Es steht also, denke ich, nichts im Wege die bei den alten
Scenikern anscheinend das Dipodieengesetz verletzenden *ille* für
endbetont d. h. durch Tonanschluss mit dem folgenden Worte
verbunden zu erklären. O. Brugmann hat also bei seiner oben
S. 124 f. besprochenen Ansicht bloss darin gefehlt, dass er mit einer
zu jungen Sprachschicht operirte; das plautinische Latein ist in
puncto *ille* nicht gleich dem Romanischen, sondern repräsentirt
nur die jenem unmittelbar vorausliegende Entwicklungsphase.

Hiernach gewährleistet uns Plautus folgende Formen:

illé (von *illéquidem* abgesehen, cf. S. 110 u. 118 A. 2) Stich. 133;

illá (Nom. Sing.) Epid. 179;

illúd Rud. 966;

illí (Dativ) Amph. 673, 756; Aul. 618; Bacch. 599, 1018;
Cpt. 595, 600; Cas. 270, 271; Men. 673: Mil. 348; Most. 1073;
Poen. 381; Pseud. 783; Stich. 556;

illúm Amph. 134; Asin. 868; Bacch. 419 [2]), 485; Cpt. 359;

---

[1]) Im Spätlatein ist dasselbe, insbesondere der Gebrauch als Artikel,
bekanntlich vielfach zu beobachten. Bach citirt Riese praefatio zur historia
Apollonii S. XIV; siehe z. B. noch Rönsch Itala u. Vulg.² 419 f., Rose im
Index zur epistula Anthimi S. 53. Aehnliches sogar im klassischen Latein
(Schmalz Stilistik² § 18 Anm. 3; vergl. auch Fuchs die roman. Sprachen
in ihrem Verhältn. z. Lat. S. 321).

[2]) Der Vers lautet:

Nón sinó neque équidem illu⁴m me uiuo córrumpí sinám.

Hier wird nach Klotz Metr. S. 48 iambische Natur des *illum* insbesondere

Cist. I 1. 96; Men. 423; Merc. 435: Poen. 369; Pseud. 1238;
Rud. 436; Trin. 373;

---

noch durch die Regel gesichert, dass „bei trochäischer Haupteäsur vor einsilbigem Worte" nur ein rein iambisches Wort stehen darf. Aber es findet
sich doch z. B. auch ein Vers folgender Art (Curc. 628):

> Phaídrome, óbsecró seruá me || Támquam me ét geniúm meúm.

(Anderes ähnliche bei Klotz 228). So gut nun wie hier Klotz S. 324
die Verletzung der Regel damit entschuldigt, dass seruá me eine Tonverbindung
gewesen sei, so gut wird wohl auch ein illā́m me berechtigt sein, ja Klotz
scheint S. 228, da er íllā́m mḗ schreibt, selbst an dergleichen zu denken. Entsprechend sind zu beurtheilen Amph. 432; Pseud. 783; Rud. 1034; Trin. 1048
sowie die Cäsurschlüsse éx ipsā́⁴ re Ter. Andr. 359, Haut. 266 (vergl. unten
§ 13 I), mit denen man noch den Versschluss ex ipsā⁵ morā⁶ (Mil. 1292) mit
nothwendig spondeischem ipsa vergleiche. Und schliesslich wird vielleicht was
von trochäischen Cäsurschlüssen gilt, auch von trochäischen Zeilenschlüssen
gelten, und Quíd íta istúc uis am Ende des trochäischen Oktonars Hec. 613
könnte also zwar nicht um iambischer Natur von istuc willen, aber infolge
von Oxytonirung desselben vereint mit Enklise des folgenden uis zulässig
scheinen. Die enklitische Natur von uis giebt Klotz selbst zu (Jahresber.
a. a. O. S. 128); istuc uis wäre also nicht anders denn ein dreisilbiges Wort zu
betrachten und könnte also selbst dann nichts für iambisches istuc beweisen,
wenn wir nicht Klotz' Zugeständnis hätten: „Sollte sich wirklich einmal
ein solcher Versausgang [spondeisches oder anapästisches Wort + Mono-
syllabum] finden, so wird er wohl kaum principiell zu verwerfen sein, da die
entsprechenden Cäsurschlüsse ihn öfters bieten". Aber ich gebe zu, dass die
Vereinzelung dieses Schlusses auffällt, und da nun hinzukommt, dass die
Ueberlieferung desselben in den Handschriften schwankt (der Bembinus hat
uis nicht) und nach Quíd ita sonst nie ein Verbum folgt (cf. Braune obseruat.
grammat. et crit. ad usum ita sic etc. partic., Diss. Berlin 1881, S. 57 f.), so
wird man wohl an der Richtigkeit dieser Schreibung mit Dziatzko Terent.
S. XXXVI zweifeln dürfen, der Quíd íta tu istúc? konjicirt. — Bei dieser
Gelegenheit will ich bald auch einen Fall erledigen, wo Klotz (Metr. S. 218
u. 343) ístuc dadurch erwiesen meint, dass das Wort den zweiten Fuss eines
baccheischen Tetrameters beginnt:

> Cas. 173 Uss. = 184 Sch.: Amó te átque istúc éxpectó scíre quid sit,

wobei wieder noch besonderes Gewicht darauf gelegt wird, dass dies istuc
vor der Cäsur steht. Aber die von Klotz selbst S. 343 beigebrachten Verse:

> Most. 101: Aedés quom éxtempló sùnt parátae éxpolitaé
>
> ib. 121: Ei fúndàmentúm sùbstruónt liberórùm
>
> ib. 330: Iacéntis tollét pòsteá nòs ambo áliquìs

zeigen, dass am spondeischen Wort resp. Wortschluss hier gar kein Anstoss ist,
geschweige denn an einem oxytonirten wie istúc. Cf. Spengel Reformvorschläge S. 213.

illúm Cist. II 1. 51; Epid. 242; Men. 426, 657; Mil. 974; Rud. 1278;

illó (Abl.) Bacch. 496 (?); Rud. 1076;

illó (Adverb.) Curc. 337;

illi (Nom.) Mil. 606; Pers. 569; Truc. 156;

illis (Dat.-Abl.) Bacch. 301; Curc. 374 (?); Men. 586; Trin. 1048; Truc. 745;

illós Asin. 268; Stich. 401;

illás Mil. 669; Poen. 898; Trin. 867;

illĭc (Nom. Sing.) Amph. 149 (?); Epid. 666; Men. 992; Merc. 866; Mil. 228, 242. 334; Pseud. 1096, 1243; Rud. 1297.

Die romanischen Entsprechungen im einzelnen sehe man bei Körting lat.-roman. Wörterb. No. 4078. Von den aufgeführten Stellen ist manche wie Bacch. 419 oder 1018 einzig und allein wegen des gegen das Dipodieengesetz verstossenden *ille* vielfach geändert worden; ich brauche jetzt zur Vertheidigung der Ueberlieferung wohl kein Wort mehr zu verlieren.

Es erhebt sich nun hier eine ähnliche Frage betreffs der differenzirten Formen *illúm illum, illós illos* usw. wie im vorigen Paragraphen betreffs der Doppelheit *illĕ il*: lässt sich eine Bedeutungsverschiedenheit der Doppelformen für das archaische Latein nachweisen, wie sie doch im Romanischen bis zu einem gewissen Grade sich entwickelt hat? Vergleiche, was Seelmann a. a. O. weiter bemerkt: „Die Parallelreihen der Pronomina in den einzelnen romanischen Sprachen, ihre verschiedene Form und Scheidung in absolute und konjunktive, die Bildung und das Erwachsen des romanischen Artikels, alles das beruht auf der Verschiedenheit der Accentstelle des sonst gleichen Etymons".

Undenkbar ist zunächst, dass die Tonverschiebung in der bewussten Absicht vorgenommen worden sei, dadurch eine Bedeutungsverschiedenheit zu markiren. Nicht einmal das ist wahrscheinlich zu machen, dass Ton- und Bedeutungsverschiedenheit zufällig von vornherein koincidirten, indem man etwa das stark deiktische *ille* voll betont, das abgeschwächte dagegen, also etwa die Formen, die die Funktion des romanischen Artikels oder Pronomens der dritten Person hatten, proklitisch an das folgende Wort angelehnt habe. Dagegen spricht das starke

Schwanken der romanischen Sprachen in der Bedeutung und Verwendung der einzelnen Formen [1]), das mir mit Gewissheit zu erweisen scheint, dass die Bedeutungsdifferenzirung erst in weit späterer Zeit vorgenommen wurde und also nach dem oben S. 63 u. 119 gesagten zu beurtheilen ist. Und dazu stimmt, dass diese Differenzirung bei Plautus noch nicht vorliegt.

Um das darzuthun, wähle ich die Beispiele möglichst aus den von Bach a. a. O. angeführten. Wir finden z. B. *illum* in Artikelfunktion anfangsbetont (Bach S. 298 f.):

Men. 58: *Gemínum íllum púerum qui subrúpuit álterum* [2]);

ib. 60: *Adóptat íllum púerum súbruptícium;*

Curc. 345 f.:   — *ápud tarpézitám sitúmst*

    Íllum quém dixí Lycónem [2])

u. ö., dagegen endbetont:

Rud. 436: *Nóstro illúm puteúm perícolo et férraméntis fódimus.*

Ebenso *illum* als Pronomen dritter Person (Bach 311 f.):

Pers. 131 ff.: *Hic léno néque te nóuit néque gnatám tuam?*

    — — — *Túm tu mé sine íllam uéndere.*

    // *Tun íllam* [2]) *uéndas?*

Cist. II 1. 31: *Nón remíssurá's mihi íllam?* // *Pró me résponsá tibi*

u. ö., dagegen *illám:*

Cist. II 1. 51: *Nisi tu illám remíttis ád me. Díxi quaé uolúi. Valé;*

Rud. 1278: *Quíd matrém?* // *Non cénseó* // *Quaid eámpse illám?*

    // *Non cénseó* [3]).

---

[1]) Z. B. im Italienischen stehen *il* und *lo* d. h. eine anfangs- und eine endbetonte Form in derselben Funktion als Artikel neben einander (cf. Gröber in seiner Zeitschr. I 108 ff.). Vieles andere der Art bei Körting a. a. O.

[2]) Hier muss *illum illam* den Wortaccent auf der ersten Silbe getragen haben, da dieser sonst in die zweite resp. erste Senkung fiele; für die andern Fälle ist nur wahrscheinlich, aber nicht beweisbar, dass der Wortaccent mit dem Versaccent stimmt.

[3]) Dieser Vers giebt mir Veranlassung, einen Einwurf gegen meine Annahme eines proklitischen *illám* etc. zurückzuweisen. Man könnte nämlich gegen mich geltend machen, dass hier ja ein solches angeblich proklitisches *illám* in pausa steht. Da muss man nicht vergessen, dass der Dichter auch in andern Punkten einen unter mehrere Personen vertheilten Vers lautlich so behandelt als wäre er von einer gesprochen. Wenigstens wüsste ich z. B nicht, was die häufige Elision über den Personenwechsel hinweg anderes gewesen sein könnte, als eine dichterische Licenz der bezeichneten Art.

Endlich steht z. B. *illi* stark deiktisch, nämlich im Gegensatz zu einem andern Pronomen:

Amph. 756: *Néque tu illi neque mihi uiro ipsi crédis?*

Aul. 618: *Cáue tu illi fidélis, quaéso, pótius fúeris quám mihi.*

Es scheint nicht nöthig hier diese Prüfung noch für weitere Formen von *ille* anzustellen; das Resultat ist überall das gleiche: ein Bedeutungsunterschied ist mit der Accentverschiedenheit bei Plautus noch nicht verbunden. Liegt uns nun aber eine rein formale Differenz vor, so bleibt zu bestimmen, durch welche lautlichen Vorgänge diese veranlasst ist. Ich sehe hier nur zwei Möglichkeiten. Entweder die Tondifferenz hat ihren Grund in den Lautverhältnissen des dem Pronomen folgenden Wortes oder die Proklise des Pronomens ist ein Faktum, das mit einer gewissen Freiheit bald eintritt bald nicht. Für die erstere Möglichkeit sehe ich nur geringen Anhalt [1]). Im allgemeinen macht es weder einen ersichtlichen Unterschied, ob der folgende Anlaut einfach oder

---

[1]) Sicher beruht die Endbetonung von *ille* auf Enklise des folgenden Wortes Epid. 179:

Neque séxta acrúmna acérbiór Hercúlī quam illắᵉ mῑhi obiéctast.

(Wegen der Prosodie und Betonung von *Herculi* vergleiche oben S. 7, 37 und 107 A. 2.) Dass nämlich *mihi* (*tibi sibi*) enklitisch sein konnte, lehren zwar keine Grammatikerzeugnisse, aber erstens seine Vokalisirung (es steht für indog. *mĕĝhei*, umbr. *mehe*, wie für indog. *tĕbhei*, umbr. *tefe* und indog. *sĕbhei*, pälign. *sefei* im Latein *tῑbi* und *sῑbi* eingetreten sind, deren *ῑ* für *ĕ* Brugmann Grundr. II 816 treffend aus dem Gebrauch dieser Dative als Atona erklärt) und zweitens der plautinische Vers (Bacch. 83):

Vbi tu lépide uŏlĕs essĕ¹ tῑbi, méa rosá, mihi dicito,

denn nur durch Enklise von *tibi* erklärt sich die anscheinende Verletzung des Dipodiengesetzes, die zu so viel Aenderungen Anlass gegeben hat. Ebenso wie Epid. 179 ist wohl auch Enn. trag. 294 zu beurtheilen: *Aduo'rsum illá²m mihi.*

Auch für *Plácet illắ² meᵉus mihi mendícus* Stich. 133 (*mihi meus* A, vergl. Baier de Plaut. fab. rec. S. 165) ist man wohl berechtigt, die Endbetonung von *ille* aus der Enklise des folgenden Wortes zu erklären. Dass die Possessivpronomina enklitisch waren, zeigen nicht nur die romanischen Sprachen (W. Meyer Gramm. I § 615; ders. in Gröbers Grundriss I S. 371 § 48), sondern auch die lateinische Vokalisirung *tuos suos* statt *touos souos*, die sich, wie Stolz Gr.² § 14 B 4 und V. Henry précis³ § 40 B gesehen haben, in der „häufigen tieftonigen Stellung“ ergab. Vergl. Ter. Eun. 766 (A): *sorórem illa'm tuam esse.*

Aus der Enklise von *res* (oben S. 128) erklärt sich Pseud. 783: *illi²* doppelt, ob er (bei den auf Konsonanten ausser *m* schliessenden Formen von *ille*) vokalisch oder konsonantisch ist usw., noch hängt — was von vornherein näher zu liegen scheint — von der Prosodie des folgenden Wortes etwas ab. Man könnte nämlich etwa vermuthen, dass, da in einer Toneinheit der historischen Latinität der Accent sich im Allgemeinen nach dem Dreisilbengesetz regelt, zwar *illúm pátrem* gesprochen worden sei, aber *illum frátrem*, zwar *illúm uidet*, aber *illum cérnit*, zwar *illúm rem*, aber *illam fíliam* etc. Aber dem will sich der plautinische Gebrauch nicht fügen; wenigstens wüsste ich ein *illás artis* (Mil. 669), *illás aedis* (Trin. 867) für jetzt gar nicht, ein *illúm tetigi* (Pseud. 1238), *illúm puteum* (Rud. 436), *illós homines* (Stich. 401) nur schwer nach den üblichen (wenigstens im Latein des Plautus üblichen, vergl. oben S. 108 Anm. 1 u. ö.) Betonungsgesetzen zu erklären.

Danach bliebe von den zuletzt angedeuteten zwei Möglichkeiten nur die zweite. Wir werden in § 13 Worte kennen lernen, bei denen En- resp. Proklise bald eingetreten ist bald nicht, ohne dass aus unserer stummen Ueberlieferung ein Grund für diesen Wechsel mit Sicherheit zu ermitteln wäre — vermuthen mag man freilich mit Wahrscheinlichkeit, dass wieder die bald grössere bald geringere Sprachgeschwindigkeit das ursprünglich ausschlaggebende war, da denn die Worte im einen Falle enger zusammengesprochen wurden und so ihren Ton verschoben oder unter einen Ton geriethen, im andern abgesondert blieben und ihren eigenen Accent behielten. Solche Doppelheit der Betonung ist namentlich für die Verbindungen von Präposition mit Substantivum auf das Sicherste zu erweisen.

So allein also weiss ich für jetzt die Doppelformen *illum illúm* etc. bei Plautus zu erklären. Ich verkenne nicht, dass etwas Konkreteres zu finden wünschenswerth gewesen wäre, um die Annahme der endbetonten Formen leichter probabel zu

---

reî, aus der von *esse* (s. S. 127 A. 1, 128) Epid. 242: *Póstquam illa[2]m sunt cónspicátae*, Pseud. 1096: *ne illi[2]c sit cóntechinátus* und Truc. 156: *Postrémo illi[3] sunt ímprobi*, aus der von *quoque* (Wackernagel Idg. Forsch. I 418) Trin. 1048: *illis[4] quoque ábrogánt.*

Einzelnes andere wird sich bei weiterer Untersuchung hinzufügen lassen.

machen. Aber ganz abgesehen davon, dass vielleicht anderen eine einleuchtendere Erklärung für die Doppelheit gelingen wird, meine ich doch, dass, wie immer es um die unsere bestellt sein mag, ihre grössere oder geringere Ueberzeugungskraft an der Gewissheit nichts ändern kann, dass sonst nichts bei Plautus eine andere Quantität als *ille* anzunehmen berechtigt und demgemäss die gegen das Dipodieengesetz verstossenden Formen dieses Pronomens endbetont gewesen sein müssen.

Es bleibt mir hier nur noch übrig, auch aus Terenz und den Scenikerfragmenten die sich als endbetont ergebenden Formen von *ille* aufzuführen:

A. Terenz. Abgesehen vom Nom. Sing. *illaéc* Ad. 508 und dem Abl. *illóc* Eun. 795 sowie dem durch das angehängte enklitische *que* genügend geschützten Abl. *illa'* Eun. 748 finden sich

illám Haut. 153, Eun. 643;

illám Eun. 766;

illúd Haut. 467;

illis (Dat.-Abl.) Haut. 642, Phorm. 923.

B. Aus den Scenikerfragmenten habe ich angemerkt:

illám Titin. 55, Pompon. 17;

illám Enn. tr. 294;

illó (Adv.) Naev. com. 98 [1]);

illí (Nom. Plur.) Pompon. 176.

---

§ 11.

Ille vor der Diärese des iambischen Septenars.

Der Diäresenschluss im iambischen Septenar ist genau den gleichen Gesetzen unterworfen wie der iambische Zeilenschluss.

---

[1]) Ueberliefert bei Gell. II 19. 6:

Extémplo illó te dúcam ubí non déspuás.

C. F. W. Müller ist zu seiner von Ribbeck aufgenommenen Aenderung (Prosod. 341 Anm.) *Extémpulo illo té dúcam ubí* etc. einmal durch den im

Er lässt also diiambischen Ausgang nur unter denselben Bedingungen zu wie jener und muss die letzte Senkung durchaus durch eine reine Kürze bilden wie jener. Es ist daher ein nicht geringerer Widerspruch in sich als der oben S. 102 f. angegebene, wenn Klotz an der dort citirten Stelle fortfährt: „Nur insofern sind sie [die ersten Silben von *ille iste ipse*] nicht ganz vollständige Kürzen, als sie wenn auch . . . . iambischen Cäsurschluss, so doch nicht iambischen Zeilenschluss geben". Und dieser Widerspruch wird um so bedenklicher als die ganze Behauptung Klotzens sich auf einen einzigen Vers stützt, Mil. 1231:

Spero íta futúrum. quámquam illúm multaé sibi éxpetéssunt,
Ille íllas spérnit etc.

Für den Zeilenschluss hat bereits Ritschl proleg. CCLX beobachtet: „quam productio paenultimae [*il-, ist-*] praenaluerit prae correptione, illinc quoque apparet quod nulla unquam illiusmodi forma in ultimo uersuum pede locum habuit". Für den Diäresenschluss kennen weder Klotz S. 48 noch Mohr de iamb. apud Plautum septen. S. 9 noch ich ein zweites Beispiel, und Klotz war also nicht berechtigt von „Fällen wie Mil. 1231" zu reden [1]). Unter solchen Umständen haben wir wohl nicht einmal nöthig auf unsere bisherigen Beweise für die ausschliessliche Länge der ersten Silbe zu recurriren, sondern dürfen unserer Verwunderung Ausdruck geben, dass man diesen einzigen Fall in gegen 25000 iambischen Schlüssen [2]) bisher fast stets unbeanstandet hat passiren lassen. Das Richtige hat wohl Bentley geschen:

Spero íta futúrum. quámquam éum multaé sibi éxpetéssunt,
Ille íllas spérnit.

Eum ist in der Rückbeziehung auf 1229 f.:

Vt éius mihi sit cópia quem amó quemque expetésso,

Text erledigten Punkt veranlasst, dann aber durch die iambische Messung von *ubi.* Dass an dieser kein Anstoss ist, bezweifelt heute niemand mehr.

[1]) Rud. 376 ist überliefert
   Scíui lenónem fácere hoc quod fécit: saépe dixi.
Wie immer zu korrigiren sein mag, Fleckeisens *facere istuc* ist schon wegen des Pronomen δειϰτιϰότερον undenkbar.

[2]) So viel dürften es wohl bei Plautus, Terenz und in den Scenikerfragmenten insgesammt sein.

Benignusque ergu me út siet: quod cúpiam, ne grauétur
ganz am Platze; *is* wechselt mit *ille* wie z. B. Trin. 740 ff.,
vergl. Bach Studem. Stud. II 314. Minder gefällig will C. F. W.
Müller Prosod. 337 den Schaden durch Umstellung heilen *quam-*
quam múltae illúm sibi expetéssunt mit caesura latens nach der
fünften Senkung.

—

§ 12.

Iste.

Es erscheint überflüssig für *iste* so wie es für *ille* geschehen
ist, auf dem Wege mühseliger Induktion den Nachweis für die
Länge der ersten Silbe zu liefern. Denn wen meine vorstehenden
Auseinandersetzungen nicht von der Nothwendigkeit überzeugt
haben, die bisherigen Anschauungen über die Prosodie von
nempe inde unde quippe ille aufzugeben und durch die Annahme
einer Synkopirung und (bei *ille*) Betonung der Endsilbe zu ersetzen, den würde jener Nachweis nicht umzustimmen vermögen;
wer aber in dem, was in der vorangegangenen Darlegung das
Wesentliche war, mir beistimmt, für den ergiebt sich von selbst,
dass auch in *iste* die erste Silbe stets lang gewesen sein und
scheinbar dem widersprechende Fälle sich ebenfalls als synkopirt
oder endbetont erklären müssen. Uebrigens hat auch hier niemand
in befriedigender Weise zeigen können, auf welchen grammatischen Thatsachen die Kürze der ersten Silbe beruhen könnte.
Wenn Corssen sie bei *ille* durch Irrationalität des Konsonanten (*l*)
erklärte, so muss er hier zur Irrationalität des Vokals (*i*) seine
Zuflucht nehmen [1]), ein Widerspruch, der dem ohnehin von
Corssen so sehr missbrauchten Prinzip der Irrationalität für
diesen Fall jeden Werth benimmt; Corssens Belege für die Kürze
erklären sich zudem sämmtlich nach dem Iambenkürzungsgesetz [2]).

---

[1]) Vokalism. II² 627 ff.
[2]) Nach diesem erklären sich, wie schon oben S. 56 A. 3 u. 98 A. 1 bemerkt,
auch *Aufĕr ĭstaec* Curc. 245, *ĭntĕr ĭstás* Poen. 265. Dem ersteren gleicht genau
auch Ter. Haut. 237 *Pergĭn ĭstuc prius diiúdicáre*. Pers. 137 kann man *Sic ŭt*
ĭstic léno oder auch nach Analogie der genannten Verse *Sicŭt ĭstic léno*

Von dem, was nach Abzug dieser Belege übrig bleibt (vergl. die Liste bei C. F. W. Müller Prosod. 362 ff., der nur wenig zuzufügen ist), sind manche Verse wieder durch Streichung des in den Handschriften, die hier in diesem Punkte ebenso wenig Autorität haben wie bei *ille* [1]), fälschlich zugefügten -*c* zu korrigiren. Bisweilen sind solche Aenderungen durch den Ambrosianus bestätigt worden: Cas. 546 *isti* A (Adv.), *istic* P; Pers. 405 desgl.; Trin. 537 *istum agrúm* A, *istúnc agrúm* P. Hiernach wird Mil. 555 (nur in A) mit Götz herzustellen sein:

Et ibi ósculántem meum hóspitém cum ista hóspitá

(*istac* A nach Studemund, *ista* nach Loewe) [2]); sicher ist Curc. 434 *isti* (Adv.) *égi* mit Camerarius statt *istic égi* (BEJV [Schöll praef. Cas. XXXV]) zu schreiben [3]). Auch für Capt. 658

Íte istinc átque ecférte lóra || Núm lignátum míttimur

<hr>

schreiben; der Rest des Verses ist längst durch Einsetzung von *haudum* für *nondum* gebessert (cf. Seyffert stud. Plaut. S. 4). Dagegen Trin 598 ist auch mit der Skansion *Ibit istac áliquo* etc. nichts zu helfen, da vielmehr das Pronomen korrupt sein muss (Bach Studem. Stud. II 286). — Wir haben auch schon hervorgehoben, dass auch in inneren Senkungen ein *égo ís(tuc)* etc. trotz Klotz M. 47 nur nach dem Iambenkürzungsgesetz, nicht aus ursprünglicher Kürze des *ist-* zu erklären ist (s. oben S. 98 f.). So könnte man auch *Ómnïa ístae²c égo* Rud. 1100 (mit erlaubter Theilung der Senkung im ersten Fuss) rechtfertigen; doch empfiehlt der plautinische Sprachgebrauch (s. Sonnenschein crit. app. z. St.) die Umstellung *Ómnïa égo íⁿstaec*. Auch das ist bereits gegen Klotz gezeigt worden, dass aus der Verwendung von *iste* vor einsilbigem Worte im trochäischen Cäsurschluss und in ähnlichen Fällen nicht Kürze der ersten Silbe folgt (oben S. 132 f. Anm. 2).

[1]) Siehe oben S. 104. Ich gebe auch hier einige Belege für das Schwanken und die Bedeutungslosigkeit der Ueberlieferung. Amph. 847 *istanc* B², *istam* rell.; Aul. 418 *istuc* D, *istud* BJV (Schöll praef. Cas. XXIII); Capt. 351 *istum* codd. mit Hiat, *istunc* edd.; ib. 964 *ista* codd. mit Hiat, *istaec* edd.; Cas. 107 *istam* A, *istanc* P; 548 *istanc* A, *istam* P; Mil. 1210 *istuc* B, *istud* CD; Most. 837 *isto* AP mit Hiat, *istoc* edd.; Poen. 1218 *istoc* A, *isto* P; Pseud. 282 *istunc* A, *istum* P Non.; Rud. 118 *isti* codd. mit Hiat. *istic* edd. Anderes im Index zu Studemunds Apographon S. 512.

[2]) Mit *ista* bezeichnet Periplecomenus auch 533 die *hospita* in seinem Hause, die der angeredete Sceledrus gesehen hat (Götz' Schreibung dieses Verses überzeugt mich nicht; vgl. Bach Studem. Stud. II 277); es erscheint daher nicht nöthig, mit Bach a. a. O. *istac* in *hac* zu ändern.

[3]) Asin. 673 (Müller S. 362) giebt an zweiter Stelle die gesammte Ueberlieferung *isto*, nicht *istoc*.

wäre *istim* die beste Hilfe. wenn nicht vielmehr mit Fleckeisen (Jahrb. 61, 18 Anm.) das nach *i, ite* übliche Asyndeton durch Streichung von *atque* herzustellen wäre [1]).

Was die wenigen weiteren Stellen anlangt. die man bei Müller a. a. O. ausserdem noch findet, so erweisen sich Amph. 666 und Capt. 398 *(istûc)* auch durch sonstige Härten der Ueberlieferung als verderbt, Aul. 263 ist für *fiet* einleuchtend *ei (et)* gebessert, Truc. 521 wäre der überlieferte Versausgang *labós istíc (istec* codd.) seiner diiambischen Natur wegen unmöglich. Hiernach bleiben zunächst nur zwei Stellen. die ausser der Prosodie von *iste* keinen Anstoss bieten.

Amph. 1101: *Vtut ergá me méritast .. Mitte istaec atque haec quaé*
dicam áccipe:

Trin. 920: *Díces nón monstrare possum istos hómines quós tu quáeritas.*

Dass jemand diese beiden Verse für Beweise eines *istaéc* und *istôs* hielte, ist mir nicht bekannt; der erste wird, da der plautinische Gebrauch die Aenderung von *istaec* in *ista* zu widerrathen scheint, einfacher vielleicht als durch die F. Schmidtsche Umstellung *me erga* (de pron. demonstr. 75), die statt der üblichen Tonverbindung *ergá me* ein spondeisches Wort in den zweiten Fuss bringt, hergestellt werden. indem man mit Bothe das *atque* streicht, wie man ja auch im ähnlichen Falle Asin. 578 verfahren ist und wie das Asyndeton nach *mitte istaec* noch öfter sich findet (Capt. 964. Most. 1134, Ter. Ad. 838). Trin. 920 ist wohl durch Umstellung zu bessern; an *ist(os) hómines* mit Leoscher Verschleifung (oben S. 43 A. u. 113f. A. 3) denkt Niemeyer. Ebenso Most. 284: *Nón me istúc curáre opórtet* Ritschl für *Nón me cúrare istúc opórtet.* Cas. 957 schreibt Schöll mit den Handschriften (*istic* A, *istuc* P):

Nugás istic diceré licet: napulo hércle ego inuitús tamen,

was ich nicht skandiren kann; Bach Studem. Stud. II 268 misst anapästisch *Nugás istic dicére lice⟨á⟩t.*

---

[1]) Dass jemals umgekehrt zur Beseitigung falscher Prosodie von *istud* Umwandelung desselben in *istuc* nöthig wäre, dafür habe ich kein Beispiel. Müller Nachtr. 48 führt dafür zwei Verse an, Asin. 35. wo indess auch *istud* sich bequem in den Vers schicken würde, wenn es überhaupt überliefert wäre, und Men. 528, wo jetzt der Ambrosianus das richtige *istuc* (*Et istúc*)

Hiernach bleiben mit auffälliger Prosodie nur Fälle von *iste* und *istic* (Nom. Sing.) zurück.

A. *Iste.*

Pers. 520: *Iste quí tabéllas ádfert ádduxít simul.*

Ich wüsste nicht, was an dieser Ueberlieferung auszusetzen wäre (vergl. Bach Studem. Stud. II 244) und warum man sie anders verstehen sollte als *Ist' qui* etc. Dagegen

Curc. 639: *Et iste me herédem fécit* || *Ó pietás mea* ist das pronomen δευτερότριον unverständlich und auf verschiedene Weise beseitigt worden; Truc. 716 muss Studemunds metrische Konstitution:

Ĭstĕ (d. i. *Ist'*) *dúm sic fáciat   bonum ád te èxagógàm* hinter der Fassung zurückstehen, die Bothe, Spengel Ref. 270. Schöll und Bücheler bei Schöll praef. XLVI dem Verse geben:

Istíc dùm sic (oder *sui*) *fáciàt domum ád te èxagógàm.*

Wie leicht die Aenderung von *iste* in *istic* ist, zeigt ein Blick auf das oben S. 141 und Anm. 1 zusammengestellte.

Zweimaliges *iste quidem* (Merc. 945, Poen. 513) kann als ein Wort betrachtet und _ ◡ ◡ _ gemessen werden (vergl. oben S. 110).

B. *Istic.* Poen. 625 ist überliefert

Istic est thensaúrus stúltis ín linguá sitús.

Gegen Luchs' Messung *istic'st* ist oben S. 113 f. das Nöthige gesagt; sein anderweitiger Vorschlag (Studem. Stud. I 34) *Illic est* zu lesen ist von Bach ebda. II 225 zurückgewiesen. Ich sehe nicht, was der Skansion *Istíc ĕst* mit Anwendung des Iambenkürzungsgesetzes wie in den S. 140 Anm. 2 u. ö. genannten Fällen im Wege stände, doch wird sich uns unten auch eine andere Möglichkeit bieten.

Truc. 474 geben die Handschriften:

Istic haud múlto póst credo áderit: núnc prius práecaueó sciéns.

Das pronomen δευτερότριον ist unverständlich und längst richtig in *Is hîc* (*Ĭs hîc*) geändert. Mit Schöll *credo* an den Anfang des Verses zu stellen liegt kein Grund vor.

---

giebt. Plautus gebrauchte wahrscheinlich überhaupt nur *istuc* (Schmidt de pron. demonstrat. S. 81, Studemund Fleckeis. Jahrb. 113, 74 ff.).

Ebda. 218:

A *Iste id habet* } *quód nos hábuimús: humánum fácinus fáctumst.*
P *Istinc id habet* }

Die Palatinen scheinen auf *Istic id habet* etc. hinzuweisen; Bach Stud. II 262 will *id* streichen (*Istic habet*), vermuthlich weil in V. 217 vorausgeht *quod habebat, nos habemus* ohne *id*.

Capt. 547 überliefert:

Hégio, hic homó rabiósus hábitus ést in Álidé.

Hic ist der Bedeutung nach ebenso unangebracht (dieselbe Person wird gleich darauf viermal mit *iste* bezeichnet) als es das Metrum stört; Luchs comm. prosod. I 6 f. hat daher *istic homo* verbessert.

Men. 146 die Handschriften:

Ecquid adsimulo similiter // Qui istic est órnatús tuós.

Hier lässt der Anfang, wie Schöll richtig bemerkt, zwei Skansionen zu: *Écquid adsímulo similítér* und *Écquid ádsimuló similiter* [1]).

Damit sind sämmtliche prosodisch auffälligen Formen von *iste* erschöpft. Wie man nun immer über die Sicherheit der drei letztcitirten Verse denken mag (es ist charakteristisch, dass am wenigsten Zweifel über den durch Konjektur gebesserten mittleren bestehen wird), so viel geht sicher aus ihnen hervor, dass wieder die pyrrhichische Erklärung unzulässig ist, da kein Grund sich finden lässt, warum der pyrrhichische Gebrauch sich auf

---

[1]) Im Schlusse wird gewöhnlich umgestellt: *Qui istic órnatúst tuós?* (so Schöll). Die überlieferte Stellung ist sonst gerade bei *qui(s) (quae) istic (istaec) — est*, wenn wir von *quid istuc est negoti* und dergl. Verbindungen mit dem Genetiv absehen, nicht zu belegen. Vergl. Amph. 619 *quis istic Sosiast*, Bacch. 308 *quis istic Theotimust*, Curc. 86 *quisnam istic fluuiust*, Epid. 225 *quid istuc tam mirabilest*, Men. 618 *quae istaec pallast*, Pers. 516 *quae istaec luciferust Fortuna*, Pseud. 1193 *quis istic Pseudolust*, Pseud. 1298 *quae istaec audaciast*, Rud. 355 *quae istaec fabulast*. Darauf ist aber schwerlich Gewicht zu legen, da in den entsprechenden Wendungen mit *illic* die Copula bald unmittelbar auf das Demonstrativum folgt, bald von demselben getrennt ist. Vergl. Cpt. 829 *quae illaec est laetitia*, Poen. 829 *quod illuc est genus*, Truc. 917 *quis illic est homo* (um von Epid. 533 abzusehen) gegenüber Asin. 295 *quae illaec praedast*, Most. 935 *quae illaec res est*, Poen. 975 *quae illaec auis est*, Rud. 676 *quae illaec oratiost*, Truc. 593 *quisnam illic homost.*

iste und *istic* beschränkt haben sollte und warum nie ein *iste* vor Vokal zu finden ist. Da ergiebt sich nun eine doppelte Möglichkeit. Entweder man hält *istic homo* nach dem oben S. 114 A. 3 Gesagten für eine einheitliche Wortverbindung, so dass also trotz der Messung .. ‿ ‿ _ keine getheilte Senkung eintritt, und korrigirt Truc. 218 und Men. 146 so, dass sei es trochäisches *istĭc* sei es *īste* mit Elision der zweiten Silbe entsteht, oder, da wir es doch a. a. O. als nicht wahrscheinlich bezeichnen mussten, dass *illic homo* und *istic homo* als ein Wort gefasst worden sei, man nimmt für *istĭc* so gut Synkope des zweiten *i* an, wie wir das oben S. 113 ff. für *illic* thun mussten. Es wird mit einem *ist(i)c* der Sprache nicht etwa eine beispiellose Härte zugemuthet. Im Spätlatein taucht bekanntlich ein Verbum *masticare* auf. Die romanischen Sprachen reflektiren theils direkt diese Form theils ein aus derselben synkopirtes *mast'care mascare*, siehe Körting lat.-roman. Wörterb. No. 5153. So ist also auch an einem *ist(i)c* wenigstens vor Vokalen durchaus kein Anstoss zu nehmen.[1]) Und thatsächlich erscheint unser zweimoriges *istĭc* in allen Fällen (auch Poen. 625 werden wir ja jetzt wohl hierher ziehen dürfen) gerade vor Vokal. Men. 146 wird sich genau mit der Ueberlieferung lesen lassen:

Écquid ádsimuló similiter? || Qui is(ti)c est órnatús tuós.

Truc. 218 mit den Palatinen, die gerade bei der geringeren Glätte ihrer Fassung das Echtere zu bieten scheinen, *Is(ti)c id habet* etc., Poen. 625 *Is'c ést* etc., Cpt. 547 *is'c homó*.

Ich verkenne nicht, dass bei *iste* jede Annahme einer ungewöhnlichen Messung gegenüber *ille* auf relativ schwachen Grundlagen ruht. Man bedenke aber, dass an der richtigen Ueberlieferung von Persa 520 schon bisher selbst bei der grammatisch nicht genügend gestützten pyrrhichischen Erklärung ausser C. F. W. Müller kaum Jemand gezweifelt hat. Bei

---

[1]) Es kann nicht etwa der Einwand erhoben werden, dass man dies *is(ti)c* (denn das *t* musste zwischen *s* und *c* spurlos verschwinden) um einer etwaigen Verwechslung mit einem *isc* aus *is* + *-ce* willen hätte vermeiden müssen. Denn weder liegen in guter Zeit Formen von *is* mit jener Anhängesilbe vor noch konnten sie überhaupt gebildet werden, da *is* keine deiktische Kraft besitzt (vergl. Ritschl op. II 455).

diesem Verhältnis der Belegzahlen für den synkopirten Nominativ Sing. *iste* und den Nom. *ille* (1: 28) muss das Verhältnis der Zahlen für *ist(i)c* und *ill(i)c* noch günstig genug erscheinen (etwa 4: 42). Wenn die Gesammtzahl der Belege im ganzen nur eine kleine ist gegenüber der für *ill(e)* und *ill(i)c*, so liegt der Grund davon offenbar in der grösseren Härte der restirenden Konsonantengruppen, die denn auch Terenz und die übrigen Sceniker[1] durchweg vor der Verwendung der synkopirten Formen von *iste* hat zurückschrecken lassen.

Mehr wird sich zur Vertheidigung von *ist(i)c* kaum vorbringen lassen. Aber wer an diese Form nicht zu glauben vermag, für den wird so viel hoffentlich bewiesen sein, dass die Annahme eines *īst-* noch viel weniger, nämlich gar nicht, gestützt ist, und er wird uns daher hoffentlich wieder zustimmen, wenn wir die gegen das Dipodieengesetz verstossenden Formen gemäss dem oben S. 128 ff. auseinandergesetzten für endbetont erklären. Was im Romanischen die Endbetonung erweist, findet man bei Körting lat.-rom. Wört. No. 4438 zusammengestellt: auf die Grammatikerzeugnisse für die Endbetonung der mit dem deiktischen -*c* komponirten Formen sowie des Nominativs *isté* haben wir bereits a. a. O. verwiesen. Wir finden bei den archaischen Scenikern folgende derartige Formen[2]:

I. Formen mit -*c*:

istíc (Nom. Sing.) Amph. 366; Mil. 1397; Rud. 1063;

istaéc (Nom. Sing.) Titin. *28;

istúnc Amph. 320; Curc. 702;

istánc Cist. I 1. 51; Curc. 598; Mil. 751; Most. 263; Truc. *936; trag. inc. 142;

---

[1] Stellen, an denen eine falsche Messung von *iste* überliefert wäre, finden sich, soviel ich sehe, weder bei dem einen noch bei den andern. Wenn Ribbeck[1] bei Titin. 93 ein *istúd* annahm, so hat er das in der zweiten Auflage selbst berichtigt; G. Hermanns Vorschlag *iste ŭt tú rem nárras* etc. Afran. 4 würde heute wohl Büchelers Zustimmung nicht mehr finden. Bei Aquil. 6 haben die Gelliushdschr. (III 3. 5):

Vbi iste monébat ésse nísi quom níl erat,

was keinen Sinn giebt. Hertz schreibt *ubiuis ste*, was nach dem oben S. 124 Gesagten nicht angängig ist; von andern wird das Pronomen ganz beseitigt.

[2] Die mit * bezeichneten sind durch Konjektur hergestellt.

istác (Nom. Acc.) Amph. 747; Asin. 162; Aul. 747; Cist. I 1. 108, II 1. 33; Cpt. 638; Curc. *641; Epid. 276; Men. 385, 786, 809; Merc. 495, 624, 627, 648, 761, 985; Mil. 292, 827, 1149, 1210; Most. *283; Pers. 642; Rud. 638, 978: Ter. Haut. 348, 624; Phorm. 508;

istóc (Abl.) Men. 168; Ter. Phorm. 744:

istác (Abl.) Merc. 972; Most. 1148;

istíc (Adv.) Mil. 337; Most. 964; Pers. 85: Stich. 90 (?); Ter. Hec. 114; Pompon. 33:

istúc (Adv.) Most. 837, 1135; Truc. 752: Ter. Ad. 169:

istác (Adv.) Ter. Haut. 588;

istínc Cpt. 658; Poen. 1319;

istaéc (Nom. Plur. Fem.) Capt. 969;

istaéc (Nom. Acc. Plur. Neutr.) Asin. *578, *860; Cpt. *964: Cist. fol. 247^r 7 (?); Ter. Phorm. 517, 639: Accius 623 (siehe aber C. F. W. Müller Prosod. 386):

II. Formen ohne -*c*:

istí (Dat.) Ter. Eun. 246;

istúm Curc. 602;

istám Amph. 311; Curc. 718:

istás Bacch. 372; Men. 438: Merc. 942:

istís (Dat.) Trin. 1045.

Dass die geringere Häufigkeit der Formen unter II kein übles Indicium für die Richtigkeit unserer Theorie ist, lässt sich bei einigem Nachdenken leicht ersehen.

— - -

§ 13.

Ausblick.

Das Wort auch in lautlicher Hinsicht als Glied des Satzes zu betrachten, zu untersuchen inwieweit sein Accent im Satze sich verschiebt oder verliert, wie seine Laute durch die eines vorausgehenden oder nachfolgenden Wortes modificirt werden, dazu ist in der lateinischen Grammatik kaum ein Anfang gemacht. Nach zwei Richtungen können hier unsere vorangegangenen

Bemerkungen als Ansatzpunkt dienen und will ich für jetzt noch
vorzudringen versuchen. Wenn das an dieser Stelle geschieht,
so rechtfertigt es sich theils durch den engen Zusammenhang der
folgenden Bemerkungen mit Dingen der plautinischen Prosodie
und des plautinischen Versbaus theils dadurch, dass das oben
S. 136 f. über die Freiheit der En- und Proklise gesagte einer
näheren Ausführung und Exemplificirung bedarf.

I.

Sollte die Synkopirung einer wortschliessenden Kürze im
Satze sich bei Plautus wirklich auf die auch sonst nachweis-
baren Fälle, die wir in § 4 aufgezählt haben, und auf die von
uns dem Plautus zugeschriebenen *nemp(e) ind(e) und(e) quipp(e)
ill(e) ist(e)* beschränkt haben, bei welch letzteren die Synkopirung
doch relativ häufig, in einem Falle (*nempe*) sogar durchweg eingetreten ist? Sollten nicht vielmehr in dem grossen Körper der
plautinischen Dichtungen sich auch noch weitere Spuren der Erscheinung finden, zwar nicht mit einer gewissen Regelmässigkeit
auftretend wie jene, aber gelegentlich und vereinzelt, wie wir
dergleichen für den Sprachkreis, in dem das Synkopirungsgesetz
einmal galt, doch wohl voraussetzen müssen? Ich glaube diese
Frage bejahen zu dürfen, denn es scheint mir, als ob manches,
was bisher als vereinzelte Unregelmässigkeit erschien und daher
meist wegkonjicirt wurde, als Einzelbethätigung des genannten
Gesetzes sich leicht verstehen liesse und so einem grossen Ganzen
sich bequem einreihte.

Man könnte hier zunächst an *ipse* denken, das wie von uns
oben S. 10 A. 3 so vielfach von andern hinsichtlich seiner Prosodie
mit *ille* und *iste* zusammengestellt worden ist, doch kenne ich
keinen Vers, der ein *ips(e)* anzunehmen nöthigte [1]). Aber der

---

[1]) Auch C. F. W. Müller Prosod. 361 nicht. Klotz Metr. 46 und 211
führt freilich als Beleg für *ipse* einiges an, was ihm aber selbst nicht sehr
sicher scheint. Capt. 580 wüsste ich nicht, was zu einer andern Skansion als
Nám is est séruos ipsĕ néc praetér se umquam eī seruós fuit verleiten könnte,
wo nach Klotz' Theorie S. 159 f. iambische Haupteäsur nach der vierten
Hebung anzusetzen wäre. Ja die Stelle erfüllt auch die Klotzische Bedingung
reiner Kürze in der letzten Senkung vor dieser Cäsur, und so trägt denn

Reihe synkopirter Imperative, die wir oben S. 55 ff. aufgestellt haben, können wir, wie ich meine, aus Plautus noch ein und das andere Glied anhängen:

Stich. 768: *Redde cántiónem uéteri pro uinó nouám;*

Pseud. 239: *O Pseúdole mí, sine sim nihili || Mitte mé sis, sine modo ego ábeam.*

Von den für diese Verse vorgeschlagenen Aenderungen hat keine Wahrscheinlichkeit. Wenn der Metriker, verlegen darum, wie er das trochäische Wort in der Senkung unterbringen soll, die erste Silbe für kurz erklärt, weil das Wort doch einmal zwei Silben hat (Sonnenburg exercit. gramm. sem. Bonn. spec. S. 19, Klotz Metr. 308), so kann das vom einseitig metrischen Standpunkt aus als ein erlaubter Nothbehelf gelten; die Gram-

---

Klotz selbst S. 160) kein Bedenken so zu messen, wie ich es eben gethan habe. Cure. 170 ändert K. stillschweigend überliefertes *ipsus* in *ipse* und skandirt dann *ipsĕ*, um die Kürzung *hŏmŏ* in innerer Senkung zu vermeiden! Was diese ganze Theorie betr. Reinhaltung der inneren Senkungen von Wirkungen des Iambenkürzungsgesetzes im einzelnen Falle werth ist, haben wir ja nun schon oft genug gesehen: im allgemeinen will ich hier noch zufügen, dass sie, um überhaupt praktisch verwendbar zu sein, erst an der Hand einer genauen Statistik geprüft werden müsste. Dabei wäre dann gleichzeitig zu untersuchen, ob denn zwei Naturkürzen (wie ich es einmal im Gegensatz zur gekürzten iambischen Silbenfolge nennen will) in der inneren Senkung zulässiger sind, als eine Silbenfolge der bezeichneten Art, also ob der Dichter ein *ĕgo ĭp(sus)* in innerer Senkung sich eher gestatten durfte, wenn *ĭp* von vornherein als wenn es erst nach dem Iambenkürzungsgesetz kurz war. Dieselbe dreiste Aenderung (von *ipsus* zu *ipse*) hat Klotz, wieder stillschweigend, auch Ter. Andr. 377 vorgenommen; an dieser Stelle sehe ich für ein solches Verfahren nicht einmal den Schein eines Grundes. Amph. 170 und Umgebung sind metrisch viel zu unsicher, als dass man daraus ein *ipsĕ* oder *ips(e)* entnehmen möchte. — Für Kürze der ersten Silbe von *ipse* sind nach dem Gesagten natürlich auch unbeweisend alle Fälle, wo *ĭp* die zweite Kürze einer inneren Senkung bildet (Klotz 47); da hat eben das Iambenkürzungsgesetz gewirkt. Und wo schliesslich *ipse* anscheinend gegen das Dipodieengesetz verstösst, liegt nach dem oben S. 132 und 146 gesagten eben auch nichts anderes vor als Endbetonung. Diese ist in vereinzelten romanischen Sprachzweigen noch in ihren Wirkungen nachzuweisen (logodur. mallork. *sos su sa* Seelmann Ausspr. 57; wenn hier *ipse* als Artikel erscheint, so ist das im Spätlatein bekanntlich bereits vorgebildet. siehe z. B. Rönsch It. und Vulg.[2] 422. Hagen z. Gesch. d. Philol. 290). sie erklärt plautinische Verse wie *E'x ipsi[2]s domini[3]s* etc. Capt. 810 (vergl. *e[3]x ipsa[4] re* oben S. 133 Anm.).

matik muss dagegen ein Veto einlegen und ich wüsste nicht,
wie diese ein zweimoriges *mitte* und *redde* anders erklären könnte
als durch Synkopirung des Schlussvokals. Solche hat denn auch
für Stich. 768 bereits Bothe (siehe § 14) vermuthet.[1]) Für
Aul. 655 haben wir schon oben der Möglichkeit gedacht, dass
der Proceleusmatiker *Mănĕ mănĕ* durch *Man' mănĕ* zu ersetzen
sei, so dass also *man'* für *mănĕ* stünde wie *can* für *cănĕ* (s. S. 58
u. 114 A. 1). Um solche Vermuthungen zur Gewissheit zu erheben,
wird freilich erst noch eine gründliche Untersuchung über die Zulässigkeit der Proceleusmatiker in iambisch-trochäischen Versen
angestellt werden müssen, und bei dieser wird dann das Synkopirungsgesetz wieder oft genug in Betracht zu ziehen sein; so
leuchtet z. B. ein, dass die Formen *benficium malficium* etc., die
Ritschl op. II 716 ff. zur Beseitigung von Proceleusmatikern
verwendete, durchaus dem Charakter der plautinischen Sprache
gemäss sind, was Klotz Metr. 351 in Abrede stellen zu wollen
scheint.[2])

Für Synkopirung einer Flexionssilbe in Nominibus haben
wir oben in § 4 nichts anführen können. Indess hat schon
Bothe (siehe § 14) bemerkt, dass das einmal überlieferte zweimorige *forte* (Asin. 794; auch Curc. 271? [cf. oben S. 75 A. 3],
Mil. 720?) vielleicht nicht durch *fors* zu ersetzen, sondern nur
fort' zu sprechen sein möge.

Mit etwas grösserer Sicherheit kann man die Beispiele für
die Synkopirung enklitischer Anhängesilben vermehren. Trin.
386 ist überliefert:

Túte ad eum ádeas, tute concílies, túte póscas !! Éccere.

Für das unmetrische zweite *tŭtĕ* hat Ritschl mit Bergk *ut*

---

[1]) Danach wäre auch Trin. 1010:

Ádde gradum, adproperá : iamdudum fáctumst, quom abistí domo
zu beurtheilen, wenn man im ersten Fusse die Theilung der Senkung beanstanden müsste (siehe aber oben S. 35 A. 4). Klotz' Proceleusmatiker *grădum
ădpropĕ-* (Metr. 310) dürfte schwerlich Liebhaber finden.

[2]) Ob auch in anderen Konjugationsformen als dem Imperativ Synkope
eingetreten ist? So würde sich ein zweimoriges *esse* begreifen. Aber ich
finde bei Müller Prosod. 299 ff. für solche Messung keinen Beleg, der mir
genügend sicher scheint. Men. 982 und 1041 hat Schöll doch wohl nur aus
Versehen *ĕssĕ* in den Text konjicirt.

geschrieben. Dass das falsch ist, zeigt Abraham stud. Plaut.
235, der zugleich auch mit Recht Spengels Aenderung der ersten
zwei *tute* in *tu* missbilligt. Er selbst nimmt diese Aenderung nur
am zweiten vor. Sonstige Besserungsvorschläge, die Erwägung
verdienten, kenne ich nicht. Die Mängel des Abrahamschen liegen
auf der Hand: dass von den drei parallelen Gliedern das erste
und dritte mit *tute* eingeleitet sein sollten, das mittlere aber
mit *tu*, ist unwahrscheinlich. Wir vermeiden diese Unwahrscheinlichkeit, indem wir lesen:

 Tŭte ad eum ídeas, tút' concílies, túte píscus | Écceré.

Tŭt' concilies war lautlich von *tu concilies* geschieden, sei es
dass mit Assimilation *tuc concilies* gesprochen wurde, sei es
dass der Vokal im Schwinden noch die Kraft bewahrte die
Konsonanten am Zusammenfliessen zu hindern, wie ähnliches
auch sonst geschehen ist[1]). *Tŭtĕ* und *tŭt'* stehen im selben
Verse neben einander wie z. B. *átquĕ* und *ac* Poen. 372:

 Ác[2]) te fáciet út sis éius Áttica átque líbera.

Von den drei Beispielen einer Kürzung der dritten Silbe
einer Wortgruppe dieser Form _ ⏑ ⏝ ⏤ in iambisch-
trochäischen Versen ausserhalb des ersten Fusses hoffen wir
zwei (Cpt. 791 und Stich. 716) oben S. 9 A. 2 u. 46 A. 2 in
nicht unprobabeler Weise erledigt zu haben. Es bleibt das
dritte, Stich. 696:

 Séd amicá[3]) mea et túa dum cómit dúmque se exórnat, nós uolo.

Abgesehen von der unzulässigen Theilung der Senkung
dŭmquĕ se ĕxór ist die Wirkung des Iambenkürzungsgesetzes über das elidirte Monosyllabum hinweg hier ebenso unwahrscheinlich wie Cpt. 791. Auch kenne ich dafür keinen
weitern Beleg als Poen. 1116 *Sĕd i átque éuoca íllam*, wo man
plautinischem Gebrauch gemäss (siehe oben S. 141 f.) mit Recht

---

[1]) *Mattus* = **maditus*, *cette* = **ce-date*, *adgretus* = **adgreditus*. Die
lautgesetzlichen Entwicklungen eines ursprünglichen **madtus* **cedte* wären
*massus **cesse* wie *adgressus* die von **adgred-tus* ist. Siehe Brugmann
Grundr. I § 501 Anm. 2, Stolz Gr.[2] § 64, 1.

[2]) *Atque* codd., siehe oben S. 53.

[3]) Die Verletzung des Dipodiengesetzes erklärt sich durch die Enklise
von *mea* (siehe S. 136 Anm.).

das Asyndeton *Sed i énoca illam* hergestellt hat. Jedenfalls bestehen gegen ein *dumqu'* (gesprochen *dunc*)[1]) nicht entfernt gleiche Bedenken. Es vergleichen sich nicht nur *ac* aus *atque*, *nec* aus *neque*, sondern auch *quandoc*, von Bergk Beitr. z. lat. Gr. I 29 mit Recht aus *quandóque* erklärt[2]), und *donec* als Nebenform von *donique*, älter *doneque* (Bücheler bei W. Förster roman. Forschungen I 324).

Und wird nun so nicht vielleicht auch manche andere trochäische Verbindung eines einsilbigen Wortes mit *que* zu verstehen sein, für welche die Versmessung eine Geltung von nur zwei Moren nachweist?[3]) Wir lesen in den Handschriften Capt. 244 ff.:

> nunc te óro pér precém:
> *Pér fortúnam incértam et pér mei te érga bónitatém patrís*
> *Pérque consérnitiúm commúne quód hóstica éuenít manú,*
> *Né me* etc.

Hier hat Schöll ganz richtig gesehen, dass *conseruitium* gehalten werden muss und die daraufhin erfolgende Streichung von *que* auch die des *et* im vorhergehenden Verse nöthig macht. Man tilgt indess auf diese Weise hier nicht etwa bloss ein paar gleichgiltige Partikeln, sondern, wie mir Herr Professor R. Förster treffend bemerkt, das bei lat. *oro, obsecro per* gerade wie bei griech. ἱϰνοῦμαι, λίσσομαι πρός sollenne Polysyndeton. So wird sich also die Aussprache *Pérc consérnitiúm* stilistisch ebenso wohl wie kritisch empfehlen.

Die Bemerkung Försters verdient noch bei einer weiteren Stelle Beachtung, Poen. 417 ff.:

> *Nunc óbsecró te, Mílphio, húnc per déxterám*
> *Perque húnc sorórem luéuam pérque oculós tuós*
> *Perque méos amóres pérque Adélphasiúm meám*
> *Perqué tuam libertátem,*

---

[1]) *Dunc* kennen wir als eine volksthümliche Nebenform von *dum* aus späteren Inschriften (Zimmmermann Wölffl. Arch. V 571). Ursprung aus *dumque* ist dafür lautlich viel wahrscheinlicher als aus *donec*, wie Zimmermann a. a. O. will.

[2]) Daher kann Men. 985 nicht *quandoc* vor Vokal gestanden haben. Vergl. Scherer Studem. Stud. II 111 Anm.

[3]) Das Material zum folgenden bei C. F. W. Müller Prosodie 442 ff.

nur dass man hier die übliche Streichung des *que* an der dritten Stelle ohnehin sehr störend empfindet, weil es nicht wie Capt. 244 ff. möglich war, das Polysyndeton auf konjekturellem Wege ganz in ein Asyndeton zu verwandeln. Man spreche *Pere méos*.

Ebenso wird man nun die Ueberlieferung auch in folgenden Versen halten dürfen, wo man bisher durch Streichung kleiner Wörtchen wie *que*, *me* mehr oder weniger den Ausdruck schädigte:

Mil. 508: *Quodque cóncubinam erilem insímulare aúsus es;*

Mil. 1072: *Quomque me óratrícem hau spréuisti sistíque exórare*

éx te;

Afran. 27: *Quodque mé non mélius fácere pósse crédidi.*

Man sprach *Quoc cóncubinam, Quone me óratricem, Quoc mé* gerade so gut wie etwa *ac concubinam, ac me* für *atque concubinam, atque me* und *hunc militem* für **honce militem*.

So liessen sich endlich auch Curc. 705 und Pseud. 442 vertheidigen:

Quódne promisti? || Quí promisi? || Língua || Eádem núnc negó; Idne tú miráre si patríssat filiús.

Quodne idne klang hier in der Aussprache *quon in* (für **quonn' *inn'*), wie ganz ähnlich nach unserer Annahme (oben S. 60 Anm.) *an* für **at-ne* steht.

Ich breche diese Betrachtungen hier ab, für die mir ohnehin nur gelegentlich gefundenes, nicht methodisch gesammeltes Material zu Gebote steht. Auch so muss ich schon den Vorwurf fürchten mich von einem richtigen Grundgedanken zu weit haben hinreissen zu lassen. Aber überlege nur jeder, der diesen Vorwurf zu erheben gedenkt, dass wir uns durchaus in den Grenzen nicht nur des grammatisch Möglichen, sondern des grammatisch Wahrscheinlichen gehalten haben.

II.

Wie im Eingang dieses Paragraphen angedeutet, haben wir hier auch noch mit einigen Worten auf einen andern Theil der Satzphonetik, die Frage nach der En- und Proklise und insbesondere nach der Freiheit ihres Eintritts, einzugehen. Auch hier ist die Wichtigkeit der archaischen Sceniker als Erkenntnisquelle eine ganz einzige. Das erhellt aus vielem, was wir im Vorausgegangenen auseinander zu setzen hatten, wird durch eine sehr wünschenswerthe genaue Einzeluntersuchung voll bestätigt werden und lässt sich hier leicht an ein paar Beispielen zeigen. Auch hier gebe ich nur gelegentlich Beobachtetes, das aber zur Exemplificirung genügen wird.

Plautus betont nur *át enim* oder *at ením*, nie *at énim* (Seyffert Berl. phil. Woch. 1885 Sp. 40). Was das bedeutet, ist für niemand zweifelhaft, der da weiss, dass Plautus tribrachysche Worte nur auf der ersten oder dritten, nie auf der mittleren Silbe betont: hinsichtlich der Betonung stellte *at enim* ein Wort dar, so gut wie *et enim*, das man ja auch in einem Worte zu schreiben pflegt. Genau das Gleiche gilt von *quid ita*, bei Plautus auch nur *quíd ita* oder *quid itá* betont[1]). — Dass *quidem* mit einem vorausgehenden Pronomen ein Wort bildete, ist durch Luchs erwiesen worden (siehe oben S. 9 A. 2). Indess wäre es unbegreiflich, wenn *quidem* gerade nur nach Fürwörtern enklitisch gewesen wäre. Werden nicht vielmehr auch in Fällen wie *Philématiúm quidém* Most. 972, *nasó quidém* Mil. 822, *milés quidém* Bacch. 222, *sperát quidém* ib. 144 die Versikten den Accenten der Sprache angepasst gewesen sein? — Enklise der Pronomina haben wir oben S. 136 Anm. nachgewiesen. — Auch das Verbum ist bisweilen enklitisch gewesen. Das ergiebt sich aus der über jeden Zweifel erhabenen Herleitung von *igitur* aus *agitur*, die Hartmann KZ XXVII 558 (vergl. Kretschmer ib. XXXI 340) gefunden hat[2]), das ergiebt sich aus der oben S. 58 besprochenen Anekdote. Denn wenn *caue ne eas* wie *caúneas* geklungen haben soll, muss *cáu(e)* stärkstbetont, die zweite Silbe der Gruppe schwächstbetont gewesen sein. Auch im Umbrischen weist neidhabas Ig. IV 33 auf die Betonung nei adhabas, und daraus hat Bücheler Umbrica 171 gewiss mit Recht auf die Aussprache des plautinischen *né adeat* geschlossen. Man wird hiernach es wohl mit Ritschl proleg. CCLIX für möglich halten dürfen, dass die plautinischen Betonungen *quid agis, quid agunt, quid ais, quid opust* u. a., ja nach dem oben S. 108 A. 1 über

---

[1]) Luchs Hermes VIII 114.

[2]) Wunderlich ist wahres und falsches gemischt bei Schmalz Syntax[2] § 202: „[*Igitur*] ist = *agitur* und sollte daher seinen Platz an erster Stelle des Satzes haben".

die Accentverhältnisse procelensmatischer Worte gesagten auch
quíd agitur die Betonungen der Umgangssprache sind.[1]) Insbesondere haben wir wiederholt schon auf Enklise des Verbums
esse hingewiesen (oben S. 127 f. u. 137 A.); von weiteren Belegen
dafür gebe ich hier nur noch einen, weil er auch in der neuesten
Ausgabe nicht zu seinem Rechte gekommen ist. Mil. 630: *Cla¹re
ocŭli²s uĭdeo³, perni⁴x sum* etc., wo man umzustellen pflegt *sum
pernix*. Aber *pernix* verstösst auch in der Ueberlieferung nicht
gegen das Dipodieengesetz, weil eben *pernix sum* ein dreisilbiges
Paroxytonon darstellt. [2])

Diese Bemerkungen zusammen mit früher gesagtem werden
trotz ihrer Abgerissenheit genügen, um die grosse Bedeutung
der Enklise für die Beurtheilung der lateinischen Betonung erkennen zu lassen und um die Behauptung zu begründen, dass,
bevor diese Dinge gründlich untersucht sind, eine Entscheidung
der Frage, ob die alten Sceniker Uebereinstimmung des Wort-
und Versaccentes gesucht haben, unmöglich ist. Wer jedes
Wort im plautinischen Vers nach dem Dreisilbengesetz accentuirt
und dann berechnet, wie oft der Iktus mit dem Wortaccent
zusammenfällt, der kommt nothwendig zu einem falschen Ergebnis. Dass aber das berichtigte für die Bentley-Hermann-
Ritschlsche Anschauung noch erheblich günstiger ausfallen wird
als das bisherige, ist jetzt schon zu vermuthen und wird allen
denen nicht unerwartet kommen, die wie ich das πρῶτον ψεῦδος
des W. Meyerschen Angriffs gegen jene Anschauung in seiner
falschen Beurtheilung des lateinischen Accents erblicken: W.
Meyer hält ihn für musikalisch, während er vielmehr expira-

---

[1]) So werden denn wohl auch Vers- und Wortaccent sich noch entsprechen
in Fällen wie *intro te ŭt eas ŏbsecrát* Mil. 1385 (cf. *cŭàn'eas*), *si iturást*
Mil. 1299 (zugleich auch mit Enklise von *est*) und zahlreichen andern. — Be-
weisend für *quĭd agis, quĭd agam* als Tonverbindungen ist übrigens auch,
dass sie mit den beiden ersten Silben in Senkung iambisch-trochäischer Verse
erscheinen, ohne dass gesetzwidriger Wortschluss inmitten der Senkung entsteht
(Klotz Metr. 307).

[2]) So gewinnt denn auch Brugmanns Erklärung von *sum sumus* als
thematischen Formen, die in der Tieftonigkeit ihr ursprüngliches ŏ (*sŏm *sŏmos)
in ŭ gewandelt haben (Ber. d. sächs. Ges. d. Wiss. 1890. 231). noch an
Wahrscheinlichkeit.

torisch war (vergl. Langen Philol. 46, 408). Gerade wegen dieser
meiner Stellung zu W. Meyers Angriff muss ich hier noch ein
Wort über meine Benutzung des Dipodieengesetzes sagen. Ich
halte dasselbe für eine sichere Grundlage meiner Auseinandersetzungen, wenn ich auch sehr wohl weiss, dass meine Ergebnisse
in gewissem Sinne gerade geeignet sind das Gesetz zu erschüttern.
Wenn nämlich z. B. ein *illu²m* das Dipodieengesetz nicht verletzt, weil es endbetont war, so wird ja offenbar auch ein *Illu¹m*
keine Verletzung des Wortaccentes zu sein brauchen. Weiter:
wenn wir das Verbum *esse* infolge anscheinender Verletzungen
des Dipodieengesetzes durch dem *esse* voraufgehende Wörter als
enklitisch erweisen konnten, so wird ja wohl auch ein *Homún-
culi quanti³ sunt* Capt. 51 oder ein *actaᵒs eraᶜt* Capt. 20 vermuthlich die Accente der Umgangssprache wiedergeben. Ebenso
ergaᵌte (Andr. 820) u. ä., da es *ergaᵗte* thut (siehe S. 127 f.). Wird
man in dieser Weise fortfahren, die Entschuldigungen, die man
gegenüber dem Dipodieengesetz gelten lässt, auch auf die un-
geraden Versstellen zu übertragen, so wird mehr und mehr sich
die alte Annahme rechtfertigen, dass Plautus an allen Versstellen
den Iktus auf die Schlusssilbe spondeischer Worte nur setzt,
wenn auch der Wortaccent auf dieser stand.

Einen wie provisorischen Charakter diese Bemerkungen
auch tragen mögen, ich glaubte sie nicht unterdrücken zu dürfen,
um in den Augen derer, die jene frühere Annahme festhalten,
meine Benutzung des Dipodieengesetzes zu rechtfertigen. Nur
darum habe ich zum Beweise der Endbetonung von *ille* bloss
diejenigen Fälle angeführt, in denen *ille* die geraden Versstellen
einnimmt, weil hier Bekenner und Bestreiter des Dogmas vom
Zusammenfall des Wort- und Versaccentes über die Unzulässigkeit
paroxytoner spondeischer Worte einig sind; dass es später gelingen wird, sie auch für alle anderen Versstellen und so das
Dipodieengesetz als zu eng und verfehlt zu erweisen, sofern es
eben ein Dipodieengesetz sein soll, das hoffe ich zuversichtlich.

Indess ich kehre von diesem Zukunftsbilde zu einem Gegen-
stande greifbarerer Art zurück. Wir setzten S. 136 auseinander,
dass die Proklise von *ille iste ipse* bald eingetreten sei bald nicht,
ohne dass man für diesen Wechsel einen Grund mit Sicherheit

erkennen könne, ja ohne dass man überhaupt einen minder allgemeinen Grund sich dafür denken kann als die grössere oder geringere Sprachgeschwindigkeit. Es verhalte sich aber mit dem Grunde der Erscheinung wie immer, jener Wechsel ist auch bei anderen Tonverbindungen mit Sicherheit nachzuweisen. Als gewissestes Beispiel betrachte ich die Betonungsverschiedenheiten bei Verbindung einer Präposition mit ihrem Substantivum [1]). Dass solche Verbindungen vielfach als ein Wort galten und dass dementsprechend die ganze Gruppe nur einen Hauptaccent hatte, der sich nach dem Dreisilbengesetz resp. dem vorhistorischen Accentgesetz regulirte, wird durch folgende Thatsachen bewiesen:

1. durch Zusammenschreibung auf Inschriften wie *inuinculeis demaiore* etc., deren man eine Menge gesammelt findet z. B. bei Marini atti de' frat. arv. S. 518, Ritschl prisc. lat. mon. S. 120, Corssen Vok. II² 863 ff., Vollmer Fleckeis. Jahrb. Suppl. XVIII 510;

2. durch Grammatikerzeugnisse (Schöll act. soc. phil. Lips. VI 177 ff.), siehe besonders Gellius VI 7 (No. CLVᵃ Schöll);

3. durch das Verfahren des Porfyrius, der bei seinen poetischen Kunststückchen Präposition und Substantiv wie ein Wort transponirt. Wenn er paneg. Const. XIII 1 den Vers

Iamnunc sub axe placido beate princeps [2])

umkehrt, so erhält er in gleichem Metrum

Princeps beate placido sub axe iamnunc;

4. durch *ilico peregre sedulo denuo, sedfrude* CIL I 198. 64. *profecto protinus praefiscini*, deren Vokalisirung Stellung des Accents auf der Präposition anzunehmen nöthigt (J. Schmidt Pluralbildgn. S. 50 Anm.). Auch ohne Aenderung der Laute ist solche Betonung zweifellos für Fälle wie *óbuiam intéruias intérea proptérea* etc.;

5. durch die oben S. 127 f. behandelten Erscheinungen des plautinischen Versbaus, die Betonungen wie *proptér me, intér se, proptér cas* etc. voraussetzen;

---

[1]) Hier spreche ich von vorangestellten Präpositionen. Für die nachgestellten kann ich auf die Doppelheit *nobiscum : nóbis cum* (oben S. 127 Anm. 2) verweisen.

[2]) Schema: ‒ ‿ ‿ ‒ ⏑⏑ ‒ ‿ ‿ ‿ ‒ ‿.

6. durch die häufigen plautinischen Betonungen *dé íllo (ílla, íllis), cúm íllo (ílla, íllis)*, welche durch romanische Reflexe wie *della collo* als volksthümlich gesichert werden[1]).

Aber dieser Reihe von Thatsachen steht eine andere gegenüber, aus der etwas widersprechendes ersichtlich ist, nämlich die Accentuirung des abhängigen Nomens. Auch hierfür beweisen

1. Grammatikerzeugnisse: Schöll a. a. O., siehe z. B. No. CXLV, Quintilian I 5. 25 ff. = CXLIII;

2. die romanischen Sprachen, die mit der von mir soeben unter No. 6 gegebenen Ausnahme tonlose Präpositionen voraussetzen (W. Meyer Gramm. I § 612);

3. die Betonung im plautinischen Verse. Dass *óbuiam* die übliche Betonung war, ist soeben unter No. 4 gesagt worden, und so findet sich denn auch im plautinischen Verse *obuiam* gewöhnlich mit der ersten und dritten Silbe in Hebung. Selbst Pseud. 592 (*óbuïam ïgnóbilis* in Anapästen) sehe ich keinen Grund mit Müller Prosod. 420 *ob uïam* zu trennen, da auch die kurze Schlusssilbe eines mehrsilbigen Wortes breuis breuians sein kann, siehe z. B. *ïntĕr ïstás, haecĭne ïllást* u. a. oben S. 56 A. 3, 98 A. 1 u. ö. Aber wenn Rud. 206, ein iambischer Oktonar, überliefert wird:

Hic sáxa súnt, hic máre sonát neque quísquam homó mi obuiam uenít

und der einzige Anstoss hierbei die falsche Betonung des daktylischen Wortes *ŏbuïăm* ist, so wird freilich wohl diesem Anstosse nicht durch Umstellung, wie gewöhnlich geschieht, sondern durch getrennte Schreibung *ob uïam* abzuhelfen sein;

4. beweist für Betonung des Nomens auch die Gestalt der Präposition *cum*. Ich habe de nom. lat. comp. S. 34 Anm. 1 bemerkt, dass die Differenz zwischen *com-* und *cum* sich so erklären dürfte, dass letzteres, die Präposition, proklitisch (bezw. enklitisch) war (*cum pári, quícum*), während jenes nach der urlateinischen Betonung (oben S. 40 f.) als erstes Glied in Kompo-

---

[1]) Wie nahe die plautinische Aussprache hier der romanischen stand, geht für *dé íllα* aus Büchelers Bemerkung über *ne adeat* (s. oben S. 154). für *cúm íllα* aus *ém íllum* hervor, das sich bei Plautus und Terenz auch schon in der Form *ellum* (Bacch. 938; Andr. 855; Ad. 260. 389) — roman. *ello* (d'Ovidio Gröbers Grundr. I 506 Anm.*) zeigt.

siten dereinst immer den Hauptton trug. Stolz Gr.[2] S. 267
Anm. 3 und Brugmann Ber. d. sächs. Ges. d. Wiss. 1890, 231
haben dem beigestimmt. Auch bleibt es jedenfalls richtig, soweit
es *com-* als erstes Glied in Kompositen angeht; dagegen für die
Präposition wird man jetzt vielleicht eher anzunehmen haben,
dass dereinst sowohl *com* als *cum* in dieser Funktion berechtigt
war und erst allmählich *com* durch *cum* verdrängt wurde.

Hier haben wir also zweifellos einen Fall, wo bei der Verbindung zweier Worte eine Tonverschiebung bald eintritt bald
nicht, und ein Beispiel wie *ob níam : óbuiam* ist besonders geeignet zu zeigen, dass von dem lautlichen Habitus der beiden
Worte an sich hierbei nichts abhängt, dass es vielmehr ein
von aussen hinzukommender lautlicher Einfluss sein muss, der
die Worte bald mehr bald minder fest verbindet.

Vielleicht übrigens dürfen wir, noch einmal zu früher Gesagtem
zurückkehrend, hier noch hervorheben, dass die zuerst zusammengestellte Reihe von Thatsachen wieder für eine grosse Reihe
plautinischer Verse Uebereinstimmung von Wort- und Versaccent zu erweisen geeignet ist, in denen man solche bisher
nicht annahm. Was wird denn nämlich vom Standpunkt der
gesprochenen Sprache aus an Betonungen auszusetzen sein wie
die folgenden: *ín níam* Trin. 4 (cf. *óbuiam*). *ín manum* ib. 126
(cf. *cómminus*). *ín manus* ib. 130, *pér fidem* ib. 153, *neque ín uiá
neque ín foró* ib. 282, *á bonis* Mil. 1288, *ín hominem* (*inuolo*,
vergl. zu $\cup \cup \cup \cup$ oben S. 108 A. 1) Mil. 1400. Ja wenn man
J. Schmidt a. a. O. folgen darf, der nicht nur in der Gruppe *se
dulo*, sondern sogar in der Gruppe *se dulo m(alo)* CIL I 200. 39
den Accent von *se* dominiren lässt, so erklärt sich nun auch,
warum *ín malam crucem* keinen regelwidrigen diiambischen Versschluss bildet: es ist ein Wort mit einem Hauptaccent.

Noch ein zweites Beispiel für anscheinende Freiheit der
Tonverbindung mag hier seinen Platz finden. Es ist bekannt,
dass die romanischen Sprachen die lateinischen Zehnerzahlen
in einer derartig verstümmelten Form wiedergeben, dass der
Schluss unabweisbar wird, dass jenen romanischen Reflexen auf
der drittletzten Silbe betonte Formen (also *uíginti quadráginta* etc.)
zu Grunde liegen. Nur das Spanische weist auf paroxytonirte

Grundformen hin[1]). Wie ist diese Betonungsverschiedenheit zu
erklären? Die auch heute noch verbreitetste Annahme geht
dahin, *uigínti* etc. seien die Formen des klassischen Hochlateins
gewesen, das Vulgärlateinische aber habe eine ältere Betonungsweise auf der drittletzten wie in andern molossischen Worten
und Wortausgängen so bei den betr. Zahlen bewahrt. Widersprochen hat dem d'Ovidio a. a. O. (vergl. bes. S. 93 ff.). Er
erklärt es für eine Art von unbegreiflichem Atavismus, dass,
nachdem das familiäre Latein, wie seine ältesten Abkömmlinge,
die Sprachen der iberischen Halbinsel, beweisen, einmal die
Accentuation *uigínti tri̇gínta* angenommen hatte, es wieder zur
ersten Entwicklungsphase *uigínti tri̇ginta* zurückgekehrt sei. Ein
Grund sei dafür gar nicht zu erkennen, denn wenn Corssen
meine, der Hochton sei hier wieder auf die bedeutungsvollste
Silbe des Wortes zurückgetreten, so werde das ja einfach dadurch
widerlegt, dass es dann *quádraginta* etc. statt *quadráginta* hätte
heissen müssen und *ui-* in *uigínti* dem Römer überhaupt nichts
mehr bedeutete. Nehme man aber andererseits an, dass der
Verfall der Quantität die Tonverschiebung herbeigeführt habe,
so sei es unbegreiflich, wieso gerade die Numeralia und ausser
diesen nur ganz wenige andere Worte die letztere erlitten hätten.
Ich kann nicht finden, dass Seelmann a. a. O., namentlich S.
391 ff., diesen Gründen irgend etwas Entscheidendes entgegen-
zusetzen vermocht hat. Wenn die Accentverschiebung in der
Flexion, wie Seelmann selbst zugiebt, nur durch „die Macht
der Analogie" veranlasst ist, so hat sie mit der in *tri̇ginta*,
die nicht analogischer Natur sein kann, nichts zu schaffen.
Zweitens lassen sich nicht vergleichen die Fälle, wo der anscheinende Accentwechsel durch Suffixvertauschung zu Stande
gekommen ist. Und drittens endlich können weder eine Auf-
frischung des archaischen Accentes im Volkslatein noch eine besondere Vorliebe des letzteren für Accentzurückziehung (der
ja ohnehin die häufigen Fälle von progressiver Bewegung des

---

[1]) Vergl. Corssen Vok. II² 944 ff.; d'Ovidio Ztschr. f. roman. Philol.
VIII 82 ff.; Seelmann Ausspr. 52 f. 391 ff.; Gröber Wölffl. Arch. V 125;
W. Meyer Gr. I 494 und neuestens Gutheim über Konsonantenassimilation
im Französ., Heidelberg 1891, S. 64.

Accents im Vulgärlatein [Seelmann S. 47 No. 1 und 2, Gröber a. a. O.] widersprechen) diejenigen Fremdworte erweisen, welche ihren heimischen Accent auch im familiären Latein beibehalten haben. Hiernach bleibt nur ganz vereinzeltes, was mit den Zahlworten in eine Linie gestellt werden kann, bei Seelmann nur *ficatum *sécale. Was das letztere angeht, so scheint mir d'Ovidio S. 98 richtig geltend zu machen, dass im Latein die Quantität des *a*, da das Wort sich nur in Prosa findet, nicht zu erweisen ist und Anlehnung an *sēcure* einmal durch die Qualität des *e* in den romanischen Sprachen, welche *ẹ* voraussetzen, dann aber durch die Natur des Suffixes -*áli*-, das kein Primärsuffix ist, widerrathen wird. Indess stehe es doch darum wie es wolle, auf zwei vereinzelte Worte und eine isolirte Wortkategorie wird niemand ein Gesetz bauen wollen, dem hunderte von Beispielen widersprechen. Ist nun aber für das molossische *uiginti* etc. eine Accentverschiebung nicht wahrscheinlich zu machen, so lange man es aus dem Satzzusammenhange herausgerissen betrachtet, so wird eben, wie d'Ovidio ganz richtig folgert, der Satzzusammenhang es gewesen sein müssen, der jene durch die romanischen Formen geforderten Betonungen hervorbrachte; auch die Zahlwörter müssen im Zusammenhang der Rede ihren Ton gegen die isolirte Stellung verändert haben gerade wie wir es für *illúm* anzunehmen gezwungen wurden, gerade wie wir es für Präposition + Substantiv erwiesen haben. Für *ficatum* vermuthet d'Ovidio in ähnlicher Weise sehr einleuchtend, dass es mit *iecur* ursprünglich unter einen Ton zusammengesprochen und von hier aus mit verändertem Ton verschleppt wurde. In welchen Verbindungen bei *uiginti* etc. die Tonverschiebung eingetreten sein möge, darüber sehe man Vermuthungen bei d'Ovidio.

Dieses *uiginti* etc. hat nun nicht erst in den romanischen Sprachen durch die Wirkung des Accentes (oben § 4) seine Mittelsilbe verloren, sondern wir haben auch aus dem Latein eine Reihe derartig verstümmelter Formen inschriftlich erhalten: *uinti trinta quarranta sexanta*; siehe die Belege bei Ihm Wölffl. Arch. VII 69 f. [1]). Wird demnach schon für das lebendige Latein

---

[1]) Für *uinti* ein neuer Beleg auf der Thevestiner Inschrift rhein. Mus. 44,

die Betonung *uiginti triginta* mittelbar erwiesen, so haben wir noch ein werthvolles unmittelbares Zeugnis für diese Aussprache in den Worten des Consentius GLK V 392. 4 f.: „[barbarismus fit] accentus, ut siquis dicens *triginta* priorem syllabam acuat et sequentem grauiter enuntiet".

Und diese Aussprache, meine ich, erweist uns der plautinische Versbau auch für das alte Latein. Die Zahlen von 50 an sind zu selten belegt, um aus ihnen etwas schliessen zu können; diese also übergehe ich hier ebenso wie *quadraginta*, das zwar bei Plautus regelmässig auf der drittletzten betont wird, aber bei seiner Prosodie $\smile — — —$ kaum eine andere Möglichkeit liess. *Viginti* und *triginta* dagegen fügen sich dem Dichter offenbar gleich bequem bei der Betonung *uiginti* wie bei der proparoxytonen. Um so mehr muss es verwundern, dass die letztere wenigstens bei *uiginti* stark überwiegt. *Viginti* findet sich mit dem uns geläufigen Accente elfmal, mit dem Iktus auf der ersten und dritten dagegen 44mal, *triginta* neunmal, *trigintá* 16mal.[1]) Vielleicht wird man nun versuchen dies daraus zu erklären, dass die beiden Zahlworte gewöhnlich mit einem Kasus von *minae* verbunden als bequemer Versschluss erscheinen. Indess bezweifle ich sehr, dass damit eine genügende Auf-

---

485, vergl. 45. 158 Anm. — Inwieweit die Formen *uigenti trienta octugenta* (inschriftlich, siehe Seelmann S. 392 und Ihm a. a. O.), sowie bei Virgilius Grammaticus S. 10, 20 ll. u. ö.) mit den obigen zusammenhängen, untersuche ich hier nicht. — Uebrigens sind die romanischen Zahlworte vermuthlich aus solchen Kurzformen herzuleiten, nicht aus den Langformen *uiginti* etc., da dem sich lautliche Schwierigkeiten in den Weg stellen; vergl. zuletzt Gutheim a. a. O., der aber selbst Unmögliches zur Erklärung versucht.

[1]) *Viginti* Asin. 89, 725; Bacch. 422, 819; Capt. 438; Pseud. 52. 280, 1068, 1228; Rud. 1382 (diese Stelle rechne ich zu meinen Ungunsten hier mit, obgleich die Sonnenscheinsche Fassung *Quinque et uiginti ánnos nátus* probabler ist als die Schöllsche); Truc. 653; *uiginti* Asin. 230, 243, 348 364, 396, 468, 532, 579, 633, 636, 651, 653, 684, 734, 752, 801, 852, 915; Bacch. 6; Capt. 353, 364, 380; Cist. II 3. 19; Curc. 448; Men. 950; Merc. 429, 430; Most. 297; Poen. 897, 1380; Pseud. 113, 114, 117, 344, 345, 404, 412, 484, 1070, 1077, 1223 bis, 1241; Truc. 543. — *Triginta* Bacch. 462; Curc. 492; Epid. 703; Men. 446 (?); Mil. 44; Most. 974; Rud. 45; Phorm. 1038; Hec. 421; *trigintá* Curc. 63, 344, 535, 666; Epid. 705; Men. 951; Merc. 432; Most. 300, 973, 973 b (cf. Studemunds Apographon), 982; frg. 232; Phorm. 557, 558, 898; inc. pall. 45.

klärung der plautinischen Betonungsverhältnisse von *uíginti* und *tríginta* gegeben ist. Denn beide Worte erscheinen auch da, wo nach dem oben S. 123 Auseinandergesetzten nur ein oxytonirtes resp. proparoxytonirtes molossisches Wort zulässig ist, ein paroxytonirtes wie *trigínta* aber nicht. Hier die Belege:

Asin. 348: Vi'ginti² minás. sed se éum non nóuisse hóminem qui siet;

Merc. 429: Vi'ginti² minis opínor pósse mé illam uéndere;

Pseud. 345: Vi'ginti² minis // Vtrúm uis, uél quatér quinis minís;

ib. 1223: Vi'ginti² minae // Átque etiám mihi áliae uiginti minae;

Curc. 344: Tri'ginta² minís, uestem, aúrum: et pro hís decem áccedúnt minaé;

Most. 300: Tri'ginta² minás pro cápite tuó dedi // Quor éxprobrás:

ib. 982: Tri'ginta² minaé, prae quam álios dápsilis sumptús facit.

Klotz wird also wohl im Wesentlichen das Richtige gesehen haben, wenn er Metr. 329 über Merc. 429 bemerkt: „Hier ist zu beachten, dass das ungefüge undeklinirbare Zahlwort nicht vom Substantiv *minis* zu trennen ging, daher *triginta minis* u. ä. wie ein fünfsilbiges Wort zu gelten hat". Mir scheint die Betonung *uíginti trigínta* hierdurch für die plautinische Zeit erwiesen zu sein, und da nun anderwärts diese Betonung bisweilen ihrerseits das Dipodieengesetz verletzen würde[1]), muss *uigínti* mit *uíginti* gewechselt haben. Auch hierin sehe ich einen Beweis für die Freiheit der Tonverbindungen, da ich einen Grund für den Wechsel aus dem plautinischen Material nicht zu erkennen vermag.

---

[1]) Z. B. Pseud. 1228: *Pérdidit me // At mé uigi'nti módicis múltauit minis*; Asin. 89: *Vigi'nti iam u'sust filio árgenti minis* u. ö.

§ 14.

Vorgänger.

Denique:
Nullumst iam dictum quod non sit dictum prius.

Die Resultate der vorliegenden Abhandlung standen längst
für mich fest, als ich bei erneuter Durchsicht der Ritschlschen
Prolegomena auf einen Passus stiess, über den ich bis dahin
achtlos weggelesen hatte, der aber nun für mich sofort Bedeutung gewann. Es heisst dort am Ende des 11. Capitels:
„Apage autem eorum et putida et indocta artificia, qui etiam
u'l, s't ... et similia commenti sunt pro *uel, set* ... atque adeo
nemp' Phormionem, ind' sumam ...: quae merae praestrigiae
sunt et glaucomata". Ich hatte also Vorgänger, und ich konnte
auch nach dem von Ritschl angeschlagenen Tone nicht zweifelhaft sein, wo ich die Vorgänger zu suchen hatte. Die viel-
geschmähten Weise und Bothe mussten es sein, die lange vor
mir das gefunden hatten, was wir uns soeben durch die Thatsachen haben lehren lassen. Und wirklich fand ich bei Weise
wiederholt die Bemerkung: *„ille, unde, nempe* etc. monosyllabum"
(siehe ausser seinen Anmerkungen zu einzelnen Versen die Zusammenstellungen in seinem lexicon Plautinum)[1]), bei Bothe
aber eine Notiz, die ich statt aller anderen[2]) hierher setze. Sie
findet sich in seiner Berlin 1811 erschienenen Ausgabe Bd. IV
S. 85 zu Asin. 770 = 794 Gz. zugeschrieben: *„forte* inuecto cretico
pro iambo nisi quis *fort'* pronuntiandum putet abiecta *e* littera quo-
modo *haec illaec istaec* pro *haece illaece istaece,* item *neu* pro *neue,*
seu pro *siue* in usu sunt et interdum *ill' ips' ind' nemp' quipp'*
redd' und' pro *ille* etc. legendum arbitror potius quam priores
horum uerborum syllabas corripiam". Unter den Stellen, die

---

[1]) Wie unklar er sich freilich über die Art dieser Einsilbigkeit war,
geht daraus hervor, dass in seinem Lexikon auch *illanc illis illos illum illuc*
istuc als Monosyllaba figuriren.

[2]) Er spricht sich doch an anderen Stellen sehr zweifelhaft über die
Apokopetheorie aus. So zu Amph. prol. 84.

dann angeführt werden, heisst es von Trin. 328: „ubi ne ipse quidem Bentleius credo *Nempe* in *Nepe* corripi iussisset non magis quam Cas. 482 [599]“. Und schliesslich ward ich durch eben diese Anmerkung Bothes noch auf einen weit älteren Vorgänger geführt, nämlich Chr. Wase, dessen 1697 veröffentlichter „Senarius“ sich mehrfach mit meinen obigen Ausführungen berührt. Wase nimmt zwar S. 18 für *ille* und *illic* pyrrhichische Messung an, behauptet aber S. 172 ff. für *nempe quippe inde unde neque* u. a. eben jene Behandlung, die wir oben zu erweisen gesucht haben.

Endlich stiess ich ganz zufällig auf ein paar Aeusserungen neuerer Philologen, die, nach jenem Ritschlschen Verdikt niedergeschrieben, doch für die „merae nugae et praestrigiae“ eintraten. In der Rezension jener Ritschlschen Prolegomena selbst hat Th. Bergk ausgesprochen (jetzt kleine Schr. 1 9): „Auf S. CXXVI werden *inde unde intus inter nempe* und *omnis* als Worte bezeichnet, deren erste Silbe auch verkürzt werden könne: hierunter dürfte noch manches bedenklich sein oder doch eine andere Auffassung zulassen; so glaube ich eher, dass *inde* und *unde*, die allerdings allein das Suffixum -*de* bewahrt haben, was anderwärts in *d* verkürzt, endlich ganz abgeworfen ward, zuweilen in der Aussprache gleichfalls den Schlussvokal einbüssten“. Und in der Besprechung der oben S. 10 genannten Schrift von G. Paris (jetzt abgedruckt in den Mélanges de philologie, Paris 1879, S. 219, vergl. ebenda S. 169 f.) sagte Quichérat: „M. Gaston Paris dit, avec tout le monde, que 'les comiques latins comptent la première syllabe de *ille, illa, illum*, comme brève'. Je crois l'avoir dit moi-même: cependant aujourd'hui j'expliquerais plutôt ces deux brèves par une longue, et cela au moyen d'une syncope, puisque les syncopes sont si fréquentes dans le langage familier. Ainsi *ille uadit* donnerait pour le premier pied d'un iambique un spondée, au lieu d'un crétique. *Ille uadit, Illa uadit*, équivalent suivant moi, à *Il va, Ell' va*“.

So habe ich denn freilich das Wahre nicht zuerst oder doch nur zum Theil zuerst gefunden; aber ist es denn weniger lohnend eine verketzerte Wahrheit zu Ehren zu bringen als eine neue zu finden? Goethe sagte einmal: „Dass ich es auch fand, dass ich es wieder sagte und dass ich dafür strebte, dem Wahren wieder Eingang zu verschaffen, das ist mein Verdienst". Und vielleicht darf ich mir im vorliegenden Falle noch etwas mehr zuschreiben: ich hoffe bewiesen zu haben, was bei meinen Vorgängern nur instinktive Ahnung des Richtigen war.

Nachträgliches.

Der Druckerstreik und ein nöthig werdender Wechsel des Verlegers haben die Veröffentlichung des vorliegenden Buches verzögert. Das Manuskript desselben ist bereits am 1. Oktober 1891 in die Druckerei gegangen. Es war mir daher nicht möglich die Arbeiten Lindsays über den lateinischen Accent in der Oktober- und November-Nummer der Classical Review und im Journal of Philology No. 39 (vergl. auch Wölffl. Arch. VII 596 f., wo L. mir in der richtigen Messung von Merc. 782 oben S. 107 Anm. 2 zuvorgekommen ist) zu berücksichtigen. Diese berühren sich mit manchem, was ich in § 13 II angedeutet habe, und verfechten ebenfalls die Ansicht, dass der Zusammenfall von Wort- und Versaccent bei den archaischen Scenikern ein weit vollkommenerer gewesen ist, als man bisher annahm. Auf die Einzelheiten der L.schen Darlegung komme ich wohl dereinst an anderem Orte zurück.

Hiervon abgesehen finde ich nur Kleinigkeiten zu berichtigen und nachzutragen.

S. 5. Neben dem Holländer Speijer konnte der Engländer Palmer genannt werden, wie ich aus der Neuen philol. Rundschau 1892 S. 6 ersehe.

S. 9 Anm. 2. Das über *nisi* gesagte ist zu streichen, da Bücheler *nisi* mit *seine* nur hinsichtlich der konstituirenden Theile (*nĕ* und *sei*) vergleicht.

S. 16 Z. 18. Das Komma zwischen Wölffl. und Arch. ist zu tilgen.

S. 17 Anm. 1. Ueber *tăgo tăgam* jetzt auch Bechtel Hauptprobleme der indog. Lautlehre S. 239.

S. 18. Ueber *lĭgula : lingula* richtig auch Keller latein. Volksetymologie S. 85. Verkehrt ist dagegen, was K. S. 44 u. ö. über *aeditumus : aedituus* vorbringt, wie aus meinen Darlegungen oben S. 22 wohl klar hervorgeht.

S. 43 Anm. Einen Vers will ich wenigstens hier anführen, der mir für die LeoscheVermuthung einer Elision von schliessendem Vokal + *s* in seiner Eigenart mehr zu beweisen scheint als viele andere Beispiele und sich so dem von Seyffert Jahresber. 1890 S. 9 in diesem Sinne besprochenen Verse Trin. 1090 zur Seite stellt. Rud. 888 geben unsere Handschriften (BCD):

Nam in cólumbari cóllum haud multo póst erit,

aber Priscian GLK II 150. 10 *collus h. m. p. c.* Nun wird für den Stamm *collo-* maskuline Flexion ebenso durch die germanischen Sprachen (got. ahd. mhd. nhd. etc. *hals* männl. = indog. *kolsos*) wie durch den sonstigen Gebrauch bei Plautus [1]) als ursprünglich erwiesen. Es erscheint bei Plautus das Wort noch 28 mal (siehe Rassows Verzeichnis). Davon lassen 25 Stellen mit dem Akk. *collum* und dem Abl. *collo* eine Entscheidung über das Geschlecht des Wortes nicht zu, aber Capt. 357 geben BDEJ und Donat GLK IV 393. 31 den Nom. Sing. *collus*, ebda. 902 BEJV den Akk. Plur. *collos*. Amph. 445 steht *collum* in BDEJ, aber Nonius 200. 16 bezeugt ausdrücklich: *collus masculino . . . Plautus Amphitruonc: málae mentum bárba collus,* und nach Lage der Dinge kann wohl nicht zweifelhaft sein, dass das die ursprüngliche Lesung ist. Daher verdient auch Rud. 888 das Zeugnis des Priscian durchaus den Vorzug vor dem unserer Handschriften, sowie es sich mit dem Metrum in Einklang bringen lässt. Das wird erreicht durch Elision von *us*:

Nam in cólumbari cóll(us) haud multo póst erit. [2])

S. 46. Ueber *fordus* anders, aber mir gar nicht wahrscheinlich (er leugnet Zusammenhang mit *ferre*), Bréal mém. d. l. soc. d. lingu. VII 31.

S. 54. Ueber *sin* aus *si-ne* jetzt vortrefflich Wackernagel Idg. Forsch. I 419 ff.

S. 58. Zu *cauneas* vergleiche *causis = cáuĕ sis* im Pithoeanus Juvenal IX 120 (Vernier de senar. Ital., Besançon 1888, S. 15).

---

[1]) Maskulinum ist das Wort auch bei Naevius (com. 115), Cato (S. 71, 1 J.; in de agr. fehlt *c*.), Accius (tr. 302), Caecil. (56, 215), Lucil. (218, 532). Bei Ennius und Terenz fehlt es.

[2]) Uebrigens hat schon Bergk kl. Schr. I 627 unter Hinweis auf Cic. Orat. § 153 (cf. Seyffert a. a. O.) der Möglichkeit einer Elision von schliessendem -*is* Merc. 192 und Trin. 302 gedacht.

S. 79. Für Most. 315 ist auch die Ritschl-Klotzische (Metr. 536) Auffassung zulässig:

Nam illi ubi fui   inde effugi forás.

S. 82 ff. Um die Schilderung der Geschicke von *proinde* und *deinde* im Altlatein zu vervollständigen, bemerke ich hier noch, dass bei Cato nur *deinde* überliefert ist und zwar antevokalisch (achtmal in de agric., nicht in den Fragmenten) und antekonsonantisch (14mal in de agric., sechsmal in den Fragmenten), gerade wie wir bei ihm *atque* in beiden Lagen geschrieben fanden (S. 52 f.). Naevius b. P. (32)[1]), Ennius annal. (444), Lucilius (119 V. 13) haben je einmal volltrochäisches *deinde*. *Dein, proinde* und *proin* fehlen in den hier genannten Schriftwerken.

S. 84. Andere, mir nicht sehr wahrscheinliche, Vermuthungen über die Etymologie von *unde inde* bei Hirt Idg. Forsch. I 16.

S. 90. Wie *dein* für *deinde*, so wird wohl auch *dein-ceps* (cf. S. 17) für **deinde-cap-s* stehen und sich also mit *princeps* = **primo-cap-s* (S. 41) hinsichtlich der Synkopirung bestens vergleichen lassen.

S. 109. Statt franz. *il revient* bitte ich etwa provenzal. *el reve(n)* einzusetzen. Gerade franz. *il* kann nämlich, wie mich Herr Professor Appel erinnert, wegen seines *i* nur auf eine zweisilbige Form mit *i* in der zweiten Silbe. also den in der Anmerkung zu S. 109 besprochenen Nom. Sing. **illi* zurückgehen.

S. 111. Für Cas. 432 war auch die Möglichkeit der Skansion *Ṽt illĕ trĕpidábat* etc. offen zu lassen.

S. 157 f. Es hätte vielleicht deutlicher ausgesprochen werden sollen, dass aus der einen Reihe von Thatsachen Betonung der Präposition, aus der zweiten Betonung des abhängigen Nomens hervorgeht. Dies Ergebnis wird sich klarer herausstellen, wenn man von No. 1 und 3 auf S. 157 absieht, da aus diesen nur auf die Worteinheit von Präposition und Nomen, nicht aber auf die Stellung des Accents in dieser Worteinheit geschlossen werden kann.

---

[1]) *Deinde póllens sagittis.* Die Quantitirer gestatten sich hier meist ein *Deindĕ*; Zander uers. Ital. S. 102 misst: *Dein polléns* etc.

I. Sachregister.

II. Wortregister.

Lateinisch.

Mit vorgesetztem Kreuz sind von Früheren irrig angesetzte Formen bezeichnet. Worte aus den italischen Dialekten sind gesperrt gedruckt.

178

octugenta 161[1] (162).
oino(m) 5.
oinnorsus 47.
olim 92.
omne(m) 27[1].
omniperitus 85.
omnis (Prosodie) 10[3].
opituma 41.
optuma 41.
optumo(m) 5.

† pace(m) 27[1].
panceps 41.
parumper 16.
† pate(r) 5 f., 6[2].
patior 22.
patri(s) 6.
Panentina 23.
paulisper 15.
Pellaëus 10[1].
per 60.
peregre 157.
perqu(e) 152 f.
petiropert (osk.) 16.
placidus 42[1], 45[3].
platëa 10[1].
pollictor 20 f.
pollinctor 20 f.
Poponi 27, 28.
porgo 46[2].
possént 127.
postilla 121.
postus 48[2].
potëstatem 20[2].
praefiscini 157.
princeps 41, 169.
profecto 157.
proin 83 ff., 89[2], 90[2], 91 f., 92[2], 169.
proin tu 86 ff.
proinde 83 ff., 89[1], 90[2], 91 f., 92[2], 169.
proinde ut 85 ff.
proptér 127, 157.

propterea 157.
protinus 157.
pudicitia 108[2].
pur(i)garc 50.

quadraginta 162.
quadráginta 159 ff.
† quadrigenti 19.
quadringenti 20.
quandŏ(quidem) 9[2].
quandoe 152, 152[2].
quarranta 161.
quăsi 9[2], 21, 25, 26.
quid agis 154.
„ agitur 155.
„ agunt 154.
„ ais 154.
† qu(i)dem 4.
quidem 9[2].
quidem (enklitisch) 154.
† quide(m) 5 f.
quid ita 154.
quid opust 154.
quin 54, 59.
quinquaginta 24.
quippe (Prosodie) 10 ff., 26, 64, § 8.
quippe (Etymologie) 26, 93 f., 95[4].
quippiam 95[4].
quippini 96.
quodu(e) 153.
quodqu(e) 153.
quom 28.
quomqu(e) 153.
quoque (enklitisch) 136[1] (137).

rapidus 45[3].
Rau(i)dus 45.
redd(e) 150.
res (enklitisch) 128, 136[1] (137).
rigidus 41, 48, 49[1].
ruidus 45[3] (46).

sabulum 24.
sacrificulus 16.
† sagita 94[1] (95).
sagitta 108[1].
sapidus 45[3] (46).
satëllites 108[1].
screare 24.
scrofa 14[1].
secale 161.
sedfrude 157.
sedulo 157.
„ malo 159.
sefei (pälign.) 136[1].
seine (Präposit.) 9[2], 167.
semel 15.
semper 15.
septuaginta 23 f.
sequiminī 107[2].
seu 53, 55[1].
sexanta 161.
sibi (enklitisch) 136[1].
sic 54.
simīllumae 108[1].
simplex 15.
simpludiaria funera 15.
simplus 15.
sin 54, 59, 168.
sincerus 15, 15[3].
sincinia 15.
sinciput 41.
sine (Präposition) 9[2].
sīquis 9[2].
sita'st 113[3] (114).
situmst 113[3] (114).
sine 53, 53[2].
soldus solidus 43.
sonos 136[1].
stablum 48.
† stac 124.
† staee 124[1].
Statinus 23.
† ste 146[1].
† storum 124[2].
† stuc 124 f.
sum 155[2].

Romanisch.

Ohne nähere Bezeichnung sind die aus mehreren Sprachen erschlossenen Grundformen. Diesen habe ich die üblichen lateinischen Endungen gegeben.

la le 131.
li ital 131.
lo ital. etc. 131.
lo ital. (Artikel) 135¹.
loro ital. 131.
hirdus 48.
mast(i)care 145.

nosco ital. 127².
octa(gi)nta 24.
puell(i)cellus 113.
pul(i)cem 113.
reddo ital. 48.
rigdus 48.
rigide franz. 49¹.

sécale 161.
septaginta 24.
sil(i)cem 113.
sos su mallork. logodur. 148¹ (149).
turb(i)dus 48.
vosco ital. 127².

Griechisch.

ἄμαθος 24.
ἀμαυρά 85¹.
ἀμαυρόω 85¹.
ἄν 59¹ (60).
γεγηρόω γέγηρα 85¹.
γρομφάς 14¹.
ἑβδομήκοντα 23.
ἐμπίς 19.
ἔν 15.
ἐνενήκοντα 24.
ἔνθα ἔνθε ἔνθεν 84.

ἐποποιός 42.
ἤ 59² (60).
ἤ ΓΕ 53².
ἱκνοῦμαι πρός 152.
κατακοσμεῖν 85.
κατάκοσμος 85.
κορυφόω κορυφή 85¹.
χρεί ας 45.
λαθεῖν 22.
λίσσομαι πρός 152.
νύν, νῦν 16².

παθεῖν 22.
πέ(ρ)ιτ 28¹ (29).
πεντήκοντα 24.
σκηνή 25.
σύζυξ 21.
τρίς 56.
τύμπανον τύπανον 18.
τύπτω 18.
φορά 46.
χειμερινός 21.

III. Stellenregister.

Aus den Zusammenstellungen der Verse mit *nempe unde inde dein(de) proin(de) quippe ille iste* werden nur die prosodisch oder kritisch schwierigen Stellen angeführt.

Plautus.

	Seite		Seite		Seite
Amph. 38	. 107	Amph. 445	. 168	Amph. 780	104³, 105
„ 148	. 115	„ 534	. . 103	„ 818	. . . 127²
„ 156	. . 80	„ 594	. . 103	„ 917	. 56²
„ 170	148¹ (149)	„ 660	11, 98,	„ 973	86
„ 249	. 103		110	„ 988	111
„ 253	. 76¹	„ 666	. 142	„ 1008	. 89¹
„ 358	56¹	„ 718	. 75³ (76)	„ 1045	. . 129⁴
„ 417	. . 104²	„ 745	96, 96²	„ 1061	. 75³ (76)
„ 432	129, 132²	„ 756	. . 136	„ 1101	. 142
	(133)	„ 766	. . 104³	Asin. 27	. . 88

Terenz.

Vermischtes.

Buchdruckerei Maretzke & Märtin, Trebnitz in Schles.